एकान्तास्त्र

AF679065

दीपक सरोहा

Copyright © Deepak Saroha
All Rights Reserved.

This book has been self-published with all reasonable efforts taken to make the material error-free by the author. No part of this book shall be used, reproduced in any manner whatsoever without written permission from the author, except in the case of brief quotations embodied in critical articles and reviews.

The Author of this book is solely responsible and liable for its content including but not limited to the views, representations, descriptions, statements, information, opinions and references ["Content"]. The Content of this book shall not constitute or be construed or deemed to reflect the opinion or expression of the Publisher or Editor. Neither the Publisher nor Editor endorse or approve the Content of this book or guarantee the reliability, accuracy or completeness of the Content published herein and do not make any representations or warranties of any kind, express or implied, including but not limited to the implied warranties of merchantability, fitness for a particular purpose. The Publisher and Editor shall not be liable whatsoever for any errors, omissions, whether such errors or omissions result from negligence, accident, or any other cause or claims for loss or damages of any kind, including without limitation, indirect or consequential loss or damage arising out of use, inability to use, or about the reliability, accuracy or sufficiency of the information contained in this book.

Made with ♥ on the Notion Press Platform
www.notionpress.com

यह पुस्तक उन विचारों का संग्रह है जो जीवन के उस मौन से जन्मे हैं, जहाँ शब्द कम पड़ जाते हैं और भावनाएँ अधिक गहरी हो जाती हैं।

लेखक दीपक सरोहा ने यह रचना अपने जीवन के उस समय में लिखी, जब उनकी माता के देहांत के बाद जीवन एक गहरे एकांत में बदल गया था। उस एकांत में, जहाँ हर दिन चुपचाप बीतता था और हर रात अपने साथ अनगिनत प्रश्न लेकर आती थी, वहीं बैठकर उठने वाले विचारों ने धीरे-धीरे इस पुस्तक का रूप लिया।

यह पुस्तक केवल विचारों का संकलन नहीं है, बल्कि उस यात्रा का साक्ष्य है जिसमें एक व्यक्ति अपने दुख, अपने भय, अपने अकेलेपन और अपने भीतर उठते प्रश्नों के साथ बैठकर जीवन को नए रूप में समझने की कोशिश करता है। यह उस प्रक्रिया का परिणाम है जिसमें टूटन केवल पीड़ा नहीं रहती, बल्कि समझ में बदलने लगती है; और मौन केवल खालीपन नहीं रहता, बल्कि जागरूकता का माध्यम बन जाता है।

लेखक इस पुस्तक के माध्यम से उन सभी अनुभवों को शब्द देना चाहते हैं जो अकेलेपन में भीतर घटते हैं—जहाँ मनुष्य धीरे-धीरे स्वयं से मिलता है, और जहाँ जीवन का अर्थ बाहरी दुनिया से हटकर भीतर की दिशा में बदलने लगता है।

यह पुस्तक उनकी माता जनत्री देवी को समर्पित है, जिनके मार्गदर्शन, संस्कार और आशीर्वाद ने उनके जीवन की दिशा को आकार दिया। आज जो भी समझ, दृष्टि उनके भीतर विकसित हुई है, वह उन्हीं की दी हुई सीखों और उनके दिखाए मार्ग का परिणाम है।

उनकी स्मृति, उनके प्रेम और उनके मौन आशीर्वाद के प्रति यह एक विनम्र समर्पण है—जिसने इस यात्रा को आरंभ किया, और जिसने हर टूटन के भीतर भी उन्हें संभाले रखा।

क्रम-सूची

प्रस्तावना

मनुष्य के जीवन में कुछ काल ऐसे आते हैं, जब बाहरी संसार वैसा ही बना रहता है, पर भीतर का समूचा अस्तित्व बदलने लगता है। चारों ओर लोगों की उपस्थिति होती है, संवाद होते हैं, संबंध होते हैं, फिर भी आत्मा एक ऐसे निर्वात से भर जाती है जिसे कोई स्पर्श नहीं कर पाता। धीरे-धीरे मनुष्य समझने लगता है कि सबसे भीषण युद्ध रणभूमियों में नहीं, बल्कि मौन के भीतर लड़े जाते हैं।

अकेलापन केवल लोगों का अभाव नहीं है; वह वह दर्पण है जिसमें मनुष्य पहली बार स्वयं को बिना किसी आवरण के देखता है। वहीं उसे संसार का वास्तविक स्वरूप दिखाई देता है— संबंधों की सीमाएँ, अपेक्षाओं का बोझ, और भीड़ के भीतर छिपा हुआ स्वार्थ। यही वह समय होता है जब भीतर कहीं एक सूक्ष्म अग्नि जन्म लेती है, जो टूटने नहीं देती।

"एकान्तास्त्र" उसी अग्नि की यात्रा है।

यह पुस्तक उन मौन संघर्षों की कथा है जिन्हें मनुष्य अक्सर अपने भीतर ही दफन कर देता है। उन बेचैन रात्रियों की कथा, जहाँ विचारों का शोर नींद से अधिक प्रबल हो जाता है। उन क्षणों की कथा, जब समूचा संसार दूर खड़ा दिखाई देता है और मनुष्य को स्वयं का हाथ स्वयं ही थामना पड़ता है। किन्तु शायद मनुष्य का वास्तविक निर्माण भी वहीं से आरम्भ होता है।

जब संसार साथ छोड़ देता है, तब आत्मा अपनी शक्ति पहचानती है। जब बाहर का शोर समाप्त होता है, तब भीतर की आवाज़ सुनाई देने लगती है। और उसी क्षण जन्म लेता है— "एकान्तास्त्र"

1

भीड़ के बीच अकेला

संसार में सबसे विचित्र दृश्य भीड़ का होता है। हजारों लोग एक-दूसरे के बीच चलते हैं, बातें करते हैं, हँसते हैं, संबंध बनाते हैं, स्वयं को व्यक्त करते हैं; फिर भी उन्हीं चेहरों के भीतर अनगिनत ऐसे मन होते हैं जो पूरी तरह अकेले होते हैं। यह अकेलापन बाहर से दिखाई नहीं देता, क्योंकि उसने मुस्कुराना सीख लिया होता है। उसने सामान्य दिखाई देना सीख लिया होता है। वह अपने भीतर के शोर को इस प्रकार छिपा लेता है कि संसार को केवल उसका चेहरा दिखाई देता है, उसकी थकान नहीं।

कुछ लोग जीवन को केवल जीते नहीं, उसे महसूस भी करते हैं। वे शब्दों के पीछे का अर्थ समझते हैं, व्यवहारों के पीछे की नीयत पहचानते हैं, और संबंधों के भीतर छिपी दूरी को देख लेते हैं। यही गहराई उन्हें भीड़ से अलग कर देती है। वे हर स्थान पर उपस्थित होकर भी पूरी तरह वहाँ नहीं होते। उनका एक भाग हमेशा भीतर कहीं विचारों के संसार में भटकता रहता है।

धीरे-धीरे ऐसे लोग समझने लगते हैं कि संसार को गहराई से अधिक प्रदर्शन पसंद है। यहाँ व्यक्ति की शांति को कमजोरी समझ लिया जाता है और उसकी चुप्पी को असमर्थता। जो जितना अधिक स्वयं को दिखाता है, संसार उतनी ही जल्दी उसे स्वीकार कर लेता है। लेकिन जो स्वयं को बचाकर रखता है, जो हर भावना को बाजार में नहीं रखता, वह अक्सर गलत समझ लिया जाता है।
मनुष्य का सबसे बड़ा संघर्ष कई बार परिस्थितियों से नहीं, बल्कि स्वयं को समझाए रखने से होता है। वह स्वयं से कहता रहता है कि सब ठीक है, कि यह समय भी बीत जाएगा, कि लोगों के बदल जाने से जीवन समाप्त नहीं हो जाता। किन्तु भीतर कहीं एक भाग ऐसा होता है जो सब देख रहा होता है। वह देखता है कि संबंध कितनी शीघ्रता से बदल जाते हैं। वह देखता है कि लोग संघर्ष में नहीं, परिणाम में रुचि रखते हैं। वह देखता है कि संसार भावनाओं से अधिक उपयोगिता को महत्व देता है।

यह समझ प्रारम्भ में कठोर लगती है, पर यही समझ मनुष्य को परिपक्व बनाती है।

भीड़ के बीच रहने वाला अकेला व्यक्ति धीरे-धीरे बोलना कम कर देता है। वह हर बात पर प्रतिक्रिया देना छोड़ देता है। उसे अनुभव होने लगता है कि संसार को स्पष्टीकरण नहीं चाहिए; संसार केवल निर्णय सुनाना जानता है। इसलिए वह स्वयं को शब्दों से नहीं, मौन से सुरक्षित रखना सीखने लगता है।

मौन एक अद्‌भुत अवस्था है। प्रारम्भ में वह भारी लगता है, क्योंकि मनुष्य उसकी आदत में नहीं होता। उसे हर समय किसी न किसी आवाज़ की आवश्यकता होती है— लोगों की, संगीत की, मोबाइल की, बातचीत की। क्योंकि जैसे ही बाहर का शोर समाप्त होता है, भीतर की आवाज़ें सुनाई देने लगती हैं। और अधिकांश लोग उन्हीं आवाज़ों से भयभीत रहते हैं।

किन्तु जो व्यक्ति एक दिन अपने भीतर की आवाज़ों के साथ बैठना सीख लेता है, उसके भीतर परिवर्तन आरम्भ हो जाता है।

वह स्वयं को देखने लगता है।

उसे अपने भय दिखाई देते हैं। अपनी अधूरी इच्छाएँ दिखाई देती हैं। अपने भीतर का वह असुरक्षित भाग दिखाई देता है जिसे वह वर्षों से संसार से छिपाता आया था। यह अनुभव सरल नहीं होता। स्वयं से मिलना संसार से मिलने से कहीं अधिक कठिन होता है। क्योंकि संसार के सामने मनुष्य अभिनय कर सकता है, पर अपने भीतर वह नग्न सत्य के अतिरिक्त कुछ नहीं देख सकता।

यहीं से एकान्त का वास्तविक अर्थ प्रारम्भ होता है।

अकेलापन और एकान्त एक जैसे नहीं होते। अकेलापन वह अवस्था है जहाँ मनुष्य स्वयं को अधूरा महसूस करता है। एकान्त वह अवस्था है जहाँ वह स्वयं को समझना आरम्भ करता है। अकेलापन मन को तोड़ता है, लेकिन एकान्त उसे गढ़ता है।

धीरे-धीरे व्यक्ति को अनुभव होने लगता है कि संसार से लगातार जुड़े रहना ही जीवन नहीं है। स्वयं के साथ बैठना भी आवश्यक है। स्वयं को सुनना भी आवश्यक है। क्योंकि यदि मनुष्य पूरी दुनिया को समझ ले, लेकिन स्वयं को न समझ पाए, तो उसका समस्त ज्ञान अधूरा रह जाता है।

रात्रियाँ इस परिवर्तन की सबसे गहरी साक्षी होती हैं। जब पूरा संसार थककर सो जाता है, तब कुछ लोग जागते हुए अपने भीतर उतर रहे होते हैं। वे खिड़की से बाहर अंधकार को देखते हैं और भीतर अपने विचारों का विस्तार महसूस करते हैं। वे जीवन को नए प्रश्नों से देखने लगते हैं। सफलता क्या है? संबंध क्या हैं? सम्मान क्या है? और सबसे महत्वपूर्ण— मैं वास्तव में कौन हूँ?

यही प्रश्न मनुष्य को भीतर से बदलने लगते हैं। धीरे-धीरे उसे यह समझ आने लगता है कि

हर संबंध स्थायी नहीं होता। कुछ लोग केवल समय बिताने के लिए साथ होते हैं। कुछ लोग सुविधा तक सीमित होते हैं। कुछ लोग आपकी चमक तक आपके साथ चलते हैं, लेकिन अंधेरे में आपका हाथ छोड़ देते हैं। यह जानना दुखद अवश्य है, पर यही ज्ञान मनुष्य को वास्तविकता के निकट ले जाता है।

किन्तु इस समझ के बाद यदि मनुष्य कटु हो जाए, तो उसका विकास अधूरा रह जाता है। वास्तविक परिपक्वता तब जन्म लेती है जब मनुष्य संसार की वास्तविकता को देखकर भी भीतर से शांत बना रहे। जब वह लोगों से घृणा न करे, बल्कि उनसे अपेक्षाएँ कम कर दे। जब वह स्वयं का सहारा स्वयं बनना सीख ले। यही वह क्षण होता है जहाँ से भीतर शक्ति जन्म लेने लगती है।

यह शक्ति अचानक नहीं आती। वह धीरे-धीरे बनती है। हर चुप्पी उसे गढ़ती है। हर अस्वीकृति उसे मजबूत करती है। हर अकेली रात उसके भीतर धैर्य का निर्माण करती है। और एक दिन वही व्यक्ति, जो कभी भीड़ में स्वयं को खोया हुआ महसूस करता था, अपने भीतर ऐसी स्थिरता पा लेता है जिसे बाहरी संसार हिला नहीं पाता। प्रकृति के सबसे महान निर्माण सदैव मौन में हुए हैं। पर्वत शोर नहीं करते, फिर भी अडिग रहते हैं। समुद्र अपनी गहराई का वर्णन नहीं करता, फिर भी अथाह होता है। आकाश स्वयं को सिद्ध नहीं करता, फिर भी सब कुछ उसी के भीतर घटित होता है। मनुष्य भी जब भीतर से स्थिर हो जाता है, तब उसे निरंतर स्वीकृति की आवश्यकता नहीं रहती। वह समझ जाता है कि हर व्यक्ति को भीड़ के लिए नहीं बनाया गया। कुछ लोगों की यात्रा अलग होती है। कुछ लोगों का निर्माण शोर में नहीं, एकान्त में होता है और संभवतः ऐसे ही लोगों के भीतर समय एक अदृश्य शक्ति का निर्माण करता है।

भीड़ से दूर होना सरल है, पर स्वयं के निकट आना अत्यंत कठिन। अधिकांश लोग जीवनभर संसार को समझने में लगे रहते हैं, किन्तु स्वयं के भीतर उतरने का साहस बहुत कम लोग कर पाते हैं। क्योंकि भीतर उतरते ही मनुष्य को अपने वे रूप दिखाई देने लगते हैं जिन्हें वह वर्षों से अनदेखा करता आया था।

मनुष्य का मन भी एक विशाल नगर की भाँति होता है। वहाँ स्मृतियों की गलियाँ होती हैं, अधूरी इच्छाओं के अंधेरे कमरे होते हैं, टूटे विश्वासों की दीवारें होती हैं, और कुछ ऐसे मौन कोने भी होते हैं जहाँ वर्षों से दबे हुए शब्द पड़े रहते हैं। दिन का शोर इन सबको ढक देता है, किन्तु जैसे ही मनुष्य एकान्त में प्रवेश करता है, वे सब धीरे-धीरे सामने आने लगते हैं।

प्रारम्भ में यह अनुभव भारी होता है।

मन बार-बार बाहर भागना चाहता है। वह स्वयं को व्यस्त रखना चाहता है, क्योंकि व्यस्तता मनुष्य को स्वयं से दूर रखती है। यही कारण है कि संसार में इतने लोग निरंतर किसी न किसी शोर में डूबे रहते हैं। उन्हें मौन से भय लगता है। उन्हें डर होता है कि कहीं वे अपने भीतर की रिक्तता को सुन न लें।

किन्तु जो व्यक्ति उस रिक्तता से भागता नहीं, वह धीरे-धीरे उसके पार पहुँचने लगता है।

उसे अनुभव होने लगता है कि भीतर जो खालीपन दिखाई देता था, वह वास्तव में विनाश नहीं था; वह एक स्थान था जहाँ नया निर्माण होना था। जैसे पुरानी इमारत टूटने के बाद ही नई नींव रखी जाती है, वैसे ही मनुष्य के भीतर भी कई बार टूटन आवश्यक होती है।

जीवन हर व्यक्ति को दो मार्ग देता है— या तो वह अपने दुःखों को लेकर संसार से शिकायत करता रहे, या फिर उन्हीं दुःखों को अपनी शक्ति में बदल दे। अधिकांश लोग पहला मार्ग चुनते हैं, क्योंकि दूसरा मार्ग कठिन होता है। उसमें मनुष्य को स्वयं का सामना करना पड़ता है।

और स्वयं का सामना करना संसार का सबसे कठिन कार्य है।

जब व्यक्ति स्वयं को देखने लगता है, तब उसे यह भी समझ आने लगता है कि उसकी सबसे बड़ी लड़ाई बाहर के लोगों से नहीं, बल्कि अपने ही मन से है। वही मन कभी उसे कमजोर कहता है, कभी असफल, कभी अकेला। वही मन उसे पुराने घावों की याद दिलाता है। वही उसे भय दिखाता है। लेकिन उसी मन के भीतर एक दूसरी आवाज़ भी होती है— शांत, धीमी, किन्तु अत्यंत गहरी।

वही आवाज़ कहती है— "अभी सब समाप्त नहीं हुआ।"

बहुत लोग जीवन में इसलिए हार जाते हैं क्योंकि वे अपने भीतर की उस धीमी आवाज़ को सुन नहीं पाते। वे बाहरी शोर में इतने उलझ जाते हैं कि अपनी आत्मा की पुकार तक उनसे दूर हो जाती है। लेकिन जो व्यक्ति एक दिन उस आवाज़ को सुन लेता है, उसकी दिशा बदलने लगती है। धीरे-धीरे उसका एकान्त बोझ नहीं रह जाता। वह उसका शिक्षक बन जाता है।

वहीं वह धैर्य सीखता है। वहीं वह प्रतीक्षा करना सीखता है। वहीं वह यह समझता है कि हर उत्तर तुरंत नहीं मिलता। कुछ सत्य समय के साथ खुलते हैं। कुछ शक्तियाँ केवल मौन में विकसित होती हैं।

एक समय के बाद उसे लोगों की भीड़ उतनी आकर्षक नहीं लगती। उसे हर समय बोले जाने वाले शब्द हल्के लगने लगते हैं। क्योंकि उसने मौन की गहराई को छू लिया होता है। अब वह जान चुका होता है कि जो व्यक्ति स्वयं के साथ सहज नहीं, वह संसार के किसी भी संबंध में वास्तव में शांत नहीं रह सकता।

धीरे-धीरे उसके भीतर स्थिरता जन्म लेने लगती है।

अब परिस्थितियाँ उसे पहले की तरह विचलित नहीं करतीं। लोगों का बदल जाना उसे आश्चर्यचकित नहीं करता। अस्वीकृति उसे तोड़ती नहीं। क्योंकि उसने अपना आधार बाहर नहीं, भीतर बनाना शुरू कर दिया होता है और यही मनुष्य की सबसे बड़ी शक्ति है। जिस दिन मनुष्य स्वयं का सहारा बनना सीख लेता है, उसी दिन संसार उसे कमजोर करना बंद कर देता है।

धीरे-धीरे उसे यह अनुभव होने लगता है कि संसार का सबसे बड़ा भ्रम स्थायित्व है। लोग स्थायी नहीं होते, परिस्थितियाँ स्थायी नहीं होतीं, भावनाएँ भी सदैव एक जैसी नहीं रहतीं। जो आज अत्यंत निकट प्रतीत होता है, वह समय के साथ दूर हो सकता है। जो आज असंभव लगता है, वही कल सामान्य हो सकता है। जीवन निरंतर बदलता रहता है, किन्तु मनुष्य अपने भीतर स्थिरता खोजने के बजाय बाहरी चीज़ों में स्थायित्व ढूँढ़ता रहता है, और यहीं से उसका संघर्ष प्रारम्भ होता है।

एकान्त मनुष्य को यह समझाता है कि यदि शांति केवल लोगों की उपस्थिति पर निर्भर हो, तो वह कभी स्थायी नहीं हो सकती। यदि आत्मविश्वास केवल प्रशंसा से जन्म ले, तो वह आलोचना के सामने टूट जाएगा। यदि मनुष्य अपनी पहचान दूसरों की स्वीकृति में खोजेगा, तो वह कभी स्वयं को नहीं जान पाएगा।

यही कारण है कि कुछ लोग भीड़ में रहकर भी लगातार थके हुए दिखाई देते हैं। वे हर समय स्वयं को सिद्ध करने में लगे रहते हैं। उन्हें निरंतर यह भय बना रहता है कि कहीं लोग उन्हें कम न समझ लें, कहीं वे पीछे न रह जाएँ, कहीं उनकी तुलना किसी और से न होने लगे। धीरे-धीरे यह भय उनके स्वभाव का हिस्सा बन जाता है। वे जीते कम हैं, स्वयं को साबित अधिक करते हैं।

किन्तु जो व्यक्ति एक बार अपने भीतर उतरना सीख लेता है, उसकी दृष्टि बदलने लगती है।

अब वह हर समय प्रतिस्पर्धा में नहीं जीता। वह दूसरों की गति देखकर स्वयं को नहीं मापता। उसे यह समझ आने लगता है कि हर व्यक्ति की यात्रा अलग है। कुछ वृक्ष जल्दी बढ़ते हैं, कुछ धीरे। कुछ नदियाँ शांत बहती हैं, कुछ प्रचंड। प्रकृति कभी तुलना नहीं करती, केवल मनुष्य करता है। और यही तुलना उसके दुःख का सबसे बड़ा कारण बनती है।

एकान्त में मनुष्य पहली बार स्वयं को बिना तुलना के देखता है।

वह समझता है कि उसकी गति धीमी हो सकती है, लेकिन व्यर्थ नहीं। उसका मार्ग कठिन हो सकता है, लेकिन निरर्थक नहीं। संसार भले ही उसे तुरंत न समझे, किन्तु हर गहरी चीज़ को समझने में समय लगता है। धीरे-धीरे वह अपने भीतर एक नई प्रकार की स्वतंत्रता महसूस करने लगता है। अब उसे हर व्यक्ति को प्रभावित करने की आवश्यकता नहीं लगती। वह हर विवाद में स्वयं को सिद्ध करने का प्रयास नहीं करता। उसे यह समझ आने लगता है कि मौन कई बार शब्दों से अधिक शक्तिशाली होता है।

संसार में सबसे ऊँची आवाज़ें सदैव सबसे गहरी नहीं होतीं।

समुद्र का गर्जन दूर तक सुनाई देता है, किन्तु उसकी वास्तविक गहराई उसकी सतह के नीचे होती है। पर्वत बोलते नहीं, फिर भी शताब्दियों तक अडिग रहते हैं। आकाश स्वयं का परिचय नहीं देता, फिर भी सब कुछ उसी के भीतर घटित होता है।

मनुष्य भी जब भीतर से स्थिर होने लगता है, तब उसका अस्तित्व बदलने लगता है।

अब उसका ध्यान केवल इस बात पर नहीं रहता कि लोग उसके बारे में क्या सोचते हैं। वह यह देखने लगता है कि वह स्वयं अपने बारे में क्या सोचता है। क्योंकि संसार की राय हर दिन बदल सकती है, किन्तु यदि मनुष्य स्वयं की दृष्टि में गिर जाए, तो कोई बाहरी सम्मान उसे शांत नहीं कर सकता।

एकान्त मनुष्य को स्वयं के निकट ले आता है।

वहीं वह अपने वास्तविक भय को पहचानता है। उसे समझ आता है कि उसका सबसे बड़ा भय असफलता नहीं था; उसका सबसे बड़ा भय अस्वीकार किया जाना था। वह इसलिए टूटता था क्योंकि उसने स्वयं का मूल्य दूसरों की स्वीकृति से बाँध रखा था। लेकिन जब वह धीरे-धीरे स्वयं को स्वीकार करना सीख लेता है, तब भीतर एक गहरा परिवर्तन जन्म लेता है।

अब वह अकेला अवश्य होता है, पर अकेलापन उसे खाता नहीं। अब मौन उसके लिए बोझ नहीं, विश्राम बन जाता है। अब रातें उसे डराती नहीं, बल्कि सोचने का अवसर देती हैं। यहीं से मनुष्य का वास्तविक निर्माण प्रारम्भ होता है।

वह अपने समय का उपयोग करना सीखता है। वह समझता है कि व्यर्थ चिंताओं में जीवन नष्ट करने से बेहतर है स्वयं को गढ़ना। धीरे-धीरे वह अपने भीतर अनुशासन लाता है। वह पढ़ता है। सोचता है। स्वयं को समझता है। वह अपनी ऊर्जा शिकायतों में नहीं, निर्माण में लगाने लगता है।

और यही वह क्षण होता है जहाँ अधिकांश लोग उससे पीछे छूटने लगते हैं।

क्योंकि संसार का अधिकांश भाग केवल प्रतिक्रिया करता है, निर्माण नहीं। लोग परिस्थितियों के अनुसार बदलते रहते हैं, किन्तु कुछ लोग परिस्थितियों के भीतर स्वयं को गढ़ते रहते हैं। यही लोग समय के साथ अलग दिखाई देने लगते हैं।

उनके भीतर एक अजीब-सी शांति होती है।

वे हर बात पर क्रोधित नहीं होते। हर आलोचना पर टूटते नहीं। हर असफलता पर रुकते नहीं। क्योंकि उन्होंने जीवन को केवल सुविधा से नहीं, संघर्ष से समझा होता है। उनका आत्मविश्वास प्रशंसा पर नहीं टिका होता। वह उन अकेली रातों से बना होता है जहाँ उन्हें स्वयं को स्वयं संभालना पड़ा था।

एक समय के बाद मनुष्य समझने लगता है कि संसार का सबसे बड़ा सहारा अंततः उसका अपना मन ही है। यदि मन स्थिर हो, तो कठिन समय भी काटा जा सकता है। यदि मन बिखर जाए, तो सारी सुविधाएँ भी शांति नहीं दे सकतीं।

इसीलिए एकान्त का महत्व इतना गहरा है।

वह मनुष्य को संसार से दूर करने के लिए नहीं आता; वह उसे स्वयं के निकट लाने आता है। वह उसे तोड़ने नहीं, गढ़ने आता है। वह उसके भीतर छिपी उस शक्ति को जगाने आता है जिसे निरंतर शोर ने वर्षों तक दबाकर रखा था।

और जब वह शक्ति जागती है, तब मनुष्य बदल जाता है।

अब वह भीड़ में खोता नहीं। अब वह मौन से डरता नहीं। अब उसे हर समय किसी सहारे की आवश्यकता नहीं होती। क्योंकि उसने अपने भीतर वह स्थान खोज लिया होता है जहाँ से वास्तविक शक्ति जन्म लेती है।

वही शक्ति, जो परिस्थितियों से बड़ी होती है। वही शक्ति, जो टूटकर भी मनुष्य को फिर खड़ा कर देती है।

और संभवतः वही शक्ति— मनुष्य का वास्तविक "एकान्तास्त्र" होती है।

मनुष्य जब अपने भीतर स्थिर होना आरम्भ करता है, तब उसे धीरे-धीरे यह भी समझ आने लगता है कि संसार का अधिकांश दुःख बाहरी घटनाओं से नहीं, बल्कि उनके प्रति हमारे भीतर उत्पन्न होने वाली प्रतिक्रियाओं से जन्म लेता है। एक ही परिस्थिति किसी व्यक्ति को तोड़ देती है और उसी परिस्थिति से कोई दूसरा व्यक्ति और अधिक मजबूत बनकर निकल आता है। अंतर केवल इतना होता है कि एक व्यक्ति परिस्थिति को अपना स्वामी बना लेता है, जबकि दूसरा उसे अपना शिक्षक बना लेता है।

एकान्त मनुष्य को यही दृष्टि देता है।

वह उसे सिखाता है कि हर पीड़ा व्यर्थ नहीं होती। कुछ पीड़ाएँ मनुष्य को उसकी सीमाओं से परिचित कराने आती हैं। कुछ उसे यह दिखाने आती हैं कि वह अब तक दूसरों पर कितना निर्भर था। और कुछ केवल इसलिए आती हैं ताकि उसके भीतर छिपी हुई शक्ति जाग सके।

लेकिन यह परिवर्तन अचानक नहीं होता।

बहुत समय तक मनुष्य भीतर संघर्ष करता रहता है। कई बार वह स्वयं को समझ चुका होता है, फिर भी पुराने घाव अचानक लौट आते हैं। कुछ स्मृतियाँ ऐसी होती हैं जो वर्षों बाद भी मन को विचलित कर देती हैं। कुछ शब्द इतने गहरे उतर जाते हैं कि समय बीत जाने के बाद भी उनकी प्रतिध्वनि भीतर सुनाई देती रहती है।

मनुष्य बाहर से जितना दिखाई देता है, भीतर उससे कहीं अधिक जटिल होता है।

उसके भीतर एक साथ अनेक संसार चलते रहते हैं। एक संसार वह होता है जो लोगों को दिखाई देता है— शांत, सामान्य, व्यवस्थित। और दूसरा वह जो केवल उसे ज्ञात होता है— विचारों से भरा हुआ, प्रश्नों से घिरा हुआ, कभी स्थिर तो कभी तूफ़ानी।

अधिकांश लोग अपने भीतर के इस संसार से बचते रहते हैं। वे स्वयं को इतना व्यस्त कर लेते हैं कि उन्हें सोचने का समय ही न मिले। क्योंकि जैसे ही मनुष्य रुकता है, उसका मन उससे प्रश्न करने लगता है।

तुम वास्तव में क्या चाहते हो? तुम इतने थके हुए क्यों हो? तुम्हारी मुस्कान के पीछे यह मौन क्यों है? तुम हर समय स्वयं को सिद्ध करने की कोशिश क्यों करते हो?

ये प्रश्न साधारण नहीं होते। ये मनुष्य के भीतर वर्षों से दबे हुए सत्य को जगाने लगते हैं।

शुरुआत में मनुष्य इन प्रश्नों से असहज हो जाता है। वह फिर से शोर की ओर भागना चाहता है। लेकिन यदि वह धैर्य रखे, यदि वह स्वयं से भागना बंद कर दे, तो धीरे-धीरे उसे

अपने भीतर एक नई स्पष्टता दिखाई देने लगती है।

वह समझने लगता है कि उसने जीवन का बहुत बड़ा भाग केवल दूसरों की अपेक्षाओं में जी दिया। उसने वह बनने की कोशिश की जो संसार देखना चाहता था। उसने अपने वास्तविक स्वरूप को छिपाकर एक ऐसा चेहरा बना लिया था जिसे लोग स्वीकार कर सकें।

लेकिन कोई भी मनुष्य बहुत समय तक अभिनय करके शांत नहीं रह सकता। एक समय के बाद आत्मा थकने लगती है।

तब मनुष्य को भीतर से एक गहरी पुकार सुनाई देती है— लौट आओ। स्वयं के पास लौट आओ। उस व्यक्ति के पास लौट आओ जो तुम वास्तव में हो। यहीं से एकान्त की यात्रा गहरी होने लगती है।

अब मनुष्य केवल अकेला नहीं बैठता, बल्कि स्वयं को देखने लगता है। वह अपने स्वभाव को समझता है। उसे यह दिखाई देने लगता है कि उसकी सबसे बड़ी कमजोरी क्या है, उसका सबसे बड़ा भय क्या है, और वह किस कारण सबसे अधिक टूटता है।

कई बार उसे यह जानकर आश्चर्य होता है कि उसका दुःख उन घटनाओं से कम था जो उसके साथ हुईं, और उन कल्पनाओं से अधिक था जो उसने अपने मन में बना ली थीं। मनुष्य का मन यदि अस्थिर हो, तो वह छोटी घटनाओं को भी विशाल बना देता है। वह भविष्य के भय में वर्तमान को खो देता है। वह उन बातों पर भी चिंता करता रहता है जो शायद कभी घटेंगी ही नहीं।

इसीलिए चिंतन और चिंता के बीच का अंतर समझना आवश्यक है।

चिंता मनुष्य की ऊर्जा को धीरे-धीरे समाप्त करती है। वह मन को भय से भर देती है। उसमें स्पष्टता नहीं होती, केवल भ्रम होता है। लेकिन चिंतन मनुष्य को भीतर से गहरा बनाता है। वह उसे समाधान की ओर ले जाता है। चिंता मन को बाँधती है, चिंतन उसे मुक्त करता है।

एकान्त में बैठा हुआ मनुष्य यदि सावधान न रहे, तो उसका मन चिंता के अंधकार में भी डूब सकता है। लेकिन यदि वही मनुष्य अपने विचारों को दिशा देना सीख ले, तो वही एकान्त उसके जीवन का सबसे बड़ा विद्यालय बन सकता है।

धीरे-धीरे वह अपने भीतर अनुशासन लाना शुरू करता है।

अब वह हर भावना के पीछे बहता नहीं। हर विचार को सत्य नहीं मानता। वह अपने मन को देखने लगता है, ठीक वैसे ही जैसे कोई व्यक्ति नदी के किनारे बैठकर बहते हुए जल को देखता है। विचार आते हैं, जाते हैं, लेकिन वह हर विचार के साथ बहना छोड़ देता है। यहीं से भीतर स्थिरता जन्म लेने लगती है।

मनुष्य समझने लगता है कि शक्ति का अर्थ कठोर होना नहीं है। वास्तविक शक्ति वह है जहाँ व्यक्ति भीतर से शांत रह सके। जहाँ परिस्थितियाँ बदलें, लोग बदलें, समय बदल जाए, फिर भी उसका केंद्र स्थिर बना रहे।

और यह स्थिरता किसी भीड़ में नहीं मिलती।

यह धीरे-धीरे उन क्षणों में जन्म लेती है जब मनुष्य स्वयं के साथ बैठता है, स्वयं को सुनता है, और बिना किसी दिखावे के अपने सत्य को स्वीकार करना सीखता है।

स्वयं को स्वीकार करना मनुष्य के जीवन की सबसे दुर्लभ घटनाओं में से एक है। अधिकांश लोग पूरी उम्र स्वयं से संघर्ष करते हुए बिताते हैं। वे अपने भीतर के किसी भाग को छिपाना चाहते हैं, किसी भाग को बदलना चाहते हैं, किसी भाग से भागना चाहते हैं। उन्हें लगता है कि यदि वे बिल्कुल वैसे बन जाएँ जैसा संसार चाहता है, तभी उन्हें शांति मिलेगी। लेकिन यह यात्रा कभी समाप्त नहीं होती, क्योंकि संसार की अपेक्षाएँ कभी समाप्त नहीं होतीं।

एक व्यक्ति को यदि लोग शांत देखें, तो वे उसे कमजोर समझ लेते हैं। यदि वही व्यक्ति अपने विचारों में दृढ़ हो, तो उसे घमंडी कह दिया जाता है। यदि वह भीड़ से अलग चले, तो उसे अजीब माना जाता है। संसार को हर उस व्यक्ति से असुविधा होती है जो बिना शोर किए स्वयं के मार्ग पर चलना जानता है।

किन्तु समय के साथ मनुष्य यह समझने लगता है कि हर किसी द्वारा समझा जाना आवश्यक नहीं है।

कुछ वृक्ष जंगल में अकेले खड़े होते हैं, फिर भी आकाश को छू लेते हैं। कुछ नदियाँ बिना किसी घोषणा के समुद्र तक पहुँच जाती हैं। प्रकृति कभी यह प्रयास नहीं करती कि हर कोई उसे समझे। वह केवल अपना स्वभाव जीती है।

मनुष्य भी जब अपने स्वभाव के निकट आने लगता है, तब उसके भीतर एक गहरी सहजता जन्म लेने लगती है। अब उसे हर समय दूसरों की स्वीकृति की भूख नहीं रहती। वह स्वयं को साबित करने की निरंतर थकान से बाहर आने लगता है।

यह परिवर्तन बाहर से बहुत छोटा दिखाई देता है, लेकिन भीतर यह एक क्रांति होती है।

अब वह हर आलोचना से टूटता नहीं। हर असफलता से स्वयं को व्यर्थ नहीं मानता। हर दूरी को अपमान नहीं समझता।

वह यह समझने लगता है कि जीवन में कुछ चीज़ें छूटने के लिए ही आती हैं। कुछ लोग केवल एक समय तक साथ चलने के लिए होते हैं। कुछ संबंधों का उद्देश्य स्थायी होना नहीं, बल्कि मनुष्य को कुछ सिखाकर आगे बढ़ जाना होता है।

शुरुआत में यह समझ दर्द देती है, क्योंकि मनुष्य पकड़कर रखना चाहता है। उसे लगता है कि जो एक बार उसका हो गया, वह सदैव उसका रहना चाहिए। लेकिन जीवन का स्वभाव पकड़ना नहीं, प्रवाह है।

एकान्त मनुष्य को इसी प्रवाह का बोध कराता है।

वह उसे सिखाता है कि हर परिवर्तन विनाश नहीं होता। कई बार जो टूट रहा होता है, वही मनुष्य को उस दिशा में ले जा रहा होता है जहाँ उसका वास्तविक निर्माण होना है।

धीरे-धीरे वह अपने पुराने स्वरूप को पीछे छोड़ने लगता है।

अब वह केवल समय बिताने के लिए लोगों के बीच नहीं बैठता। केवल अकेलेपन के भय से संबंधों को नहीं पकड़ता। वह अपनी ऊर्जा को बचाना सीखता है। वह समझने लगता है कि हर स्थान पर उपस्थित रहना आवश्यक नहीं, हर विवाद में उतरना आवश्यक नहीं, हर व्यक्ति को उत्तर देना आवश्यक नहीं।

कुछ मौन उत्तर शब्दों से अधिक गहरे होते हैं।

जब मनुष्य भीतर से स्पष्ट होने लगता है, तब उसका मौन भी बदल जाता है। पहले उसका मौन दबाव से जन्म लेता था, अब समझ से जन्म लेने लगता है। पहले वह इसलिए चुप रहता था क्योंकि उसे भय था; अब वह इसलिए शांत रहता है क्योंकि उसे हर बात सिद्ध करने की आवश्यकता नहीं महसूस होती।

यह शांति बहुत मूल्यवान होती है।

क्योंकि संसार का सबसे बड़ा शोर बाहर नहीं, मनुष्य के भीतर चलता है। बाहर का कोलाहल कुछ समय बाद समाप्त हो जाता है, लेकिन भीतर के विचार यदि अनियंत्रित हो जाएँ, तो वे मनुष्य को लगातार थकाते रहते हैं।

इसीलिए एकान्त केवल बाहर अकेले बैठने का नाम नहीं है। वास्तविक एकान्त वह है जहाँ मनुष्य धीरे-धीरे अपने भीतर के शोर को भी शांत करना सीख ले। यह प्रक्रिया सरल नहीं होती।

कई बार पुरानी स्मृतियाँ लौट आती हैं। कुछ चेहरे अचानक याद आने लगते हैं। कुछ अधूरे संवाद मन में फिर चलने लगते हैं। व्यक्ति सोचता है कि यदि उस समय उसने कुछ और कहा होता, कुछ और किया होता, तो शायद जीवन अलग होता।

लेकिन समय पीछे नहीं लौटता और एक समय के बाद मनुष्य को यह स्वीकार करना ही पड़ता है कि जीवन को समझने का अर्थ हर घटना को बदल देना नहीं, बल्कि हर घटना से सीख लेना है।

यही सीख धीरे-धीरे उसे गहरा बनाती है। अब वह केवल बाहरी उपलब्धियों में अर्थ नहीं खोजता। वह भीतर की स्थिति को अधिक महत्व देने लगता है। क्योंकि उसने देख लिया होता है कि बहुत से लोग बाहर से सफल दिखाई देते हैं, लेकिन भीतर से पूरी तरह बिखरे हुए होते हैं। उनके पास साधन होते हैं, पर शांति नहीं। लोग होते हैं, पर अपनापन नहीं। शब्द होते हैं, पर मौन का साहस नहीं और वहीं कुछ ऐसे लोग भी होते हैं जो बहुत अधिक नहीं रखते, फिर भी भीतर से स्थिर होते हैं। क्योंकि उन्होंने स्वयं के साथ रहना सीख लिया होता है।

स्वयं के साथ रह पाना एक साधना है।

जो व्यक्ति स्वयं के साथ सहज नहीं, वह संसार के किसी भी स्थान पर वास्तव में शांत नहीं रह सकता। वह हर समय बाहर कुछ खोजता रहेगा— लोगों में, उपलब्धियों में, प्रशंसा में, संबंधों में। लेकिन जो व्यक्ति अपने भीतर लौटना सीख लेता है, उसके लिए एकान्त कारावास नहीं रह जाता; वह उसका आश्रय बन जाता है।

धीरे-धीरे वह अनुभव करने लगता है कि उसके भीतर एक नई शक्ति जन्म ले रही है।

एक ऐसी शक्ति जो क्रोध से नहीं बनी। जो प्रतिशोध से नहीं बनी। जो संसार को हराने की इच्छा से नहीं बनी।

वह शक्ति बनी है धैर्य से , मौन से , टूटकर भी पुनः उठ खड़े होने की क्षमता से।

और यही शक्ति मनुष्य को सामान्य भीड़ से अलग कर देती है।

धीरे-धीरे मनुष्य यह समझने लगता है कि एकान्त उसका शत्रु नहीं था। वह तो केवल एक द्वार था— स्वयं तक पहुँचने का द्वार। संसार की भीड़ ने उसे बहुत कुछ सिखाया होगा, किन्तु स्वयं को समझने की क्षमता उसे उसके मौन ने दी थी।

अब वह पहले जैसा नहीं रहा था।

वह अब भी लोगों के बीच चलता था, मुस्कुराता था, अपने कार्य करता था, किन्तु उसके भीतर कुछ बदल चुका था। अब उसका अस्तित्व केवल बाहरी स्वीकृति पर निर्भर नहीं था। उसने अपने भीतर एक ऐसा स्थान खोज लिया था जहाँ पहुँचकर संसार का शोर धीमा पड़ जाता था।

उसे यह समझ आने लगा था कि हर व्यक्ति को भीड़ का हिस्सा बनने के लिए नहीं बनाया गया। कुछ लोगों की यात्रा अलग होती है। उनका निर्माण संघर्षों से होता है, उनकी गहराई मौन से जन्म लेती है, और उनकी शक्ति एकान्त में विकसित होती है।

अब वह अकेलेपन से भागता नहीं था।

क्योंकि उसने देख लिया था कि उसी एकान्त ने उसे सबसे अधिक सच्चा बनाया है। उसी ने उसे लोगों की वास्तविकता दिखाई है। उसी ने उसे स्वयं का सहारा बनना सिखाया है। और उसी ने उसके भीतर वह स्थिरता पैदा की है जिसे परिस्थितियाँ भी तोड़ नहीं सकतीं।

उसने धीरे-धीरे यह स्वीकार कर लिया था कि जीवन का सबसे बड़ा सहारा अंततः मनुष्य का अपना मन ही होता है। यदि भीतर प्रकाश हो, तो बाहरी अंधकार अधिक देर तक भय पैदा नहीं कर सकता।

रात्रि अब भी आती थी। मौन अब भी उसके साथ बैठता था। विचार अब भी उसके भीतर चलते थे। किन्तु अब उनमें भय कम था, स्पष्टता अधिक क्योंकि उसके भीतर धीरे-धीरे जन्म ले चुका था— एक ऐसा बल, जो शोर से नहीं, एकान्त से निर्मित हुआ था।

और शायद उसी क्षण, उसके भीतर पहली बार "एकान्तास्त्र" ने आकार लेना आरम्भ किया।

2

लोग क्या सोचेंगे

मनुष्य के भीतर जितनी जंजीरें होती हैं, उनमें सबसे अदृश्य और सबसे भारी जंजीर होती है— "लोग क्या सोचेंगे।"

यह एक ऐसा भय है जो धीरे-धीरे मनुष्य की स्वतंत्रता को खा जाता है। वह अपने निर्णय स्वयं नहीं लेता, अपने शब्द स्वयं नहीं चुनता, यहाँ तक कि कई बार अपने सपने भी स्वयं के नहीं होते। वह जीवन जीता कम है, दूसरों की दृष्टि में सही दिखाई देने का प्रयास अधिक करता है।

संसार की सबसे बड़ी विडम्बना यही है कि जो लोग स्वयं अपने जीवन से संतुष्ट नहीं होते, वही सबसे अधिक दूसरों के जीवन पर निर्णय सुनाते हैं।

कोई आपके चलने के तरीके पर टिप्पणी करेगा। कोई आपके बोलने पर। कोई आपके मौन पर। कोई आपके सपनों पर।

और यदि आप सबसे अलग चलने का साहस करें, तो वही लोग आपको समझाने भी लगेंगे कि यह मार्ग आपके लिए नहीं है।

धीरे-धीरे मनुष्य स्वयं को रोकना सीख जाता है। वह वह बात नहीं कहता जो उसके भीतर है। वह वह कार्य नहीं करता जो वह वास्तव में करना चाहता है। वह वह जीवन नहीं जीता जो उसकी आत्मा चाहती है क्योंकि उसके भीतर हर समय एक अदृश्य भीड़ खड़ी रहती है— निर्णय करती हुई, तुलना करती हुई, हँसती हुई। यही भय मनुष्य को सबसे अधिक थका देता है।

कई लोग इसलिए नहीं टूटते कि जीवन कठिन है; वे इसलिए टूटते हैं क्योंकि वे निरंतर दूसरों की अपेक्षाओं का भार उठा रहे होते हैं। वे हर समय यह सोचते रहते हैं कि यदि वे असफल हुए तो लोग क्या कहेंगे, यदि वे बदल गए तो लोग क्या सोचेंगे, यदि वे भीड़ से अलग चले तो समाज उन्हें कैसे देखेगा।

लेकिन एक प्रश्न बहुत कम लोग स्वयं से पूछते हैं— क्या वास्तव में यह संसार हमारे बारे में उतना सोचता भी है, जितना हम मान लेते हैं? सत्य यह है कि अधिकांश लोग कुछ

क्षण बात करेंगे और फिर अपने जीवन में लौट जाएँगे। लेकिन मनुष्य दूसरों की क्षणिक राय को अपने भीतर स्थायी घाव बना लेता है। यहीं से उसका वास्तविक बंधन शुरू होता है।

वह स्वयं का निरीक्षण कम और दूसरों की प्रतिक्रिया का अनुमान अधिक लगाने लगता है। धीरे-धीरे उसकी सहजता समाप्त होने लगती है। उसका मन हर समय सतर्क रहता है। वह स्वयं को जीने के बजाय स्वयं को नियंत्रित करने लगता है और यही नियंत्रण एक समय के बाद भीतर घुटन में बदल जाता है।

कुछ लोग पूरी उम्र ऐसे ही जीते हैं। वे कभी खुलकर हँस नहीं पाते, कभी निर्भय होकर बोल नहीं पाते, कभी अपनी वास्तविक पहचान स्वीकार नहीं कर पाते। वे समाज के बनाए हुए साँचे में स्वयं को फिट करते-करते अपने मूल स्वरूप से दूर चले जाते हैं।

किन्तु जो व्यक्ति एक दिन इस भय को पहचान लेता है, उसके भीतर एक नया साहस जन्म लेने लगता है। वह समझने लगता है कि संसार को प्रसन्न करना असंभव है। यदि आप मौन रहेंगे, तब भी लोग कुछ कहेंगे। यदि आप बोलेंगे, तब भी कहेंगे। यदि आप सफल होंगे, तब भी चर्चा होगी। यदि असफल होंगे, तब भी निर्णय सुनाए जाएँगे।

तब प्रश्न यह नहीं रह जाता कि लोग क्या सोचेंगे। प्रश्न यह रह जाता है कि क्या मनुष्य स्वयं की दृष्टि में सच्चा है? यहीं से स्वतंत्रता आरम्भ होती है। जब मनुष्य धीरे-धीरे लोगों की राय से ऊपर उठना सीखता है, तब उसके भीतर का भय कम होने लगता है। अब वह हर कदम पर अनुमति नहीं खोजता। अब वह हर निर्णय से पहले संसार की प्रतिक्रिया का अनुमान नहीं लगाता। अब वह यह समझने लगता है कि जीवन बहुत छोटा है दूसरों की अपेक्षाओं के अनुसार जीने के लिए।

भीड़ सदैव सुरक्षित मार्ग चुनती है। लेकिन इतिहास में हर वह व्यक्ति जिसने कुछ नया देखा, कुछ अलग बनाया, या स्वयं को गहराई से समझा— उसे एक समय पर भीड़ से अलग खड़ा होना पड़ा। उसे आलोचना भी मिली, उपहास भी, अस्वीकृति भी। क्योंकि संसार को वह व्यक्ति हमेशा असुविधाजनक लगता है जो बिना भय के स्वयं होना सीख लेता है।

धीरे-धीरे वह व्यक्ति अपने भीतर लौटने लगता है। अब वह हर आवाज़ को महत्व नहीं देता। हर निर्णय से विचलित नहीं होता। हर आलोचना को सत्य नहीं मानता। वह समझने लगता है कि लोगों की राय अक्सर उनके अपने भय, सीमाओं और अनुभवों से बनी होती है। जो व्यक्ति स्वयं जोखिम लेने से डरता है, वही आपको भी रोकने का प्रयास करेगा। जो स्वयं भीतर से असुरक्षित है, वही दूसरों का उपहास बनाकर स्वयं को बड़ा महसूस करेगा।

यह समझ मनुष्य को कठोर नहीं बनाती, बल्कि शांत बना देती है। अब उसे हर किसी से स्वीकृति नहीं चाहिए होती। उसे केवल अपने भीतर की स्पष्टता चाहिए होती है और यही स्पष्टता धीरे-धीरे उसे भीड़ से अलग कर देती है क्योंकि जिस दिन मनुष्य "लोग क्या सोचेंगे" के भय से मुक्त होने लगता है, उसी दिन उसका वास्तविक जीवन आरम्भ होता है।

मनुष्य के भीतर "लोग क्या सोचेंगे" का भय केवल समाज से नहीं जन्म लेता, कई बार वह वर्षों के अनुभवों से बनता है। बार-बार रोके जाने से, टोक दिए जाने से, गलत समझे जाने

से, और हर बात पर निर्णय सुनाए जाने से मनुष्य धीरे-धीरे स्वयं को छिपाना सीख जाता है। वह अपने विचारों को भीतर ही रोक लेता है, क्योंकि उसे लगता है कि सत्य बोलना हमेशा स्वीकार नहीं किया जाता।

लेकिन सत्य की एक प्रकृति होती है— वह भीतर अधिक समय तक कैद नहीं रह सकता।

जब मनुष्य अपने भीतर बहुत लंबे समय तक वास्तविक भावनाओं को दबाकर रखता है, तब उसके भीतर एक बेचैनी जन्म लेने लगती है। उसे लगने लगता है कि वह संसार के सामने उपस्थित तो है, पर वास्तव में स्वयं नहीं है। वह बोल रहा है, लेकिन अपने शब्द नहीं बोल रहा। वह जी रहा है, लेकिन अपने अनुसार नहीं जी रहा। यहीं से भीतर एक संघर्ष प्रारम्भ होता है।

एक ओर मनुष्य का वास्तविक स्वरूप होता है, जो स्वयं को व्यक्त करना चाहता है। दूसरी ओर समाज का भय होता है, जो हर समय कहता है— "रुको... लोग क्या सोचेंगे?"

जब मैंने सत्य लिखना आरम्भ किया, तब मेरे भीतर भी यही संघर्ष था। शब्द केवल शब्द नहीं थे; वे अनुभव थे, वर्षों का मौन था, भीतर जमा हुए विचार थे। लेकिन हर पंक्ति लिखते समय मन में एक प्रश्न उठता था—

क्या लोग इसे स्वीकार करेंगे? क्या उन्हें यह पसंद आएगा? और सबसे बड़ा प्रश्न— जो लोग भीतर से गलत हैं, क्या वे इस सत्य को सह पाएँगे? क्योंकि संसार को सजाए हुए शब्द पसंद आते हैं, नग्न सत्य नहीं।

लोग वह पढ़ना पसंद करते हैं जो उन्हें अच्छा महसूस कराए, लेकिन वह नहीं जो उन्हें उनके वास्तविक स्वरूप के सामने खड़ा कर दे। सत्य कई बार दर्पण की तरह होता है। और हर व्यक्ति अपने चेहरे को उतनी ईमानदारी से नहीं देख पाता।

बहुत समय तक मनुष्य केवल इसलिए सच नहीं बोल पाता क्योंकि उसे अस्वीकृति का भय होता है। उसे लगता है कि यदि वह वास्तविक बातें कहेगा, तो लोग उससे दूर हो जाएँगे। कुछ उसका विरोध करेंगे, कुछ उसका उपहास बनाएँगे, और कुछ उसे गलत साबित करने में लग जाएँगे। किन्तु एक समय के बाद यह भी समझ आने लगता है कि जो सत्य केवल इसलिए दबा दिया जाए क्योंकि लोग असहज हो जाएँगे, वह सत्य नहीं, भय का बंदी है और भय में जीते-जीते मनुष्य धीरे-धीरे भीतर से खोखला होने लगता है।

मैंने अनुभव किया कि जब मनुष्य पहली बार अपने वास्तविक विचार लिखता है, तब वह केवल संसार के सामने नहीं, स्वयं के सामने भी खड़ा होता है। वह देखता है कि उसके भीतर कितना संचित मौन था। कितनी बातें थीं जिन्हें वह वर्षों से कहना चाहता था। कितनी पीड़ाएँ थीं जिन्हें वह शब्द देना चाहता था।

लेकिन साथ ही एक और भय भी जन्म लेता है— यदि लोगों ने इसे गलत समझ लिया तो? यदि उन्होंने केवल शब्द पढ़े और उनके पीछे का अनुभव नहीं देखा तो? यदि जिन लोगों का चेहरा इन पंक्तियों में दिखाई देता है, वे स्वयं को पहचान लें तो?

क्योंकि सत्य की सबसे बड़ी विशेषता यही है कि वह छिपे हुए चेहरों को असहज कर देता है।

जो लोग भीतर से साफ होते हैं, वे सत्य से डरते नहीं। लेकिन जो व्यक्ति अपने ही भीतर कुछ छिपाकर जी रहा हो, उसे हर सच्ची बात अपने विरुद्ध लगने लगती है। धीरे-धीरे मुझे यह समझ आने लगा कि लेखक का कार्य सभी को प्रसन्न करना नहीं है। यदि शब्द केवल इसलिए लिखे जाएँ कि लोग ताली बजाएँ, तो वे शब्द जीवित नहीं रह पाते। जीवित वही शब्द रहते हैं जिनमें अनुभव की आग होती है, जिनमें सत्य की कठोरता होती है, और जिनमें भीतर की वास्तविक पीड़ा का स्पर्श होता है।

संसार अक्सर उन लोगों से असहज हो जाता है जो बिना भय के सत्य लिखते हैं। क्योंकि सत्य केवल दूसरों को नहीं, पूरे समाज की आदतों को चुनौती देता है। वह उन बातों को सामने लाता है जिन्हें लोग वर्षों से सामान्य मानते आए होते हैं। और शायद इसी कारण हर सच्चा लेखक एक समय पर अकेला हो जाता है क्योंकि वह केवल कहानियाँ नहीं लिख रहा होता, वह मौन को शब्द दे रहा होता है। वह उन भावनाओं को सामने ला रहा होता है जिन्हें अधिकांश लोग भीतर दबाकर जीते रहते हैं। धीरे-धीरे यह भय कम होने लगा कि लोग क्या सोचेंगे। क्योंकि एक समय के बाद यह स्पष्ट हो गया कि यदि मनुष्य अपने ही सत्य को दबाकर जीए, तो वह बाहर से चाहे जितना सफल दिखाई दे, भीतर से अधूरा ही रहेगा और अधूरा होकर जीना, अस्वीकृत होकर जीने से कहीं अधिक पीड़ादायक है।

धीरे-धीरे मुझे यह अनुभव होने लगा कि संसार में सबसे कठिन कार्य सत्य को जानना नहीं, बल्कि उसे स्वीकार करना है। बहुत लोग सत्य सुनना चाहते हैं, पर केवल तब तक जब तक वह उनके विरुद्ध न जाए। जैसे ही कोई बात उनके भीतर छिपे हुए भ्रम को छूती है, वे असहज होने लगते हैं।

मनुष्य को अक्सर वह दर्पण पसंद नहीं आता जिसमें उसका वास्तविक चेहरा दिखाई दे।

यही कारण है कि समाज ने सदैव उन लोगों का विरोध किया है जिन्होंने बिना भय के सत्य कहा। क्योंकि सत्य केवल शब्द नहीं होता; वह मनुष्य की बनाई हुई झूठी सुरक्षा को तोड़ देता है। वह उन मुखौटों को हटा देता है जिन्हें लोग वर्षों से अपना चेहरा मानकर जी रहे होते हैं।

जब मैं लिखता था, तब कई बार शब्दों से अधिक लोगों की संभावित प्रतिक्रियाएँ सामने आने लगती थीं। मन सोचता था— क्या यह पंक्ति किसी को चुभ जाएगी? क्या कोई इसे अपने ऊपर ले लेगा? क्या लोग इसे समझेंगे भी या केवल निर्णय देंगे?

लेकिन फिर एक और विचार भीतर उठता था— यदि लेखक भी डरकर लिखेगा, तो सत्य लिखेगा कौन?

क्योंकि संसार में झूठ को शब्द देना बहुत आसान है। सजावटी बातें लिखना आसान है। लोगों को वही सुनाना आसान है जो वे सुनना चाहते हैं। कठिन केवल यह है कि मनुष्य वह लिखे जो भीतर से वास्तविक हो।

सत्य कई बार कठोर लगता है, क्योंकि वह हमारी कल्पनाओं के अनुसार नहीं चलता। वह किसी को खुश करने के लिए स्वयं को बदलता नहीं। वह वैसा ही सामने आता है जैसा वह है और शायद इसी कारण सच्चे शब्दों में एक अलग प्रकार की शक्ति होती है।

वे धीरे-धीरे मनुष्य के भीतर उतरते हैं। तुरंत नहीं, लेकिन समय के साथ वे सोच बदल देते हैं। वे मनुष्य को स्वयं से प्रश्न करवाते हैं। वे उसे भीतर देखने के लिए विवश कर देते हैं लेकिन यह यात्रा लेखक के लिए भी सरल नहीं होती।

जब कोई व्यक्ति अपने वास्तविक अनुभव लिखता है, तब वह केवल दूसरों के सामने नहीं खुलता, वह स्वयं के सामने भी खुल जाता है। उसे अपनी ही संवेदनाओं से दोबारा गुजरना पड़ता है। पुराने घाव फिर से याद आते हैं। कुछ चेहरे फिर मन में उभरते हैं। कुछ घटनाएँ फिर भीतर चलने लगती हैं।

लेखन केवल शब्दों का कार्य नहीं है। वह कई बार आत्मा का पुनः अनुभव करना होता है। शायद इसी कारण हर गहरा लेखक भीतर से थोड़ा अकेला होता है। क्योंकि वह उन बातों को महसूस करता है जिन्हें अधिकांश लोग केवल देखकर आगे बढ़ जाते हैं। वह साधारण घटनाओं में भी मनुष्य की टूटन देख लेता है। वह मुस्कुराहट के पीछे का मौन सुन लेता है और जितना अधिक मनुष्य संसार को समझने लगता है, उतना ही कम उसका शोर उसे आकर्षित करता है।

धीरे-धीरे मैंने यह भी देखा कि लोगों की राय मौसम की तरह बदलती रहती है। जो आज आपकी प्रशंसा कर रहे हैं, वही कल आलोचना भी कर सकते हैं। जो आज आपके शब्दों को गहरा कहेंगे, वही किसी और दिन उन्हें व्यर्थ कह सकते हैं।

यदि मनुष्य हर आवाज़ के अनुसार स्वयं को बदलता रहेगा, तो अंततः उसका अपना स्वर ही खो जाएगा। इसीलिए एक समय के बाद यह आवश्यक हो जाता है कि मनुष्य अपने भीतर एक ऐसा स्थान बनाए जहाँ बाहरी निर्णय पहुँच न सकें। एक ऐसा स्थान जहाँ वह स्वयं को बिना भय के स्वीकार कर सके क्योंकि संसार आपको हर रूप में परिभाषित करने का प्रयास करेगा।

यदि आप शांत रहेंगे, लोग कहेंगे आप कमजोर हैं। यदि आप अलग सोचेंगे, लोग कहेंगे आप अजीब हैं। यदि आप सत्य लिखेंगे, लोग असहज हो जाएँगे। यदि आप स्वयं के अनुसार जीएँगे, लोग आपको घमंडी कह देंगे लेकिन जीवन का उद्देश्य हर व्यक्ति की सुविधा बनना नहीं है। कुछ लोग केवल इसलिए अलग होते हैं क्योंकि वे झूठ के साथ सहज नहीं हो पाते। वे भीड़ में रहकर भी भीड़ जैसे नहीं बन पाते। और शायद यही उनके भीतर की सबसे बड़ी सच्चाई होती है।

धीरे-धीरे मुझे यह समझ आने लगा कि जो लोग सत्य से सबसे अधिक क्रोधित होते हैं, वे कई बार वही लोग होते हैं जिन्होंने अपने भीतर बहुत कुछ दबाकर रखा होता है। सत्य उन्हें इसलिए नहीं चुभता कि वह गलत है, बल्कि इसलिए चुभता है क्योंकि वह उनके भीतर छिपी हुई बेचैनी को छू लेता है और तब मैंने पहली बार यह महसूस किया कि लेखक का कार्य लोगों

को केवल अच्छा महसूस कराना नहीं है। उसका कार्य कई बार उन्हें जगाना भी होता है। भले ही जागना प्रारम्भ में असुविधाजनक क्यों न लगे।

जागरण सदैव सहज नहीं होता। जो व्यक्ति वर्षों तक अंधेरे कमरे में रहा हो, उसके लिए अचानक प्रकाश को देख पाना सरल नहीं होता। उसकी आँखें चुभने लगती हैं। वह असहज हो जाता है। ठीक वैसे ही, जो समाज वर्षों तक दिखावे, औपचारिकता और झूठी सहजता में जीता रहा हो, उसके सामने जब कोई व्यक्ति बिना भय के वास्तविक बातें रखने लगता है, तो लोग बेचैन होने लगते हैं।

वे शब्दों से अधिक उस साहस से असहज होते हैं जिसके साथ वे शब्द कहे गए होते हैं क्योंकि अधिकांश लोग भीतर से वही सोचते हैं, जो कभी कह नहीं पाते। उनके भीतर भी प्रश्न होते हैं। उन्हें भी समाज का दिखावा दिखाई देता है। वे भी कई संबंधों की खोखली दीवारों को पहचानते हैं। वे भी अकेले होते हैं , लेकिन वे चुप रहते हैं। कई बार डर से, कई बार आदत से और कई बार इसलिए क्योंकि उन्होंने यह मान लिया होता है कि सत्य बोलकर कुछ बदलता नहीं लेकिन सत्य हमेशा दुनिया बदलने के लिए नहीं बोला जाता। कई बार वह केवल इसलिए बोला जाता है ताकि मनुष्य स्वयं के भीतर जीवित रह सके।

क्योंकि जब मनुष्य लगातार अपने ही विचारों को दबाता रहता है, तब भीतर एक घुटन जन्म लेने लगती है। धीरे-धीरे वह स्वयं से दूर होने लगता है। वह बाहर से सामान्य दिखाई देता है, लेकिन भीतर उसकी आत्मा थकने लगती है।

मैंने ऐसे बहुत लोग देखे हैं जो बाहर से सफल थे, लोगों से घिरे हुए थे, सम्मानित थे, लेकिन भीतर से पूरी तरह खाली थे। क्योंकि उन्होंने जीवन दूसरों की अपेक्षाओं के अनुसार जिया था। उन्होंने वह कहा जो लोगों को अच्छा लगे, वह किया जो समाज स्वीकार करे, और धीरे-धीरे उनका अपना वास्तविक स्वरूप कहीं पीछे छूट गया।

मनुष्य जब स्वयं को खो देता है, तब संसार की कोई उपलब्धि उसे पूर्ण नहीं कर सकती इसीलिए सत्य आवश्यक है।

भले ही वह कठिन हो। भले ही वह लोगों को असहज करे। भले ही उसके कारण कुछ लोग दूर चले जाएँ क्योंकि झूठ मनुष्य को कुछ समय के लिए सुरक्षित अवश्य रख सकता है, लेकिन वह उसे भीतर से मजबूत नहीं बना सकता। सत्य में एक विचित्र प्रकार की अग्नि होती है। वह पहले मनुष्य को जलाता है, फिर उसे शुद्ध करता है।

जब मैंने लिखना जारी रखा, तब धीरे-धीरे यह भय कम होने लगा कि कौन क्या सोचेगा। क्योंकि मैंने देखा कि यदि शब्द वास्तविक हों, तो वे अपना मार्ग स्वयं बना लेते हैं। उन्हें हर किसी की स्वीकृति की आवश्यकता नहीं होती। वे उन लोगों तक पहुँच जाते हैं जिन्हें वास्तव में उनकी आवश्यकता होती है।

कुछ लोग उन्हें पढ़कर असहज होंगे। कुछ उनका विरोध करेंगे। कुछ उनका उपहास बनाएँगे लेकिन कुछ ऐसे भी होंगे जो पहली बार स्वयं को उन शब्दों में देख पाएँगे और शायद लेखक के लिए वही सबसे बड़ा कारण होता है लिखते रहने का क्योंकि संसार में बहुत लोग

बोलते हैं, लेकिन बहुत कम लोग ऐसे होते हैं जो किसी दूसरे मनुष्य के भीतर दबे हुए मौन को शब्द दे पाते हैं।

धीरे-धीरे मुझे यह समझ आने लगा कि "लोग क्या सोचेंगे" का भय वास्तव में लोगों से अधिक हमारे अपने मन का भय होता है। हम कल्पना में ही इतने निर्णय बना लेते हैं कि वास्तविक जीवन उससे कहीं सरल होता है।

अधिकांश लोग कुछ समय बात करेंगे और फिर अपने जीवन में व्यस्त हो जाएँगे। लेकिन यदि मनुष्य उन्हीं क्षणिक प्रतिक्रियाओं के डर से अपने वास्तविक स्वरूप को दबा दे, तो वह पूरी उम्र अधूरा रह जाएगा।

जीवन बहुत लंबा नहीं होता। एक दिन सब समाप्त हो जाएगा— यह भीड़, यह चर्चा, यह प्रशंसा, यह आलोचना। समय सबको अपने साथ बहा ले जाएगा। तब अंत में केवल एक प्रश्न बचेगा— क्या मनुष्य ने अपना जीवन अपने सत्य के अनुसार जिया था? या वह पूरी उम्र केवल दूसरों की अपेक्षाओं का पात्र बना रहा? यह प्रश्न जितना सरल दिखाई देता है, उतना है नहीं, क्योंकि स्वयं के अनुसार जीना साहस माँगता है। उसमें अकेलापन भी आता है। उसमें अस्वीकृति भी मिलती है। उसमें कई बार गलत समझे जाने का दर्द भी होता है। लेकिन उसी मार्ग पर चलकर मनुष्य भीतर से वास्तविक बनता है और वास्तविकता में जो शांति है, वह अभिनय में कभी नहीं मिल सकती।

अभिनय की सबसे बड़ी समस्या यही है कि उसे लगातार निभाना पड़ता है। मनुष्य यदि एक बार संसार के सामने झूठा स्वरूप बना ले, तो फिर उसे हर दिन उसी रूप को बचाए रखना पड़ता है। वह थकने लगता है, क्योंकि भीतर का सत्य और बाहर का चेहरा एक-दूसरे से अलग होते जाते हैं।

धीरे-धीरे उसकी मुस्कान आदत बन जाती है, खुशी नहीं। उसके संबंध औपचारिक हो जाते हैं, आत्मीय नहीं। उसके शब्द सुनाई देते हैं, लेकिन उनमें आत्मा नहीं रहती और सबसे दुखद बात यह होती है कि एक समय के बाद वह स्वयं भी भूलने लगता है कि उसका वास्तविक स्वरूप क्या था। यहीं से भीतर एक गहरा खालीपन जन्म लेता है।

बहुत लोग इस खालीपन को समझ नहीं पाते। वे सोचते हैं कि शायद उन्हें और सफलता चाहिए, और लोग चाहिए, और व्यस्तता चाहिए। लेकिन समस्या बाहर की कमी नहीं होती, भीतर की दूरी होती है। मनुष्य स्वयं से जितना दूर होता जाता है, उतना ही बेचैन होता जाता है। इसीलिए कुछ लोग भीड़ में रहकर भी थके हुए लगते हैं। वे हर समय किसी भूमिका में जी रहे होते हैं। हर स्थान पर स्वयं को स्वीकार करवाने का प्रयास कर रहे होते हैं। हर बातचीत में अपनी छवि बचाने में लगे रहते हैं।

लेकिन जो व्यक्ति धीरे-धीरे "लोग क्या सोचेंगे" के भय से बाहर आने लगता है, उसकी चाल बदलने लगती है। अब उसके भीतर उतनी घबराहट नहीं रहती। वह हर समय स्वयं को समझाने की कोशिश नहीं करता। उसे यह एहसास होने लगता है कि जो लोग वास्तव में समझना चाहते हैं, उन्हें बहुत स्पष्टीकरण की आवश्यकता नहीं होती; और जो समझना

ही नहीं चाहते, उन्हें कोई स्पष्टीकरण पर्याप्त नहीं लगेगा। यह समझ मनुष्य को भीतर से हल्का कर देती है।

अब वह अपनी ऊर्जा हर किसी को प्रभावित करने में नष्ट नहीं करता। वह अपने विचारों को केवल इसलिए नहीं बदलता कि लोग असहज हो जाएँगे। वह यह स्वीकार कर लेता है कि सत्य सबको पसंद नहीं आएगा और यही स्वीकार उसे स्वतंत्र बनाना शुरू करता है।

स्वतंत्रता केवल बाहर घूमने या अपनी इच्छा से निर्णय लेने का नाम नहीं है। वास्तविक स्वतंत्रता वह है जहाँ मनुष्य अपने भीतर बिना भय के रह सके। जहाँ उसे हर समय यह चिंता न सताए कि लोग उसके बारे में क्या सोच रहे होंगे क्योंकि जो व्यक्ति हर समय दूसरों की राय में जीता है, उसका मन कभी शांत नहीं रह सकता।

वह हर शब्द के बाद सोचता रहेगा— मैंने सही कहा या नहीं। हर निर्णय के बाद डरता रहेगा— लोग क्या कहेंगे। हर असफलता के बाद टूटता रहेगा— अब लोग मुझे कैसे देखेंगे। धीरे-धीरे उसका जीवन उसका अपना न रहकर समाज की प्रतिक्रिया बन जाता है।

लेकिन जीवन प्रतिक्रिया बनने के लिए नहीं मिला। मनुष्य को यह जीवन इसलिए नहीं मिला कि वह पूरी उम्र दूसरों के भय में सिमटा रहे। उसे यह जीवन इसलिए मिला है कि वह स्वयं को पहचाने, अपने भीतर की संभावनाओं को जिए, और बिना झूठे आवरणों के अपना अस्तित्व स्वीकार कर सके। यह मार्ग सरल नहीं होता।

जो व्यक्ति स्वयं के अनुसार जीना शुरू करता है, उसे कई बार अकेला भी रहना पड़ता है। लोग उसे बदलने का प्रयास करेंगे। कुछ उसे समझाएँगे कि वह बहुत अलग हो गया है। कुछ उसके मौन को अहंकार समझेंगे। कुछ उसके सत्य को कटुता कहेंगे।

लेकिन समय के साथ वही लोग धीरे-धीरे उसका सम्मान भी करने लगते हैं क्योंकि भीतर से सच्चे मनुष्य में एक अलग प्रकार की दृढ़ता होती है। वह हर परिस्थिति में स्वयं बना रहता है। वह लोगों के अनुसार अपना चेहरा नहीं बदलता। और संसार अंततः उसी व्यक्ति को गंभीरता से लेना सीखता है जो स्वयं को गंभीरता से लेना जानता हो , धीरे-धीरे मुझे यह समझ आने लगा कि लेखन केवल शब्दों का काम नहीं, साहस का काम है।

हर सच्ची पंक्ति लिखते समय मनुष्य को अपने भीतर के भय से गुजरना पड़ता है। उसे यह स्वीकार करना पड़ता है कि कुछ लोग उसे गलत समझेंगे। कुछ लोग उससे असहमत होंगे। लेकिन यदि उसके शब्द भीतर से निकले हैं, यदि उनमें अनुभव की सच्चाई है, तो उन्हें लिखना आवश्यक है। क्योंकि कुछ शब्द केवल लेखक के नहीं होते।

वे उन सभी लोगों के होते हैं जो वही महसूस करते हैं लेकिन कह नहीं पाते।
वे उन लोगों के होते हैं जो भीड़ में रहकर भी भीतर से अकेले हैं।
वे उन लोगों के होते हैं जिन्होंने वर्षों तक स्वयं को दबाकर रखा है।

और शायद यही कारण है कि सच्चे शब्द सीधे मनुष्य के भीतर उतर जाते हैं। वे केवल पढ़े नहीं जाते, महसूस किए जाते हैं।

धीरे-धीरे यह स्पष्ट होने लगा कि "लोग क्या सोचेंगे" का भय वास्तव में मनुष्य की सबसे बड़ी कैदों में से एक है। यह कैद दिखाई नहीं देती, फिर भी अनगिनत लोगों का पूरा जीवन इसी के भीतर बीत जाता है। वे अपने सपनों को रोक देते हैं, अपने शब्द बदल देते हैं, अपने विचार छिपा लेते हैं, केवल इसलिए क्योंकि उन्हें दूसरों की प्रतिक्रिया का भय होता है लेकिन एक समय के बाद मनुष्य थक जाता है। वह समझने लगता है कि यदि हर निर्णय दूसरों की सोच के अनुसार लिया जाए, तो जीवन कभी अपना नहीं रह सकता। वह केवल एक अभिनय बनकर रह जाएगा— ऐसा अभिनय जिसमें चेहरे बदलते रहेंगे, पर भीतर का खालीपन वैसा ही रहेगा और शायद यहीं से वास्तविक साहस जन्म लेता है।

साहस हमेशा ऊँची आवाज़ में नहीं आता। कई बार साहस केवल इतना होता है कि मनुष्य अपने सत्य को दबाना बंद कर दे। वह स्वयं को स्वीकार कर ले। वह यह तय कर ले कि अब वह केवल पसंद किए जाने के लिए नहीं जिएगा।

जब मैंने लिखना शुरू किया था, तब मन में अनेक भय थे। लगता था कि लोग क्या कहेंगे, कौन विरोध करेगा, कौन असहज होगा। लेकिन धीरे-धीरे यह समझ आने लगा कि यदि शब्द सच्चे हैं, तो उनका उद्देश्य सबको प्रसन्न करना नहीं, भीतर की वास्तविकता को सामने लाना है।

कुछ लोग उन शब्दों को समझेंगे, कुछ उनसे असहमत होंगे और कुछ उनसे बचना चाहेंगे। किन्तु सत्य का मूल्य लोगों की सुविधा से तय नहीं होता। वह अपनी जगह स्वयं खड़ा रहता है।

एक समय के बाद मैंने यह स्वीकार कर लिया कि संसार की हर आवाज़ को शांत नहीं किया जा सकता। हर व्यक्ति द्वारा समझा जाना भी संभव नहीं। लेकिन यदि मनुष्य स्वयं की दृष्टि में सच्चा रह सके, तो वही पर्याप्त है।

क्योंकि अंततः जीवन का सबसे बड़ा बोझ दूसरों की आलोचना नहीं, स्वयं से किया गया समझौता होता है।

और जिस दिन मनुष्य यह समझ लेता है, उसी दिन उसके भीतर एक नई स्वतंत्रता जन्म लेती है।

अब वह भीड़ से डरता नहीं, निर्णयों से काँपता नहीं, सत्य बोलने से रुकता नहीं।

क्योंकि उसने समझ लिया होता है कि संसार की सबसे बड़ी शांति दूसरों को प्रसन्न करने में नहीं, स्वयं के भीतर सच्चा रहने में है।

3

मुस्कुराहट के पीछे का दर्द

संसार में सबसे कठिन चीज़ों में से एक है किसी मनुष्य को वास्तव में समझ पाना।

लोग चेहरों को देखते हैं, स्वभाव को नहीं। वे मुस्कुराहट देखते हैं, भीतर का संघर्ष नहीं। वे शब्द सुनते हैं, लेकिन उनके पीछे छिपी हुई थकान को नहीं सुन पाते। कई बार जो व्यक्ति सबसे अधिक शांत दिखाई देता है, उसके भीतर सबसे अधिक तूफ़ान चल रहे होते हैं। मनुष्य धीरे-धीरे यह सीख जाता है कि हर दर्द को शब्द देना संभव नहीं। कुछ पीड़ाएँ ऐसी होती हैं जिन्हें समझाने से अधिक छिपाना आसान लगता है। इसलिए वह मुस्कुराना सीख लेता है। वह सामान्य दिखाई देना सीख लेता है। वह लोगों के बीच बैठकर भी अपने भीतर की टूटन को चेहरे तक आने नहीं देता। और यही मुस्कुराहट धीरे-धीरे उसका कवच बन जाती है।

बहुत लोग समझते हैं कि जो व्यक्ति हँस रहा है, वह प्रसन्न होगा। लेकिन जीवन इतना सरल नहीं है। कई बार मनुष्य सबसे अधिक तब मुस्कुराता है जब वह भीतर से सबसे अधिक थका हुआ होता है। क्योंकि उसने यह समझ लिया होता है कि संसार को उसके दर्द से अधिक उसकी सहजता पसंद है। लोग दुःख को कुछ समय तक सुनते हैं, फिर उससे बचने लगते हैं।

हर व्यक्ति के पास अपनी लड़ाइयाँ होती हैं। इसलिए बहुत कम लोग किसी दूसरे के भीतर उतरने का धैर्य रखते हैं। वे केवल उतना ही देखते हैं जितना बाहर दिखाई देता है लेकिन कुछ मुस्कुराहटें ऐसी होती हैं जिनमें वर्षों की चुप्पी छिपी होती है।

उनमें अधूरे सपनों की थकान होती है, टूटे हुए विश्वासों की परछाइयाँ होती हैं, अनकहे शब्दों का भार होता है।

और सबसे अधिक— स्वयं को लगातार संभालते रहने की कोशिश होती है।

धीरे-धीरे मनुष्य अपने दर्द को व्यवस्थित करना सीख जाता है। वह हर समय टूटकर नहीं बैठ सकता। जीवन उसे अवसर नहीं देता। उसे उठना पड़ता है, लोगों से मिलना पड़ता है, अपने कार्य करने पड़ते हैं। इसलिए वह अपने भीतर चल रहे संघर्ष को चेहरे के पीछे छिपाना सीख लेता है। शायद इसी कारण संसार में सबसे गहरी लड़ाइयाँ मौन में लड़ी जाती हैं।

कोई नहीं देखता कि एक व्यक्ति रात में कितनी देर तक जागता रहा। कोई नहीं जानता कि कितनी बार उसने स्वयं को टूटने से रोका। कोई नहीं समझता कि कितनी बार वह भीतर से हार चुका था, फिर भी अगले दिन सामान्य बनकर खड़ा हो गया।

संसार परिणाम देखता है, संघर्ष नहीं और शायद यही कारण है कि बहुत-से संवेदनशील लोग धीरे-धीरे भीतर से अकेले हो जाते हैं। क्योंकि उन्हें यह अनुभव होने लगता है कि हर व्यक्ति उनके दर्द को समझ नहीं पाएगा। कुछ लोग केवल सलाह देंगे, कुछ तुलना करेंगे, और कुछ उनके दर्द को कमजोरी मान लेंगे। तब मनुष्य चुप होना सीख जाता है।

लेकिन यह चुप्पी हमेशा कमजोरी नहीं होती। कई बार यह भीतर चल रही लड़ाई का अनुशासन होती है। वह जानता है कि हर व्यक्ति को अपनी गहराई दिखाना आवश्यक नहीं। धीरे-धीरे उसकी मुस्कुराहट बदलने लगती है।

अब उसमें केवल खुशी नहीं होती; उसमें धैर्य भी होता है। उसमें टूटकर भी खड़े रहने की शक्ति होती है।

उसमें वह मौन अनुभव होता है जो केवल संघर्ष से गुजरने वाले लोगों के भीतर जन्म लेता है।

कुछ लोग जीवन में जल्दी परिपक्व नहीं होते। उन्हें परिस्थितियाँ परिपक्व बनाती हैं।

जब अपेक्षाएँ टूटती हैं, जब अपने बदल जाते हैं, जब प्रयासों के बाद भी परिणाम नहीं मिलते, जब मनुष्य को स्वयं ही स्वयं को संभालना पड़ता है— तब उसकी मुस्कुराहट केवल चेहरे की अभिव्यक्ति नहीं रहती; वह उसके साहस का प्रमाण बन जाती है।

क्योंकि भीतर दर्द होते हुए भी सामान्य बने रहना आसान नहीं होता। यह अभिनय नहीं, सहनशीलता होती है और शायद संसार के सबसे मजबूत लोग वही होते हैं जो अपने भीतर के अंधकार के साथ जीना सीख लेते हैं, बिना उसे हर समय दुनिया के सामने फैलाए।

धीरे-धीरे मनुष्य यह समझने लगता है कि हर दर्द को शब्दों में बदलना संभव नहीं होता। कुछ अनुभव इतने गहरे होते हैं कि भाषा भी उनके सामने छोटी पड़ जाती है। तब व्यक्ति केवल शांत हो जाता है। बाहर से सब सामान्य चलता रहता है, लेकिन भीतर एक लंबी यात्रा चल रही होती है— स्वयं को संभालने की यात्रा।

कई बार लोग पूछते हैं— “तुम इतने शांत क्यों रहते हो?” “पहले जैसे नहीं रहे।” “इतना सोचते क्यों हो?”

लेकिन वे यह नहीं जानते कि कुछ परिवर्तन शब्दों से नहीं समझाए जा सकते। कुछ बातें केवल वही व्यक्ति समझ सकता है जिसने रातों को अपने विचारों के साथ अकेले बैठकर काटा हो। मुस्कुराहट के पीछे का दर्द हमेशा रोने जैसा दिखाई नहीं देता।

कई बार वह अत्यधिक शांत हो जाने में दिखाई देता है। कई बार लोगों से दूरी बना लेने में। कई बार हर बात पर “ठीक हूँ” कह देने में। मनुष्य जब बहुत कुछ भीतर रोकता है, तब उसके शब्द कम होने लगते हैं। वह हर बात पर प्रतिक्रिया देना छोड़ देता है। क्योंकि उसे यह अनुभव हो जाता है कि संसार हर भावना को समझने नहीं आता। कुछ लोग केवल सुनते हैं,

समझते नहीं।

इसीलिए संवेदनशील लोग अक्सर अपने भीतर एक अलग संसार बना लेते हैं।

वहाँ उनके विचार होते हैं। उनकी चुप्पियाँ होती हैं। उनकी अधूरी बातें होती हैं और धीरे-धीरे वही संसार उन्हें बाहरी भीड़ से अधिक वास्तविक लगने लगता है लेकिन इस दर्द की एक विचित्र विशेषता भी होती है— यदि मनुष्य इससे टूटे नहीं, तो यही दर्द उसे असाधारण गहराई दे देता है। जो व्यक्ति भीतर से कभी नहीं टूटा, वह अक्सर दूसरों की पीड़ा को सतह से देखता है। लेकिन जिसने स्वयं अंधेरे समय देखे हों, उसके भीतर एक अलग प्रकार की संवेदना जन्म लेती है। वह लोगों की आँखों में छिपी थकान पहचान लेता है। वह मुस्कुराहटों के पीछे की चुप्पी सुन लेता है।

शायद इसी कारण सबसे गहरे लोग अक्सर सबसे शांत होते हैं। वे दिखावा नहीं करते। वे हर समय स्वयं को साबित नहीं करते। वे केवल देखते हैं, समझते हैं, और भीतर बहुत कुछ महसूस करते रहते हैं। कई बार ऐसा भी होता है कि मनुष्य स्वयं अपने दर्द को पूरी तरह समझ नहीं पाता। उसे केवल इतना महसूस होता है कि भीतर कुछ भारी है। जैसे आत्मा पर समय की धूल जम गई हो। वह सामान्य जीवन जी रहा होता है, लेकिन भीतर कोई हिस्सा लगातार थका हुआ रहता है।

ऐसे समय में बहुत लोग स्वयं से दूर भागने लगते हैं। वे निरंतर व्यस्त रहते हैं। हर समय लोगों के बीच रहना चाहते हैं।

हर क्षण कुछ न कुछ देखते-सुनते रहना चाहते हैं क्योंकि जैसे ही शांति आती है, भीतर दबा हुआ दर्द फिर सामने आने लगता है लेकिन जो व्यक्ति एक दिन रुककर अपने भीतर की उस पीड़ा को देखने का साहस कर लेता है, उसके भीतर परिवर्तन शुरू हो जाता है।

वह पहली बार स्वयं से ईमानदार होना सीखता है। वह यह स्वीकार करता है कि हाँ, वह थका हुआ है। हाँ, कुछ बातें उसे अब भी चोट देती हैं, हाँ, कुछ घाव अभी पूरी तरह भरे नहीं हैं। और यही स्वीकार उपचार की शुरुआत बनता है।

मनुष्य तब तक भीतर से मुक्त नहीं हो सकता जब तक वह अपने दर्द को स्वीकार न कर ले। जिसे हम लगातार छिपाते रहते हैं, वह भीतर और गहरा होता जाता है लेकिन इसका अर्थ यह नहीं कि हर पीड़ा को संसार के सामने रख दिया जाए।

कुछ दर्द ऐसे होते हैं जिन्हें मनुष्य शोर में नहीं, मौन में समझता है। वे धीरे-धीरे उसे बदलते हैं। उसे अधिक धैर्यवान बनाते हैं। अधिक गहरा बनाते हैं। और कई बार अधिक मजबूत भी। धीरे-धीरे उसकी मुस्कुराहट फिर लौटती है।

लेकिन अब वह पहले जैसी नहीं होती। अब उसमें बचपना कम होता है, समझ अधिक। अब उसमें दिखावा कम होता है, सच्चाई अधिक। अब उसमें केवल खुशी नहीं, संघर्षों से गुजरकर निकली हुई स्थिरता भी होती है।

और शायद यही कारण है कि कुछ लोगों की शांत मुस्कुराहट शब्दों से अधिक प्रभाव छोड़ जाती है।

क्योंकि उसके पीछे केवल क्षणिक खुशी नहीं होती— उसके पीछे जीवन से लड़ी गई अनगिनत मौन लड़ाइयाँ होती हैं।

मनुष्य अपने भीतर चल रही पीड़ा के साथ जीना सीख जाता है। प्रारम्भ में जो दर्द उसे असहनीय लगता था, वही समय के साथ उसकी चुप्पियों का हिस्सा बन जाता है। वह हर दिन उठता है, लोगों से मिलता है, सामान्य बातें करता है, अपने दायित्व निभाता है; लेकिन उसके भीतर एक ऐसा संसार चलता रहता है जिसके बारे में बहुत कम लोग जानते हैं।

शायद यही जीवन की सबसे गहरी सच्चाइयों में से एक है— हर मुस्कुराता हुआ चेहरा शांत नहीं होता।

कुछ मुस्कुराहटें केवल इसलिए होती हैं ताकि सामने वाला व्यक्ति हमारे भीतर का तूफ़ान न देख सके। क्योंकि संसार को अक्सर व्यवस्थित लोग पसंद आते हैं। टूटे हुए लोग लोगों को असहज कर देते हैं। इसलिए मनुष्य धीरे-धीरे अपने दर्द को तह करके भीतर रखना सीख जाता है। वह रोना कम कर देता है, समझाना बंद कर देता है, अपेक्षाएँ घटा देता है।

और फिर एक समय ऐसा आता है जब उसकी चुप्पी ही उसकी सबसे बड़ी भाषा बन जाती है।

कई बार वह लोगों के बीच बैठा होता है, लेकिन भीतर कहीं बहुत दूर होता है। सामने बातचीत चल रही होती है, लोग हँस रहे होते हैं, समय सामान्य दिखाई देता है; किन्तु उसके भीतर पुराने विचार फिर चलने लगते हैं। कुछ घटनाएँ अचानक याद आने लगती हैं। कुछ चेहरे बिना बुलाए मन में उतर आते हैं। कुछ शब्द, जो कभी किसी ने सहजता से कह दिए थे, वर्षों बाद भी भीतर चुभते रहते हैं क्योंकि मनुष्य हर चोट को एक जैसा महसूस नहीं करता। कुछ शब्द केवल सुनाई देते हैं और भूल जाते हैं। कुछ सीधे आत्मा तक उतर जाते हैं और जो बातें आत्मा तक पहुँच जाएँ, वे समय के साथ केवल स्मृति नहीं रहतीं; वे मनुष्य के स्वभाव का हिस्सा बनने लगती हैं। धीरे-धीरे व्यक्ति बदलने लगता है। अब वह पहले की तरह हर किसी पर विश्वास नहीं करता। हर संबंध में पूरी तरह नहीं खुलता। हर मुस्कुराहट को सच्चा नहीं मानता। उसने जीवन को थोड़ा गहराई से देख लिया होता है।

यह गहराई उसे कठोर नहीं बनाती, लेकिन सावधान अवश्य बना देती है। अब वह शब्दों से अधिक व्यवहार देखने लगता है। उसे यह समझ आने लगता है कि लोग हमेशा वैसे नहीं होते जैसे दिखाई देते हैं। कई संबंध केवल समय तक साथ चलते हैं। कई लोग तब तक अपने होते हैं जब तक उन्हें आपकी आवश्यकता होती है।

और यह सब समझना आसान नहीं होता क्योंकि मनुष्य भीतर से जुड़ना चाहता है। वह सच्चे संबंध चाहता है। वह चाहता है कि कोई उसे बिना समझाए समझ ले। लेकिन जीवन हर व्यक्ति को यह सौभाग्य नहीं देता। तब मनुष्य धीरे-धीरे स्वयं का सहारा बनना सीखता है। यहीं उसकी मुस्कुराहट का अर्थ बदलने लगता है। पहले वह मुस्कुराता था क्योंकि जीवन सरल था। अब वह मुस्कुराता है क्योंकि उसने कठिन समय पार किए हैं। पहले उसकी मुस्कुराहट सहज थी। अब उसकी मुस्कुराहट के पीछे धैर्य है। पहले वह दुनिया को देखकर

मुस्कुराता था। अब वह स्वयं को संभालने के लिए मुस्कुराता है और यही मुस्कुराहट सबसे गहरी होती है।

क्योंकि उसमें जीवन का अनुभव होता है। उसमें टूटन के बाद फिर खड़े होने की शक्ति होती है। उसमें वह मौन साहस होता है जो केवल वही व्यक्ति समझ सकता है जिसने लंबे समय तक भीतर लड़ाई लड़ी हो। कुछ लोग सोचते हैं कि मजबूत व्यक्ति कभी नहीं टूटते, लेकिन सत्य इसके बिल्कुल विपरीत है।

मजबूत लोग वही होते हैं जो अनेक बार टूटकर भी स्वयं को समेट लेते हैं। जो हर बार बिखरने के बाद फिर उठ खड़े होते हैं। जो भीतर दर्द होने के बाद भी दूसरों के प्रति कठोर नहीं होते क्योंकि दर्द मनुष्य को दो दिशाओं में ले जा सकता है— या तो वह उसे कड़वा बना देता है, या फिर उसे गहरा बना देता है। और जो लोग अपने दर्द को समझ लेते हैं, वे धीरे-धीरे गहरे हो जाते हैं। अब उन्हें छोटी बातें विचलित नहीं करतीं। वे हर समय शिकायत नहीं करते। वे हर किसी को अपनी पीड़ा नहीं बताते क्योंकि उन्होंने समझ लिया होता है कि हर व्यक्ति उनके भीतर उतरने की क्षमता नहीं रखता। इसीलिए कुछ लोग धीरे-धीरे मौन को अपना सबसे विश्वसनीय साथी बना लेते हैं। रात के समय, जब पूरा संसार शांत होता है, तब वे अपने भीतर की आवाज़ें सुनते हैं। वे स्वयं से बातें करते हैं। वे सोचते हैं कि जीवन ने उन्हें इतना बदल क्यों दिया। वे याद करते हैं कि कभी वे कितने अलग थे— अधिक सहज, अधिक खुले हुए, अधिक निश्चिंत। फिर समय आया। लोग आए। अनुभव आए और धीरे-धीरे उनकी आँखों की चमक में समझ का भार जुड़ता चला गया लेकिन शायद यही जीवन है।

जीवन मनुष्य को केवल खुशियाँ देने नहीं आता। वह उसे गहराई देने भी आता है। और गहराई बिना दर्द के नहीं आती।

जिस व्यक्ति ने कभी भीतर अंधेरा महसूस नहीं किया, वह प्रकाश का वास्तविक अर्थ नहीं समझ सकता। जिसने कभी अकेलापन नहीं जिया, वह साथ का मूल्य नहीं जान सकता। जिसने कभी स्वयं को टूटता हुआ महसूस नहीं किया, वह दूसरों की चुप्पियों को नहीं समझ सकता इसीलिए कई बार दर्द विनाश नहीं होता; वह निर्माण की शुरुआत होता है।

धीरे-धीरे मनुष्य यह स्वीकार करना सीखता है कि उसके भीतर जो घाव हैं, वे हमेशा पूरी तरह मिटेंगे नहीं। कुछ दर्द जीवनभर साथ चलते हैं। लेकिन समय उन्हें बोझ से शक्ति में बदल देता है। अब वही व्यक्ति, जो कभी अपने दर्द से भागता था, एक दिन उसी दर्द से सीखने लगता है। वह समझ जाता है कि जीवन केवल प्रसन्न रहने का नाम नहीं है। जीवन वह क्षमता भी है जहाँ मनुष्य आँसू भीतर होने पर भी दूसरों के लिए प्रकाश बना रह सके और शायद इसी कारण कुछ मुस्कुराहटें इतनी सुंदर लगती हैं क्योंकि वे केवल खुशी से नहीं बनी होतीं—वे संघर्ष, धैर्य, टूटन, अकेलेपन और पुनः खड़े हो जाने की अग्नि से बनी होती हैं।

मनुष्य एक समय के बाद यह समझने लगता है कि जीवन की सबसे गहरी लड़ाइयाँ बाहर नहीं, भीतर लड़ी जाती हैं। संसार केवल परिणाम देखता है, लेकिन कोई यह नहीं देख पाता कि एक व्यक्ति ने स्वयं को टूटने से बचाने के लिए कितनी रातें जागकर बिताई हैं।

कितनी बार उसने अपने ही मन को समझाया है। कितनी बार वह भीतर से हार चुका था, फिर भी अगले दिन सामान्य चेहरे के साथ लोगों के सामने खड़ा हो गया। यही वे मौन युद्ध होते हैं जिनकी कोई आवाज़ नहीं होती। कोई ताली नहीं बजती।
कोई साथ खड़ा नहीं होता। फिर भी मनुष्य हर दिन स्वयं को संभालता है, क्योंकि जीवन रुकने का अवसर नहीं देता।

और शायद इसी कारण कुछ लोगों की मुस्कुराहट इतनी अलग होती है। क्योंकि वह केवल चेहरे की सजावट नहीं होती; वह भीतर लड़ी गई अनगिनत लड़ाइयों की राख से निकला हुआ प्रकाश होती है।

एक समय ऐसा भी आता है जब मनुष्य अपने ही भीतर दो हिस्सों में बँटने लगता है। एक हिस्सा थक चुका होता है। वह सब छोड़ देना चाहता है। वह लोगों से दूरी बना लेना चाहता है। वह स्वयं को संसार से अलग कर लेना चाहता है। लेकिन दूसरा हिस्सा अब भी शांत नहीं होता। उसके भीतर अब भी एक धीमी-सी आग जलती रहती है। वही आग उसे पूरी तरह टूटने नहीं देती।

शायद यही "एकान्तस्त्र" का मूल है।

यह कोई बाहरी शक्ति नहीं है। यह मनुष्य के भीतर जन्म लेने वाली वह अदृश्य क्षमता है जो उसे अंधेरे समय में भी जीवित रखती है। जब संसार साथ छोड़ दे, जब लोग बदल जाएँ, जब शब्दों का अर्थ खोने लगे, जब मन स्वयं से ही थकने लगे— तब भी भीतर कहीं एक छोटी-सी आवाज़ बची रहती है जो कहती है— "अभी समाप्त मत हो।"

बहुत लोग उस आवाज़ को अनसुना कर देते हैं। वे परिस्थितियों के सामने हार मान लेते हैं। वे अपने सपनों को छोटा कर लेते हैं। वे स्वयं को यह समझा देते हैं कि गहराई से महसूस करना मूर्खता है, सच्चाई से जीना कठिन है, और संवेदनशील होना कमजोरी है।

लेकिन कुछ लोग ऐसे भी होते हैं जो भीतर की उस चिंगारी को मरने नहीं देते। भले ही संसार उन्हें समझ न पाए। वे फिर भी अपने भीतर की आग को बचाकर रखते हैं क्योंकि उन्हें पता होता है कि जिस दिन यह आग बुझ गई, उसी दिन उनका वास्तविक अस्तित्व भी समाप्त हो जाएगा। मनुष्य यह भी सीखने लगता है कि दर्द से भागकर शांति नहीं मिलती। दर्द को समझना पड़ता है। उसके साथ बैठना पड़ता है। उसे स्वीकार करना पड़ता है। जो व्यक्ति अपने ही घावों को देखने का साहस नहीं रखता, वह कभी भीतर से मजबूत नहीं बन सकता। शुरुआत में यह स्वीकार बहुत कठिन होता है। मनुष्य स्वयं से आँखें चुराता है। वह अपने भीतर झाँकना नहीं चाहता। उसे डर लगता है कि कहीं उसे अपनी ही कमजोरियाँ दिखाई न दे जाएँ।

लेकिन जब वह एक दिन रुककर स्वयं को देखने लगता है, तब उसे यह एहसास होता है कि उसके भीतर जितना अंधकार है, उतनी ही संभावना भी है। हर टूटन के भीतर एक नया निर्माण छिपा होता है। जिस व्यक्ति ने कभी दर्द महसूस नहीं किया, वह शायद जीवन को सुविधाजनक ढंग से जी ले, लेकिन वह गहरा नहीं बन पाता। गहराई हमेशा अनुभवों की

आग में जन्म लेती है। वही आग मनुष्य को भीतर से परिपक्व बनाती है।

इसीलिए कुछ लोग कम उम्र में भी बहुत शांत दिखाई देते हैं। वे अधिक बोलते नहीं। हर समय उत्साह का प्रदर्शन नहीं करते। वे केवल देखते हैं, समझते हैं, और भीतर बहुत कुछ महसूस करते रहते हैं क्योंकि जीवन ने उन्हें समय से पहले सोचने पर मजबूर कर दिया होता है। उन्होंने लोगों का बदलना देखा होता है। अपेक्षाओं का टूटना देखा होता है। अपनेपन का धीरे-धीरे औपचारिकता में बदल जाना देखा होता है और यह सब देखने के बाद मनुष्य वैसा नहीं रह पाता जैसा पहले था लेकिन यही अनुभव उसे एक अलग प्रकार की दृष्टि भी देते हैं। अब वह बाहरी चमक से जल्दी प्रभावित नहीं होता। उसे शब्दों से अधिक व्यवहार दिखाई देने लगता है, उसे भीड़ से अधिक मौन समझ आने लगता है। वह यह जानने लगता है कि जीवन का वास्तविक बल शोर में नहीं, स्थिरता में होता है।

जो व्यक्ति भीतर से स्थिर हो जाए, उसे संसार आसानी से नहीं तोड़ सकता और यह स्थिरता किसी पुस्तक से नहीं मिलती।

यह उन रातों से जन्म लेती है जहाँ मनुष्य अकेले अपने विचारों से लड़ता है। यह उन दिनों से जन्म लेती है जब वह भीतर टूट रहा होता है, फिर भी बाहर अपने दायित्व निभा रहा होता है। यह उन क्षणों से जन्म लेती है जब पूरा संसार उसे गलत समझ रहा होता है, फिर भी वह अपने सत्य को छोड़ता नहीं।

उसकी मुस्कुराहट बदल जाती है। अब वह केवल खुशी का प्रतीक नहीं रहती। वह धैर्य का प्रतीक बन जाती है। सहनशीलता का प्रतीक बन जाती है। भीतर जलती हुई उस मौन अग्नि का प्रतीक बन जाती है जिसने उसे हर बार फिर उठ खड़ा किया।

और शायद संसार की सबसे सुंदर मुस्कुराहट वही होती है जिसके पीछे गहरा दर्द हो, लेकिन उस दर्द ने मनुष्य को कड़वा नहीं, बल्कि और अधिक गहरा बना दिया हो क्योंकि यही "एकान्तस्त्र" की वास्तविक शक्ति है।वह मनुष्य को पत्थर नहीं बनाता। वह उसे भीतर से इतना जाग्रत बना देता है कि अब वह अपने दर्द में भी अर्थ खोजने लगता है।अब उसका अकेलापन शाप नहीं रहता। उसकी चुप्पी कमजोरी नहीं रहती। उसका दर्द केवल घाव नहीं रहता। वह सब मिलकर उसके भीतर एक ऐसी शक्ति का निर्माण करने लगते हैं जो किसी भी बाहरी शोर से कहीं अधिक गहरी होती है।

कई बार मनुष्य स्वयं भी नहीं समझ पाता कि वह इतना बदल कब गया। उसे केवल इतना महसूस होता है कि अब वह पहले जैसा नहीं रहा। जिन बातों पर वह कभी सहजता से हँस देता था, अब वहाँ वह चुप हो जाता है। जिन लोगों को वह कभी अपना मानता था, अब उनके बीच भी उसे एक दूरी महसूस होने लगती है।

यह दूरी अचानक नहीं बनती। यह छोटे-छोटे अनुभवों से बनती है। अनसुने किए गए शब्दों से। गलत समझे जाने से। बार-बार स्वयं को समझाने की थकान से और एक समय के बाद मनुष्य बोलना कम कर देता है क्योंकि उसे यह एहसास हो जाता है कि हर व्यक्ति उसकी गहराई तक पहुँचने की क्षमता नहीं रखता। कुछ लोग केवल सतह देखते हैं। वे चेहरे

पढ़ते हैं, आत्मा नहीं। वे शब्द सुनते हैं, लेकिन उनके पीछे का मौन नहीं समझते।

इसीलिए कई संवेदनशील लोग धीरे-धीरे अपने भीतर सिमटने लगते हैं।

वे भीड़ में उपस्थित रहते हैं, लेकिन भीतर अकेले होते हैं।
वे लोगों के साथ चलते हैं, लेकिन अपने विचारों के साथ जीते हैं।
वे मुस्कुराते हैं, लेकिन उनकी आँखों में एक अनकहा भार स्थिर रहता है।

और यही वह अवस्था होती है जहाँ "एकान्तास्त्र" जन्म लेने लगता है।

क्योंकि हर अकेलापन कमजोरी नहीं होता।
कुछ अकेलेपन मनुष्य को स्वयं से मिलाने आते हैं।

जब बाहर की आवाज़ें कम होने लगती हैं, तब भीतर की आवाज़ें स्पष्ट सुनाई देने लगती हैं। मनुष्य पहली बार स्वयं को देखने लगता है— बिना किसी दिखावे के, बिना किसी भूमिका के। वह देखता है कि उसके भीतर कितनी थकान है।
कितनी अपेक्षाएँ थीं जो टूट चुकी हैं। कितनी बातें थीं जो वह कभी कह नहीं पाया। और यह अनुभव सरल नहीं होता, अधिकांश लोग अपने भीतर अधिक देर तक टिक नहीं पाते। इसलिए वे हर समय किसी न किसी शोर में खोए रहते हैं। उन्हें अकेलापन डराता है, क्योंकि अकेलापन उन्हें उनके वास्तविक स्वरूप के सामने खड़ा कर देता है।

लेकिन जो व्यक्ति उस एकान्त में बैठ जाता है, वह बदलने लगता है। उसे समझ आने लगता है कि उसका सबसे बड़ा सहारा बाहरी लोग नहीं, उसका अपना मन है। यदि भीतर स्थिरता हो, तो संसार का शोर उतना प्रभाव नहीं डाल पाता। लेकिन यदि भीतर ही अंधकार हो, तो बाहरी रोशनी भी मनुष्य को शांति नहीं दे सकती।

यहीं से आत्मनिर्माण प्रारम्भ होता है। मनुष्य दूसरों को बदलने का प्रयास कम कर देता है और स्वयं को समझने का प्रयास अधिक। वह हर समय यह शिकायत नहीं करता कि लोगों ने उसे समझा क्यों नहीं। वह यह समझने लगता है कि संसार हमेशा उसकी अपेक्षाओं के अनुसार नहीं चलेगा। यही वे क्षण होते हैं जहाँ उसका वास्तविक चरित्र बनता है।

क्योंकि जब सब कुछ अनुकूल हो, तब अच्छा बने रहना कठिन नहीं होता। कठिन तब होता है जब भीतर दर्द हो, फिर भी मनुष्य कटु न बने। जब उसे धोखा मिला हो, फिर भी वह सत्य से घृणा न करे। जब वह अकेला हो, फिर भी भीतर की रोशनी बुझने न दे।

यही शक्ति हर किसी के भीतर नहीं जन्म लेती।बहुत लोग परिस्थितियों के अनुसार बदल जाते हैं। वे वही बन जाते हैं जिससे कभी उन्हें चोट पहुँची थी। लेकिन कुछ लोग अलग होते हैं।

जिस दिन मनुष्य अपने दर्द के बावजूद भीतर से जीवित रहना सीख लेता है, उसी दिन वह साधारण भीड़ से अलग हो जाता है। अब वह केवल जीवन नहीं जी रहा होता; वह स्वयं को गढ़ रहा होता है।

उसकी चुप्पी अब खाली नहीं रहती। उसके मौन में अनुभव बोलने लगते हैं। उसकी आँखों में समय की समझ उतरने लगती है।

और उसकी मुस्कुराहट...अब वह केवल खुशी नहीं होती, वह इस बात का प्रमाण होती है कि एक मनुष्य ने भीतर बहुत कुछ सहा है, बहुत कुछ खोया है, बहुत कुछ समझा है— फिर भी उसने अपने भीतर की रोशनी को जीवित रखा है।

4
अपने ही पराये क्यों लगे

मनुष्य के जीवन में सबसे गहरी पीड़ा प्रायः वहाँ से जन्म लेती है जहाँ उसने सबसे अधिक विश्वास रखा होता है। दूर रहने वाले लोग उतना नहीं तोड़ते, क्योंकि उनसे हृदय का कोई गहरा संबंध नहीं बना होता; किन्तु जब अपने बदलने लगते हैं, तब केवल रिश्ते नहीं टूटते—मनुष्य के भीतर संसार को देखने का पूरा दृष्टिकोण बदलने लगता है। वह पहली बार समझता है कि निकटता हमेशा अपनापन नहीं होती और हर साथ चलने वाला व्यक्ति अंत तक साथ निभाने के लिए नहीं बना होता।

जीवन के आरम्भिक वर्षों में मनुष्य अत्यन्त सरल और निष्कपट होता है। उसे विश्वास होता है कि जिन लोगों के साथ वह हँसता है, जिनके साथ उसने समय, स्मृतियाँ और भावनाएँ बाँटी हैं, वे जीवन भर वैसे ही बने रहेंगे। वह संबंधों को व्यवहार की औपचारिकताओं से नहीं, बल्कि भावनाओं की सच्चाई से मापता है। उसे लगता है कि अपनापन स्थायी होता है और सच्चे लोग कभी नहीं बदलते। उसके भीतर यह धारणा बहुत गहराई से बैठी होती है कि प्रेम, विश्वास और निकटता समय के साथ और अधिक मजबूत होते जाते हैं।

किन्तु समय अत्यन्त शांत ढंग से मनुष्य को वास्तविकता का परिचय देता है।

समय धीरे-धीरे यह बताता है कि हर मुस्कुराने वाला व्यक्ति अपना नहीं होता। हर साथ चलने वाला व्यक्ति अंत तक साथ नहीं रहता। और हर "हमेशा" वास्तव में हमेशा नहीं होता। यह सत्य अचानक किसी एक घटना से प्रकट नहीं होता; यह छोटे-छोटे अनुभवों से जन्म लेता है। कभी किसी की बदलती हुई प्राथमिकताओं से, कभी उपेक्षा से, कभी उस मौन से जो उस समय मिला जब मनुष्य को सबसे अधिक किसी अपने की आवश्यकता थी।

और शायद वही मौन सबसे अधिक पीड़ा देता है।

क्योंकि मनुष्य शब्दों से उतना नहीं टूटता जितना उपेक्षा से टूटता है। जब वह भीतर ही भीतर संघर्ष कर रहा हो, जब उसका मन थकान, भय और अकेलेपन से भरा हो, और जिन लोगों को वह अपना मानता हो वही उसकी स्थिति को समझने का प्रयास भी न करें, तब उसे पहली बार यह एहसास होता है कि अकेलापन केवल अकेले रहने का नाम नहीं है।

सबसे कठिन अकेलापन वह होता है जहाँ चारों ओर लोग उपस्थित हों, फिर भी भीतर का मन पूर्णतः अकेला महसूस करे।

जब अपने ही आपको समझना बंद कर दें,
जब आपकी चुप्पी उन्हें स्वभाव प्रतीत होने लगे, पीड़ा नहीं,
जब आपकी संवेदनाएँ उन्हें कमजोरी दिखाई देने लगें—
तब मनुष्य धीरे-धीरे स्वयं को भीतर समेटना आरम्भ कर देता है।

वह पहले की भाँति खुलकर बातें नहीं करता। अब वह हर भावना साझा नहीं करता। वह अपनी हर चोट और हर टूटन को शब्दों में व्यक्त करना बंद कर देता है। क्योंकि उसे यह समझ आने लगता है कि हर व्यक्ति उसके भीतर उतरने की क्षमता नहीं रखता। कुछ लोग केवल अच्छे समय तक साथ रहते हैं। कुछ लोग आपके संघर्ष से असहज हो जाते हैं। और कुछ लोग तब बदल जाते हैं जब उन्हें लगने लगता है कि अब उन्हें आपकी उतनी आवश्यकता नहीं रही।

यही वे क्षण होते हैं जहाँ मनुष्य पहली बार संबंधों की वास्तविकता को गहराई से देखता है।

प्रारम्भ में वह स्वयं को समझाने की कोशिश करता है। वह सोचता है कि शायद सामने वाला व्यस्त होगा, शायद परिस्थिति कठिन होगी, शायद उसने बात को गलत समझ लिया होगा। किन्तु जब वही अनुभव बार-बार दोहराया जाने लगे, तब भीतर कहीं विश्वास टूटने लगता है। और विश्वास का टूटना अत्यन्त शांत घटना होती है। उसमें हमेशा शोर नहीं होता, आँसू भी नहीं होते; केवल मन के भीतर एक धीमी-सी दूरी जन्म लेने लगती है।

मनुष्य बाहर से सामान्य दिखाई देता है, किन्तु भीतर वह पहले जैसा नहीं रह जाता।

अब वह लोगों पर शीघ्र विश्वास नहीं करता। वह हर किसी को अपने मन तक आने की अनुमति नहीं देता। वह मुस्कुराता अवश्य है, किन्तु अपनी गहराइयों को छिपाकर। क्योंकि उसने यह समझ लिया होता है कि हर रिश्ता उतना गहरा नहीं होता जितना बाहर से दिखाई देता है।

यह अनुभव कुछ लोगों को कठोर बना देता है। वे धीरे-धीरे संबंधों से घृणा करने लगते हैं। उन्हें हर अपनापन बनावटी और हर निकटता अस्थायी लगने लगती है। किन्तु कुछ लोग ऐसे भी होते हैं जो टूटने के बाद भी अपनी संवेदना को जीवित रखते हैं। और शायद वही लोग जीवन को सबसे अधिक गहराई से समझ पाते हैं।

क्योंकि उन्होंने जीवन को केवल सतह पर नहीं देखा होता। उन्होंने अपनापन टूटते देखा होता है। उन्होंने उन आँखों में परायापन देखा होता है जिन्हें कभी वे अपने सबसे निकट मानते थे। उन्होंने यह अनुभव किया होता है कि समय के साथ लोग केवल चेहरे नहीं बदलते, कई बार उनका व्यवहार भी पूरी तरह बदल जाता है।

यह अनुभव मनुष्य को भीतर से परिवर्तित कर देता है।

अब वह लोगों की बातों से अधिक उनके व्यवहार को पढ़ने लगता है। उसे यह समझ आने लगता है कि शब्द कहना सरल है, किन्तु कठिन समय में साथ निभाना अत्यन्त कठिन। वह यह अनुभव करने लगता है कि संसार में अनेक लोग केवल सुविधा तक अपने होते हैं। जब तक उन्हें आपसे लाभ, सहारा या आवश्यकता होती है, तब तक वे निकट रहते हैं; किन्तु जैसे ही परिस्थितियाँ बदलती हैं, उनका व्यवहार भी बदलने लगता है।

और यह समझ जितनी दुखद होती है, उतनी ही आवश्यक भी।

क्योंकि इसी समझ के बाद मनुष्य अपने भीतर लौटना प्रारम्भ करता है।

जब बाहर की अपेक्षाएँ टूटने लगती हैं, तब वह स्वयं का सहारा बनना सीखता है। वह समझने लगता है कि यदि उसकी शांति हर समय दूसरों के व्यवहार पर निर्भर रहेगी, तो उसका मन कभी स्थिर नहीं रह पाएगा। यहीं से "एकान्तास्त्र" उसके भीतर आकार लेने लगता है— एक ऐसी शक्ति, जो अकेलेपन से भागती नहीं, बल्कि उसी में स्वयं को गढ़ती है।

अब मनुष्य हर समय लोगों के पीछे नहीं भागता। वह हर दूरी पर टूटता नहीं। हर बदलते चेहरे को देखकर स्वयं को दोष नहीं देता। क्योंकि उसने यह समझ लिया होता है कि लोगों का बदलना कई बार उसकी कमी नहीं, बल्कि उनकी प्रकृति होती है।

कुछ लोग केवल उतनी दूर तक साथ चल सकते हैं जहाँ तक उनका स्वार्थ सुरक्षित रहे। कुछ लोग आपकी गहराई से भयभीत हो जाते हैं। और कुछ लोग आपको तभी तक महत्व देते हैं जब तक आप उनकी सुविधा बने रहते हैं। किन्तु इसका अर्थ यह नहीं कि सच्चा अपनापन इस संसार में अस्तित्व ही नहीं रखता। इसका अर्थ केवल इतना है कि वास्तविक लोग अत्यन्त कम होते हैं।

और जो मनुष्य यह समझ लेता है, वह धीरे-धीरे भीड़ से अपनी अपेक्षाएँ हटाकर स्वयं के भीतर शांति खोजने लगता है।

अब उसकी चुप्पी भी बदल जाती है।

पहले वह इसलिए चुप रहता था क्योंकि उसे भय था कि लोग उसे समझेंगे नहीं। अब वह इसलिए चुप रहता है क्योंकि उसे हर किसी को स्वयं को समझाना आवश्यक नहीं लगता। पहले वह लोगों के बदलने से टूट जाता था; अब वह समझ चुका होता है कि परिवर्तन जीवन का स्वभाव है। पहले वह अपनेपन के लिए स्वयं को खो देता था; अब वह स्वयं को बचाकर संबंध निभाना सीख जाता है।

और शायद यही परिपक्वता है।

क्योंकि जीवन मनुष्य को केवल लोगों से मिलाना नहीं सिखाता, बल्कि यह भी सिखाता है कि जब अपने ही पराये लगने लगें, तब भी भीतर की रोशनी को कैसे बचाकर रखा जाए।

यही "एकान्तास्त्र" की सबसे कठिन साधना है—

दर्द मिलने के बाद भी कटु न होना,
अकेले होने के बाद भी भीतर से जीवित बने रहना,

और बार-बार टूटने के बाद भी अपने भीतर विश्वास की अंतिम चिंगारी को बुझने न देना।

जीवन का एक अत्यन्त विचित्र और गहरा सत्य यह भी है कि लोग प्रायः उसी समय बदलते दिखाई देते हैं जब आपको उनकी सबसे अधिक आवश्यकता होती है। अच्छे समय में साथ निभाना कठिन नहीं होता। मुस्कुराते चेहरों के बीच अपनापन दिखाना सरल होता है। जब जीवन सहज चल रहा हो, जब सब कुछ सामान्य दिखाई दे रहा हो, तब अधिकांश लोग निकट बने रहते हैं। किन्तु वास्तविक संबंधों की पहचान उस समय होती है जब भीतर अंधेरा उतर रहा हो, जब शब्द कम पड़ने लगें, जब मनुष्य भीतर से थकने लगे, और उसी समय कोई बिना कहे उसके साथ खड़ा रह सके।

लेकिन ऐसा बहुत कम होता है।

अधिकांश लोग आपकी चमक तक साथ रहते हैं, आपके अंधेरे तक नहीं। वे आपकी सफलताओं के समय आपको पहचानते हैं, किन्तु संघर्ष के समय आपकी ओर देखने से बचने लगते हैं। वे आपकी हँसी में सहज रहते हैं, लेकिन आपकी चुप्पी उन्हें असहज करने लगती है। उन्हें आपका उजाला आकर्षित करता है, परंतु आपके भीतर चल रहे संघर्ष की गहराई तक उतरने का धैर्य बहुत कम लोगों में होता है।

और शायद यही कारण है कि समय के साथ भीतर एक अदृश्य दूरी जन्म लेने लगती है।

यह दूरी अचानक नहीं आती। यह धीरे-धीरे बनती है। किसी अनदेखे संदेश से, किसी बदलते हुए व्यवहार से, किसी ऐसे क्षण से जहाँ उम्मीद थी कि कोई समझेगा, लेकिन सामने केवल औपचारिकता मिली। कभी किसी की व्यस्तता बहाना बन जाती है, कभी किसी की उदासीनता मौन का रूप ले लेती है। और मनुष्य धीरे-धीरे अनुभव करने लगता है कि जिन लोगों के सामने उसने अपना हृदय पूर्णतः खोल दिया था, उन्हीं के सामने अब उसे स्वयं को छिपाना पड़ रहा है।

यह एहसास अत्यन्त शांत ढंग से तोड़ता है।

कोई बड़ा विवाद नहीं होता। कोई ऊँची आवाज़ नहीं उठती। कोई संबंध अचानक समाप्त भी नहीं होता। केवल भीतर यह अनुभव होने लगता है कि अब पहले जैसा कुछ नहीं बचा। बातचीत होती है, लेकिन आत्मीयता नहीं रहती। मिलना-जुलना चलता रहता है, लेकिन अपनापन धीरे-धीरे समाप्त हो जाता है। चेहरे वही रहते हैं, पर भाव बदल जाते हैं। शब्द वही रहते हैं, पर उनमें पहले जैसी ऊष्मा नहीं बचती।

और सबसे अधिक पीड़ा तब होती है जब सामने वाला व्यक्ति शायद यह महसूस भी नहीं करता कि उसके बदल जाने ने भीतर कितना गहरा खालीपन छोड़ दिया है।

कुछ रिश्ते मरते नहीं, बस धीरे-धीरे निर्जीव हो जाते हैं।

वे चलते अवश्य रहते हैं, लेकिन उनमें आत्मा नहीं बचती। औपचारिक शब्द रह जाते हैं, वास्तविक भावना समाप्त हो जाती है। साथ रहने की आदत बनी रहती है, लेकिन भीतर का जुड़ाव टूट चुका होता है। मनुष्य सामने वाले से बात तो करता है, किन्तु उसके भीतर वह सहजता और भरोसा नहीं रह जाता जो कभी उस संबंध की नींव हुआ करता था।

यहीं से भीतर एक लंबा मौन जन्म लेने लगता है।

अब हर बात कहने का मन नहीं करता। हर दुख साझा करने की इच्छा नहीं रहती। हर बार उम्मीद करने का साहस भी कम होने लगता है। क्योंकि बार-बार टूटने के बाद भीतर एक गहरी थकान जमा होने लगती है।

यह थकान शरीर की नहीं होती; यह भावनाओं की थकान होती है। हर बार स्वयं को समझाने की थकान। हर बार उम्मीद करके निराश होने की थकान। हर बार यह विश्वास करने की थकान कि शायद इस बार कोई वास्तव में समझेगा। और जब यह सब बार-बार टूटता है, तब आत्मा धीरे-धीरे शोर से दूर होकर केवल शांति चाहने लगती है— चाहे वह शांति अकेले रहकर ही क्यों न मिले।

शायद इसी मोड़ पर "एकान्तास्त्र" अपनी सबसे गहरी भूमिका निभाना प्रारम्भ करता है।

क्योंकि जब बाहरी अपनापन टूटने लगता है, तब भीतर स्वयं से संबंध बनना आरम्भ होता है।

पहले पूरा ध्यान इस बात पर रहता था कि कौन साथ है, कौन दूर हो गया, किसने बदलकर दर्द दिया। लेकिन समय के साथ यह समझ आने लगती है कि यदि हर टूटते रिश्ते के साथ भीतर भी टूटते रहोगे, तो एक दिन स्वयं का अस्तित्व ही खो दोगे। तब मनुष्य के भीतर एक नया निर्णय जन्म लेता है।

अब हर किसी से अपेक्षा नहीं रखनी।
हर व्यक्ति को हृदय तक आने नहीं देना।
और सबसे महत्वपूर्ण— अपनी शांति को दूसरों के व्यवहार पर निर्भर नहीं रहने देना।

यह निर्णय कठोरता नहीं होता; यह आत्मरक्षा होती है।

क्योंकि कुछ अनुभव इतने गहरे होते हैं कि उनके बाद आत्मा स्वयं को बचाना सीख जाती है।

अब लोगों की उपस्थिति से अधिक उनकी सच्चाई दिखाई देने लगती है। अब शब्दों से अधिक मौन समझ आने लगता है। अब यह स्पष्ट होने लगता है कि कौन वास्तव में अपना है और कौन केवल समय का साथी। मनुष्य यह पहचानने लगता है कि हर निकट व्यक्ति विश्वसनीय नहीं होता और हर दूर व्यक्ति पराया नहीं होता।

और यह समझ अकेलापन बढ़ाती अवश्य है, किन्तु साथ ही भीतर एक अलग प्रकार की स्पष्टता भी जन्म देती है।

अब भीड़ में रहकर भी भीतर शांति बचाई जा सकती है। अब हर दूरी को अंत नहीं माना जाता। अब किसी के बदल जाने से स्वयं का मूल्य कम नहीं लगता। क्योंकि यह एहसास धीरे-धीरे भीतर उतरने लगता है कि लोगों का व्यवहार हमेशा आपकी सच्चाई का प्रमाण नहीं होता।

कुछ लोग आपको इसलिए नहीं छोड़ते कि आप गलत थे; वे इसलिए दूर हो जाते हैं क्योंकि वे आपकी गहराई तक पहुँच ही नहीं पाए। कुछ लोग इसलिए बदल जाते हैं क्योंकि उनका स्वभाव ही परिस्थितियों के साथ बदलने का होता है। और कुछ लोग इसलिए पराये लगने लगते हैं क्योंकि समय ने उनके भीतर छिपे वास्तविक स्वरूप को सामने ला दिया होता है।

यह सब स्वीकार करना सरल नहीं होता।

किन्तु एक बार यह स्वीकार भीतर उतर जाए, तब जीवन थोड़ा स्पष्ट होने लगता है।

अब संबंधों से भागना नहीं पड़ता, लेकिन उनमें खोना भी नहीं पड़ता। अब अपनापन चाहिए होता है, किन्तु किसी भी कीमत पर नहीं। अब प्रेम संभव होता है, लेकिन स्वयं को खोकर नहीं। मनुष्य धीरे-धीरे यह सीख जाता है कि संबंध जीवन का महत्वपूर्ण भाग हैं, किन्तु स्वयं का अस्तित्व उनसे भी अधिक महत्वपूर्ण है।

और शायद यही वह बिंदु है जहाँ भीतर एक नई परिपक्वता जन्म लेती है।

एक ऐसी परिपक्वता जो दर्द से बनी होती है।
मौन से बनी होती है।
बार-बार टूटकर फिर संभलने से बनी होती है।

और उसी के भीतर कहीं "एकान्तास्त्र" अपनी वास्तविक शक्ति के साथ खड़ा दिखाई देने लगता है— एक ऐसी शक्ति, जो अकेलेपन को कमजोरी नहीं बनने देती, बल्कि उसी को आत्मनिर्माण का सबसे गहरा माध्यम बना देती है।

कुछ घाव ऐसे होते हैं जो समय के साथ भरते नहीं, केवल भीतर स्थायी स्थान बना लेते हैं। वे हर दिन दिखाई नहीं देते, न ही हर क्षण उनका दर्द महसूस होता है; किन्तु जीवन में कुछ पल ऐसे आते हैं जब अचानक उनका भार फिर से हृदय पर उतर आता है। किसी पुराने व्यवहार की स्मृति, किसी परिचित आवाज़ का बदल जाना, या किसी ऐसी चुप्पी का सामना जहाँ कभी गहरा अपनापन हुआ करता था— ये सब भीतर फिर वही रिक्तता जगा देते हैं जिसे मनुष्य ने बहुत प्रयासों से शांत करना सीखा था।

और यहीं से सबसे कठिन संघर्ष प्रारम्भ होता है।

क्योंकि बाहर से सामान्य दिखाई देना सरल है, किन्तु भीतर लगातार टूटते विश्वासों के साथ संतुलित बने रहना अत्यन्त कठिन। जब बार-बार यह अनुभव होने लगे कि जिन लोगों के लिए हृदय में सबसे अधिक स्थान था, वही धीरे-धीरे सबसे दूर होते जा रहे हैं, तब भीतर एक गहरा प्रश्न जन्म लेने लगता है—

क्या वास्तव में किसी का होना स्थायी होता है?

शायद इसी प्रश्न के साथ परिपक्वता की वास्तविक शुरुआत होती है।

अब संबंधों को आँख बंद करके नहीं देखा जाता। अब केवल शब्दों पर विश्वास नहीं किया जाता। अब शब्दों के पीछे छिपी हुई नीयत भी समझ आने लगती है। मनुष्य धीरे-धीरे यह पहचानने लगता है कि कौन केवल समय बिताने आया था और कौन वास्तव में आत्मा से

जुड़ा हुआ था। उसे यह एहसास होने लगता है कि निकटता और सच्चाई हमेशा एक ही बात नहीं होती।

जीवन की सबसे विचित्र बात यह है कि कई बार अजनबी वह समझ जाते हैं जो अपने कभी नहीं समझ पाते। और कई बार जिन लोगों के लिए भीतर सबसे अधिक स्थान बनाया जाता है, वही सबसे कम ठहरते हैं। जिनसे सबसे अधिक उम्मीदें जुड़ी होती हैं, वही कई बार सबसे गहरी निराशा दे जाते हैं।

यह अनुभव भीतर बहुत कुछ बदल देता है।

अब हर व्यक्ति को महत्व देने का मन नहीं करता। हर संबंध में पूरी तरह डूब जाने की इच्छा नहीं रहती। क्योंकि आत्मा एक सीमा के बाद स्वयं को बचाना सीख जाती है। वह समझने लगती है कि हर निकटता सुरक्षित नहीं होती और हर अपनापन स्थायी नहीं होता।

किन्तु यह परिवर्तन कठोरता नहीं होता।

यह अनुभवों से जन्मी हुई सावधानी होती है।

कई लोग इस अवस्था तक पहुँचकर पूरी तरह भावनाहीन बनने का प्रयास करते हैं। वे सोचते हैं कि यदि किसी से जुड़ेंगे ही नहीं, तो कभी टूटेंगे भी नहीं। लेकिन भीतर की सच्चाई यह है कि संवेदनशीलता को पूरी तरह समाप्त नहीं किया जा सकता। जिस आत्मा ने गहराई से महसूस करना सीख लिया हो, वह चाहकर भी सतही नहीं बन सकती।

हाँ, वह चुप अवश्य हो जाती है।

वह अपनी सीमाएँ तय करना सीख लेती है।

वह हर किसी को अपने भीतर प्रवेश नहीं करने देती।

किन्तु उसके भीतर अपनापन मरता नहीं; वह केवल दुर्लभ हो जाता है।

और शायद यही कारण है कि कुछ लोग समय के साथ कम बोलने लगते हैं। उनके पास शब्दों की कमी नहीं होती, बल्कि वे यह जान चुके होते हैं कि हर व्यक्ति शब्दों का भार समझने योग्य नहीं होता। अब वे केवल वहीं खुलते हैं जहाँ उन्हें बनावटीपन दिखाई नहीं देता; जहाँ उपस्थिति में स्वार्थ नहीं, सच्चाई महसूस होती है; जहाँ मौन भी बोझ नहीं लगता।

क्योंकि लगातार गलत जगहों पर दिल लगाने के बाद आत्मा थक जाती है।

उसे शोर से अधिक सुकून चाहिए होता है।

उसे भीड़ से अधिक वास्तविकता चाहिए होती है।

उसे दिखावे से अधिक स्थिरता चाहिए होती है।

और जब यह समझ भीतर गहराई से बैठ जाती है, तब अकेलापन पहले जैसा भयावह नहीं लगता।

अब अकेले रहना खालीपन नहीं लगता। अब स्वयं के साथ समय बिताना बोझ नहीं लगता। अब मौन भीतर को काटने नहीं दौड़ता। क्योंकि भीतर एक नया संबंध बन चुका होता है— स्वयं के साथ।

यही "एकान्तास्त्र" की सबसे गहरी अवस्था है।

जहाँ मनुष्य संसार से भागता नहीं, किन्तु उस पर पूरी तरह निर्भर भी नहीं रहता। जहाँ वह प्रेम करता है, लेकिन स्वयं को खोकर नहीं। जहाँ वह लोगों के बदल जाने से दुखी तो होता है, किन्तु पूरी तरह टूटता नहीं।

क्योंकि अब उसे यह समझ आ चुकी होती है कि जीवन में हर व्यक्ति ठहरने के लिए नहीं आता। कुछ लोग केवल सिखाने आते हैं। कुछ यह सिखाने कि विश्वास कितना मूल्यवान है। कुछ यह सिखाने कि अपेक्षाएँ जितनी गहरी होंगी, टूटन भी उतनी ही गहरी होगी। और कुछ केवल इसलिए आते हैं ताकि भीतर सोई हुई चेतना जाग सके।

शायद इसलिए हर दूरी केवल हानि नहीं होती।

कुछ दूरियाँ आत्मा को नया दृष्टिकोण देती हैं।
कुछ बिछड़नें भीतर छिपी हुई शक्ति को बाहर लाती हैं।
कुछ परायापन यह सिखा देता है कि सबसे स्थायी सहारा अंततः स्वयं का ही होता है।

और जिस दिन यह बात भीतर पूरी तरह उतर जाती है, उसी दिन जीवन बदलने लगता है।

अब किसी के जाने से अस्तित्व खाली नहीं होता।
अब किसी की उपेक्षा से आत्मसम्मान नहीं टूटता।
अब कोई बदल जाए, तब भी भीतर की स्थिरता बनी रहती है।

क्योंकि बहुत संघर्षों के बाद यह समझ जन्म ले चुकी होती है कि अपनी शांति को हर व्यक्ति के व्यवहार से बाँध देना जीवन की सबसे बड़ी भूल है।

सच्ची शांति वहाँ जन्म लेती है जहाँ आत्मा स्वयं का साथ देना सीख लेती है।

और तब, अपनों के पराये हो जाने का दर्द समाप्त तो नहीं होता, किन्तु वह भीतर एक नई दृष्टि अवश्य छोड़ जाता है— एक ऐसी दृष्टि, जो अब लोगों को केवल उनके शब्दों से नहीं, बल्कि उनकी उपस्थिति की सच्चाई से पहचानने लगती है।

कभी-कभी सबसे गहरी चोट उस क्षण नहीं मिलती जब कोई व्यक्ति जीवन से दूर चला जाता है, बल्कि तब मिलती है जब वह सामने रहकर भी पहले जैसा नहीं रहता। दूरी केवल कदमों की नहीं होती; भावनाओं की दूरी उससे कहीं अधिक गहरी और पीड़ादायक होती है। एक समय जिन आँखों में अपनापन दिखाई देता था, वहीं अब औपचारिकता दिखाई देने लगे, तो भीतर एक अजीब-सी खामोशी उतर आती है। वह खामोशी बाहर से दिखाई नहीं देती, किन्तु भीतर धीरे-धीरे सब कुछ बदलने लगती है। उसमें अनकही शिकायतें भी होती हैं, अधूरी रह गई उम्मीदें भी, और वह थकान भी जो लगातार संबंधों को बचाने की कोशिश करते-करते मन में जमा हो जाती है। हर रिश्ता अचानक समाप्त नहीं होता। कुछ संबंध धीरे-धीरे बुझते हैं, जैसे कोई दीपक बिना हवा के भी धीरे-धीरे कमज़ोर पड़ता जाए। लौ अभी दिखाई देती है, किन्तु उसमें पहले जैसी गर्माहट नहीं रहती। बाहर से सब कुछ सामान्य प्रतीत होता है, लेकिन भीतर वह आत्मीयता समाप्त हो चुकी होती है जो कभी उस संबंध की सबसे बड़ी पहचान हुआ करती थी। और शायद यही परिवर्तन सबसे अधिक बेचैन

करता है, क्योंकि स्मृतियाँ अभी भी जीवित होती हैं। पुराने दिन अभी भी भीतर साँस ले रहे होते हैं। हँसी, बातें, साथ बिताए हुए क्षण— सब कुछ स्मृति में वैसा ही सुरक्षित रहता है, किन्तु वर्तमान उन सबको झुठलाने लगता है। मनुष्य सामने वाले को देखता है, पर उसे वही अपनापन महसूस नहीं होता जो कभी बिना प्रयास के महसूस हो जाया करता था।

तब आत्मा बार-बार पीछे लौटती है। वह खोजने लगती है कि आखिर ऐसा बदला क्या। कहाँ से दूरी आरम्भ हुई। किस मोड़ पर शब्द कम पड़ गए। किस क्षण से संबंध केवल निभाने की वस्तु बन गए। वह हर घटना, हर बातचीत और हर चुप्पी को भीतर दोहराती है, मानो किसी खोई हुई गर्माहट को फिर से ढूँढ़ लेना चाहती हो। लेकिन हर प्रश्न का उत्तर नहीं मिलता। कुछ लोग बिना किसी स्पष्ट कारण के बदल जाते हैं, कुछ परिस्थितियों के साथ बदल जाते हैं, और कुछ का वास्तविक स्वरूप समय के साथ सामने आता है। यह समझ सुनने में जितनी सरल लगती है, उसे स्वीकार करना उतना ही कठिन होता है— विशेषकर तब, जब भीतर अभी भी सच्चाई जीवित हो। क्योंकि जो हृदय वास्तव में जुड़ता है, वह आसानी से अलग नहीं हो पाता। वह बार-बार उम्मीद करता है कि शायद सब पहले जैसा हो जाए, शायद सामने वाला समझ जाए, शायद एक दिन वही अपनापन लौट आए जो कभी अत्यन्त स्वाभाविक हुआ करता था। लेकिन जीवन की हर चीज़ वापस नहीं आती। कुछ लोग केवल स्मृति बन जाते हैं, कुछ रिश्ते केवल सीख बन जाते हैं, और कुछ अनुभव आत्मा पर स्थायी रेखा की तरह अंकित हो जाते हैं।

इन्हीं अनुभवों के बीच भीतर एक नई चेतना जन्म लेने लगती है। अब हर संबंध को बचाना आवश्यक नहीं लगता। अब हर दूरी को असफलता नहीं माना जाता। अब हर बिछड़न को अंत समझकर स्वयं को तोड़ा नहीं जाता। क्योंकि धीरे-धीरे यह स्पष्ट होने लगता है कि जीवन में जो वास्तव में अपना होगा, उसे बार-बार साबित करने की आवश्यकता नहीं पड़ेगी। सच्चे संबंध शोर नहीं करते। वे मौन में भी उपस्थित रहते हैं। वे सुविधा के अनुसार नहीं बदलते। वे कठिन समय में और अधिक स्पष्ट दिखाई देते हैं। और जब किसी मनुष्य ने यह अंतर समझ लिया, तब उसके भीतर का दृष्टिकोण पूरी तरह बदलने लगता है। अब वह केवल शब्दों से प्रभावित नहीं होता। अब वह यह देखने लगता है कि कौन उसकी अनुपस्थिति में भी उसके लिए वैसा ही रहता है, कौन उसके संघर्ष के समय उसके साथ खड़ा रहता है, और कौन उसकी चुप्पी को भी समझने का प्रयास करता है। क्योंकि समय के साथ यह स्पष्ट हो जाता है कि अपनापन बोलने की चीज़ नहीं, महसूस होने की चीज़ है। जहाँ बार-बार स्वयं को समझाना पड़े, वहाँ थकान जन्म लेने लगती है। जहाँ हर भावना को साबित करना पड़े, वहाँ दूरी बनने लगती है। और जहाँ आत्मा को बार-बार छोटा करना पड़े, वहाँ प्रेम धीरे-धीरे समाप्त होने लगता है।

इसीलिए कुछ लोग एक समय के बाद भीतर से बिल्कुल शांत हो जाते हैं। वे विवाद नहीं करते। वे लोगों को रोकने का प्रयास नहीं करते। वे हर टूटते रिश्ते के पीछे भागना बंद कर देते हैं। क्योंकि उन्हें यह समझ आ जाता है कि जो वास्तव में हृदय से जुड़ा होगा, वह दूरी

में भी अपना रहेगा; और जो केवल परिस्थितियों से जुड़ा था, वह पास रहकर भी पराया हो जाएगा। यही समझ "एकान्तास्त्र" को और गहरा बनाती है। अब अकेलापन केवल दर्द नहीं रह जाता। वह एक ऐसी जगह बन जाता है जहाँ आत्मा स्वयं को फिर से जोड़ती है। जहाँ टूटे हुए विश्वासों के बाद भी भीतर की रोशनी को बचाकर रखा जाता है। जहाँ संबंधों के बदल जाने के बाद भी स्वयं पर से विश्वास समाप्त नहीं होने दिया जाता। और शायद यही सबसे कठिन साधना है— दुनिया से नहीं, बल्कि स्वयं के भीतर जन्म ले चुकी निराशा से लड़ना। क्योंकि बाहरी घावों को समय भर देता है, लेकिन भीतर जो अविश्वास जन्म लेता है, उसे मिटाने में बहुत समय लगता है।

फिर भी कुछ लोग हार नहीं मानते। वे अपने भीतर कड़वाहट को स्थायी घर नहीं बनाने देते। वे टूटने के बाद भी संवेदनशील बने रहते हैं। वे सावधान होते हैं, किन्तु पत्थर नहीं बनते। और यही उनकी सबसे बड़ी विजय होती है। क्योंकि दर्द के बाद भी प्रेम पर विश्वास बचाए रखना साधारण बात नहीं। अकेले होने के बाद भी भीतर की कोमलता को जीवित रखना साधारण बात नहीं। बार-बार परायापन देखने के बाद भी मानवता पर से भरोसा पूरी तरह समाप्त न होने देना साधारण बात नहीं। यहीं से आत्मा वास्तव में परिपक्व होने लगती है। और उसी परिपक्वता के भीतर कहीं "एकान्तास्त्र" एक मौन प्रकाश की तरह स्थिर हो जाता है— एक ऐसी शक्ति, जो अब किसी बाहरी सहारे से नहीं, बल्कि भीतर की जागृत चेतना से जन्म लेती है।

अंततः जीवन मनुष्य को यह गहरा सत्य सिखा ही देता है कि हर अपना हमेशा अपना नहीं रहता, और हर दूर दिखाई देने वाला व्यक्ति वास्तव में पराया नहीं होता। संबंधों का वास्तविक स्वरूप समय के साथ धीरे-धीरे खुलता है। कुछ लोग आरम्भ में अत्यन्त निकट प्रतीत होते हैं, उनके शब्दों में अपनापन दिखाई देता है, उनके व्यवहार में आत्मीयता महसूस होती है; किन्तु जैसे ही जीवन कठिन मोड़ों से गुजरने लगता है, उनकी उपस्थिति धुंधली पड़ने लगती है। वहीं कुछ लोग ऐसे भी होते हैं जो बहुत कम शब्दों में, बिना किसी प्रदर्शन के, ऐसा साथ दे जाते हैं जो वर्षों तक आत्मा को स्थिर रखता है। और शायद यही अनुभव भीतर की दृष्टि को पूरी तरह बदल देता है।

अब अपनापन केवल शब्दों से नहीं आँका जाता। अब निकटता केवल साथ रहने से महसूस नहीं होती। अब विश्वास केवल कह देने भर से नहीं बनता। क्योंकि भीतर बहुत कुछ देख लिया गया होता है— टूटते हुए संबंध, बदलते हुए चेहरे, औपचारिक होते संवाद, और वह मौन... जो सबसे अधिक तब मिला जब दिल को किसी अपने की सबसे अधिक आवश्यकता थी। मनुष्य धीरे-धीरे यह समझने लगता है कि हर उपस्थिति सच्ची नहीं होती और हर अनुपस्थिति दूरी का प्रमाण नहीं होती। कुछ लोग पास रहकर भी कभी आत्मा तक नहीं पहुँचते, जबकि कुछ लोग दूर रहकर भी भीतर गहरी जगह बनाए रखते हैं।

किन्तु शायद यह सब आवश्यक भी था।

यदि हर रिश्ता वैसा ही बना रहता जैसा शुरुआत में दिखाई देता है, तो आत्मा कभी स्वयं को जान ही नहीं पाती। वह हमेशा दूसरों में अपना आधार खोजती रहती। उसे यह समझ ही नहीं आता कि सबसे स्थायी सहारा अंततः भीतर ही जन्म लेता है। मनुष्य जीवन भर लोगों से उम्मीदें बाँधता रहता, और हर टूटन के साथ स्वयं को खोता रहता। किन्तु अनुभव धीरे-धीरे उसे भीतर लौटना सिखाते हैं। वे उसे यह एहसास कराते हैं कि बाहरी संबंध महत्वपूर्ण अवश्य हैं, परन्तु यदि भीतर स्वयं से संबंध न हो, तो कोई भी अपनापन स्थिर शांति नहीं दे सकता।

यही "एकान्तास्त्र" की सबसे गहरी शिक्षा है।

जब अपने पराये लगने लगें, तब भीतर टूटना स्वाभाविक है; किन्तु वहीं रुक जाना आवश्यक नहीं। दर्द को अंतिम सत्य मान लेना आवश्यक नहीं। लोगों के बदल जाने के कारण स्वयं की रोशनी बुझा देना आवश्यक नहीं। क्योंकि हर बिछड़न केवल हानि नहीं होती। कुछ दूरियाँ आत्मा को परिपक्व बनाती हैं। कुछ टूटनें भीतर छिपी हुई शक्ति को जागृत करती हैं। कुछ परायापन यह सिखा देता है कि आत्मसम्मान को बचाकर भी प्रेम किया जा सकता है। और कुछ अनुभव यह समझा देते हैं कि सच्चा अपनापन कभी स्वयं को मिटाने की माँग नहीं करता।

जब यह समझ भीतर गहराई से उतर जाती है, तब संबंधों का अर्थ भी बदलने लगता है।

अब किसी को बाँधकर रखने की इच्छा नहीं रहती। अब हर व्यक्ति से स्वयं को साबित करने की आवश्यकता महसूस नहीं होती। अब हृदय खुलता है, किन्तु बिना स्वयं को खोए। क्योंकि अब यह स्पष्ट हो चुका होता है कि जो वास्तव में अपना होगा, वह परिस्थितियों के बदल जाने से नहीं बदलेगा; और जो बदल जाना चाहता है, उसे रोककर भी नहीं रखा जा सकता। यही स्वीकार धीरे-धीरे भीतर एक गहरी शांति को जन्म देता है।

अब भीतर शिकायत कम होती है, समझ अधिक। अपेक्षाएँ कम होती हैं, स्थिरता अधिक। शोर कम होता है, आत्मबोध अधिक। मनुष्य अब हर टूटन को अपने मूल्य का प्रमाण नहीं मानता। वह यह समझने लगता है कि लोगों का व्यवहार हमेशा उसकी सच्चाई का प्रतिबिंब नहीं होता। कुछ लोग केवल उतनी ही गहराई तक साथ चल सकते हैं जितनी उनकी चेतना अनुमति देती है। और यह जान लेना भी एक प्रकार की मुक्ति बन जाता है।

फिर एक दिन अचानक एहसास होता है कि जिन दूरियों ने कभी आत्मा को तोड़ दिया था, उन्हीं ने भीतर एक नई दृष्टि भी जन्म दी। एक ऐसी दृष्टि, जो अब लोगों को केवल चेहरे से नहीं, चेतना से पहचानती है। जो शब्दों से नहीं, मौन से सच्चाई समझ लेती है। और जो अकेले होकर भी स्वयं को अधूरा नहीं मानती।

यहीं अध्याय समाप्त नहीं होता।

यहीं से भीतर एक नया आरम्भ जन्म लेता है।

5

तुलना का ज़हर

मनुष्य का दुःख हमेशा उसकी कमी से जन्म नहीं लेता। कई बार उसका सबसे बड़ा दुःख उस तुलना से जन्म लेता है जो धीरे-धीरे उसके भीतर भर दी जाती है। बचपन से ही उसे किसी न किसी के सामने खड़ा कर दिया जाता है। कोई उससे अधिक बुद्धिमान बताया जाता है, कोई अधिक सफल, कोई अधिक सुंदर, कोई अधिक प्रसिद्ध। धीरे-धीरे वह स्वयं को देखने के बजाय दूसरों के आधार पर अपना मूल्य तय करने लगता है। और यहीं से भीतर एक अदृश्य विष जन्म लेता है— तुलना का विष।

यह विष धीरे-धीरे आत्मा में उतरता है। यह तुरंत नहीं मारता, किन्तु भीतर की शांति को लगातार कम करता रहता है। यह मनुष्य को स्वयं से दूर कर देता है। क्योंकि तुलना का अर्थ केवल इतना नहीं कि कोई दूसरे से बेहतर है; तुलना का वास्तविक प्रभाव यह है कि व्यक्ति अपनी मौलिकता भूलने लगता है। वह स्वयं को जीना छोड़ देता है और स्वयं को मापना शुरू कर देता है। कभी दूसरों की उपलब्धियों से, कभी उनके जीवन से, कभी उनकी गति से। और इसी प्रक्रिया में वह यह भूल जाता है कि हर आत्मा की यात्रा अलग होती है। कोई जल्दी खिलता है, कोई देर से। कोई शोर में चमकता है, कोई मौन में गहराता है। किन्तु संसार धैर्य नहीं सिखाता; संसार तुलना सिखाता है।

लोग पूछते हैं कि उसने इतना कर लिया, तुमने क्या किया। वे कहते हैं कि वह कहाँ पहुँच गया और तुम अब तक यहीं हो। वे बार-बार यह दिखाते हैं कि दुनिया कितनी तेज़ी से आगे बढ़ रही है। इन शब्दों का भार धीरे-धीरे भीतर उतरने लगता है। फिर एक समय ऐसा आता है जब व्यक्ति अपनी यात्रा का आनंद लेना छोड़ देता है। वह हर समय यह देखने लगता है कि दूसरे कहाँ पहुँच गए। दूसरों की सफलता उसे प्रेरित करने के बजाय बेचैन करने लगती है। और यहीं तुलना ज़हर बन जाती है।

क्योंकि वह केवल मन को अशांत नहीं करती, वह आत्मा का सम्मान भी कम करने लगती है। व्यक्ति अपनी उपलब्धियों को छोटा मानने लगता है। अपने संघर्षों का मूल्य भूलने लगता है। उसे लगने लगता है कि वह पीछे छूट गया है, जबकि सत्य यह होता है कि

हर जीवन का समय अलग होता है। एक बीज और एक वृक्ष की तुलना नहीं की जा सकती। एक नदी और एक पर्वत की गति समान नहीं हो सकती। फिर भी मनुष्य स्वयं को दूसरों की रफ्तार से मापने लगता है। और इसी कारण भीतर निरंतर असंतोष जन्म लेने लगता है।

सबसे खतरनाक बात यह है कि तुलना कभी समाप्त नहीं होती।

यदि धन मिल जाए, तो किसी और का अधिक दिखाई देगा। यदि सम्मान मिल जाए, तो किसी और की प्रसिद्धि बड़ी लगने लगेगी। यदि सफलता मिल जाए, तो किसी और की ऊँचाई बेचैन करने लगेगी। तुलना का खेल ऐसा है जिसमें व्यक्ति जीतकर भी हारता रहता है। क्योंकि उसकी दृष्टि बाहर अटक जाती है। वह भीतर लौटना भूल जाता है। और जिसने स्वयं से संबंध खो दिया, वह चाहे संसार जीत ले, भीतर से शांत नहीं रह सकता।

यहीं "एकान्तास्त्र" की आवश्यकता समझ आती है।

क्योंकि एकान्त ही वह स्थान है जहाँ व्यक्ति दूसरों की आवाज़ों से दूर होकर स्वयं को सुनना प्रारम्भ करता है। वहीं उसे पहली बार एहसास होता है कि उसकी यात्रा किसी और जैसी होने के लिए नहीं बनी थी। हर आत्मा का अपना मार्ग होता है, अपनी गति होती है, अपनी अग्नि होती है। कुछ लोग जल्दी पहचान लिए जाते हैं। कुछ लोग वर्षों तक अनदेखे रहते हैं। किन्तु अनदेखा रह जाना व्यर्थ होना नहीं होता। बहुत-सी महान शक्तियाँ शोर में नहीं, मौन में तैयार होती हैं।

जो व्यक्ति हर समय तुलना में उलझा रहेगा, वह कभी अपनी वास्तविक क्षमता तक पहुँच ही नहीं पाएगा। क्योंकि उसका ध्यान निर्माण पर नहीं, प्रतिस्पर्धा पर अटका रहेगा। और प्रतिस्पर्धा से थकान जन्म लेती है, जबकि आत्मनिर्माण से स्थिरता जन्म लेती है। यह समझना अत्यन्त आवश्यक है कि जीवन कोई दौड़ नहीं है जहाँ सबको एक ही समय पर एक ही स्थान तक पहुँचना हो। यदि ऐसा होता, तो प्रकृति हर वृक्ष को एक ही ऊँचाई देती, हर फूल को एक ही रंग देती, हर नदी को एक ही दिशा देती। किन्तु प्रकृति विविधता में सुंदर है। फिर मनुष्य स्वयं को एक ही मापदंड में बाँधकर क्यों देखता है? वह क्यों भूल जाता है कि उसकी सबसे बड़ी शक्ति उसकी मौलिकता है?

तुलना धीरे-धीरे भीतर कृतज्ञता को भी समाप्त कर देती है। जो है, वह छोटा लगने लगता है। जो नहीं है, वही सबसे बड़ा दिखाई देने लगता है। और ऐसा व्यक्ति कभी संतुष्ट नहीं हो सकता। क्योंकि उसकी दृष्टि अभाव पर अटक जाती है। वह अपनी यात्रा की सुंदरता देखना भूल जाता है। वह यह भूल जाता है कि जो संघर्ष उसने पार किए हैं, वे भी उसकी चेतना को गढ़ रहे हैं।

किन्तु संतोष का अर्थ रुक जाना नहीं होता। संतोष का अर्थ यह है कि व्यक्ति अपनी यात्रा का अपमान किए बिना आगे बढ़े। वह सीखता रहे, बढ़ता रहे, निर्माण करता रहे— लेकिन स्वयं को तुच्छ समझकर नहीं। क्योंकि जिस दिन आत्मा स्वयं को दूसरों के तराज़ू पर तौलना बंद कर देती है, उसी दिन भीतर एक नई स्वतंत्रता जन्म लेती है।

अब दूसरों की सफलता जलाती नहीं, प्रेरित करती है। अब अपनी गति शर्म नहीं देती। अब देर से खिलना हार नहीं लगता। और तब पहली बार व्यक्ति अपने वास्तविक स्वरूप के निकट पहुँचता है। वह समझने लगता है कि उसकी यात्रा का मूल्य इस बात से तय नहीं होता कि वह दूसरों से कितना आगे है, बल्कि इस बात से तय होता है कि वह अपने भीतर कितना सच्चा है।

यही "एकान्तास्त्र" की शक्ति है।

वह व्यक्ति को भीड़ से अलग खड़ा होना सिखाता है। वह उसे यह समझाता है कि हर चमक प्रकाश नहीं होती और हर मौन कमजोरी नहीं होता। वह उसे स्वयं की यात्रा का सम्मान करना सिखाता है। क्योंकि संसार चाहे जितनी तुलना करे, आत्मा की वास्तविक शांति वहीं जन्म लेती है जहाँ व्यक्ति स्वयं को किसी और की छाया नहीं, बल्कि अपनी चेतना का विस्तार मानना सीख लेता है।

तुलना का सबसे खतरनाक प्रभाव यह नहीं होता कि मनुष्य दूसरों को बड़ा मानने लगता है; उसका सबसे गहरा और विनाशकारी प्रभाव यह होता है कि वह स्वयं को छोटा मानने लगता है। वह अपने भीतर छिपी हुई क्षमता को देखने के बजाय अपनी कमियों पर टिक जाता है। फिर चाहे वह कितना भी आगे बढ़ जाए, कितनी भी उपलब्धियाँ प्राप्त कर ले, उसके भीतर कहीं न कहीं यह भावना बनी रहती है कि वह अभी भी पर्याप्त नहीं है। और यही "पर्याप्त न होने" का भाव धीरे-धीरे आत्मा में एक गहरी थकान भरने लगता है।

मनुष्य हर समय स्वयं को साबित करने में लगा रहता है। वह विश्राम करते हुए भी अपराधबोध महसूस करता है। वह उपलब्धियाँ प्राप्त करने के बाद भी संतुष्ट नहीं हो पाता। क्योंकि उसकी यात्रा अब भीतर की शांति के लिए नहीं, बल्कि बाहरी स्वीकृति के लिए चल रही होती है। और बाहरी स्वीकृति कभी स्थायी नहीं होती। आज लोग प्रशंसा करेंगे, कल किसी और की ओर देखने लगेंगे। आज आपकी सफलता बड़ी दिखाई देगी, कल किसी और की ऊँचाई उससे अधिक प्रभावशाली लगने लगेगी। यदि जीवन केवल दूसरों की नज़रों में बड़ा बनने के लिए जिया जाए, तो आत्मा कभी विश्राम नहीं पा सकती।

यहीं से भीतर एक निरंतर दौड़ प्रारम्भ हो जाती है।

हर समय आगे निकलने की दौड़।
हर समय स्वयं को साबित करने की दौड़।
हर समय यह दिखाने की दौड़ कि "मैं भी कुछ हूँ।"

लेकिन इस पूरी दौड़ में सबसे पीछे वही छूट जाता है जो सबसे अधिक महत्वपूर्ण था— स्वयं का वास्तविक स्वरूप।

क्योंकि मनुष्य इतना व्यस्त हो जाता है दूसरों जैसा बनने में कि वह यह जानने का समय ही नहीं निकाल पाता कि वह वास्तव में कौन है। वह अपनी मौलिकता को धीरे-धीरे खोने लगता है। कई लोग जीवनभर वही बनने की कोशिश करते रहते हैं जो समाज को प्रभावशाली लगता है। वे वही चुनते हैं जो प्रशंसा दिलाए। वही बोलते हैं जो स्वीकार कर लिया

जाए। वही दिखाते हैं जो लोगों को आकर्षित करे। किन्तु भीतर कहीं एक खालीपन बना रहता है।

क्योंकि आत्मा अभिनय से संतुष्ट नहीं होती।

उसे सच्चाई चाहिए।

उसे मौलिकता चाहिए।

उसे यह अनुभव चाहिए कि जो जीवन जिया जा रहा है, वह भीतर से अपना है।

किन्तु तुलना धीरे-धीरे इस सच्चाई को नष्ट कर देती है।

अब मनुष्य अपने सपनों को भी दूसरों के अनुसार देखने लगता है। यदि किसी और ने कुछ प्राप्त किया है, तो वही उसे भी चाहिए। यदि किसी और का जीवन चमकदार दिखाई देता है, तो वही जीवन उसे भी सही लगने लगता है। लेकिन वह यह भूल जाता है कि हर चमक संतोष नहीं देती। बहुत-से लोग बाहर से सफल दिखाई देते हैं, किन्तु भीतर से थके हुए होते हैं। बहुत-से लोग प्रशंसा से घिरे होते हैं, किन्तु स्वयं से कटे हुए होते हैं। बहुत-से लोग ऊँचाइयों तक पहुँच जाते हैं, किन्तु वहाँ पहुँचकर भी शांति नहीं पा पाते।

इसीलिए केवल बाहर देखकर किसी जीवन का मूल्य तय नहीं किया जा सकता।

जो भीतर से शांत है, वही वास्तव में समृद्ध है।

और भीतर की यह शांति तब जन्म लेती है जब मनुष्य स्वयं को स्वीकार करना सीखता है— अपनी गति को, अपनी प्रकृति को, अपनी सीमाओं को और अपनी संभावनाओं को। क्योंकि स्वीकार का अर्थ हार मान लेना नहीं होता। स्वीकार का अर्थ यह है कि व्यक्ति स्वयं से युद्ध करना बंद कर दे। जो हर समय स्वयं को ही गलत मानता रहेगा, वह कभी आत्मविश्वास के साथ निर्माण नहीं कर पाएगा।

दुनिया में हर महान निर्माण पहले भीतर जन्म लेता है। कोई भी वृक्ष अपनी जड़ों से घृणा करके ऊँचा नहीं बढ़ सकता। कोई भी नदी स्वयं को तुच्छ मानकर सागर तक नहीं पहुँच सकती। उसी प्रकार कोई भी आत्मा स्वयं को लगातार दूसरों से कम मानकर अपनी संपूर्ण क्षमता तक नहीं पहुँच सकती।

यही कारण है कि भीतर का सम्मान बाहरी उपलब्धियों से अधिक महत्वपूर्ण होता है।

जिस व्यक्ति को स्वयं पर विश्वास हो, वह देर से आगे बढ़कर भी स्थिर रहता है। लेकिन जिसे हर समय तुलना भीतर से खाए जा रही हो, वह बहुत कुछ पाकर भी बेचैन बना रहता है। और यही बेचैनी आधुनिक जीवन की सबसे बड़ी समस्याओं में से एक बन चुकी है।

लोग अब जी कम रहे हैं, दिखा अधिक रहे हैं।

वे महसूस कम कर रहे हैं, तुलना अधिक कर रहे हैं।

वे निर्माण कम कर रहे हैं, प्रतिस्पर्धा अधिक कर रहे हैं।

और इसी कारण भीतर का संतुलन धीरे-धीरे टूटता जा रहा है।

शांति बाहर की उपलब्धियों से नहीं आती। शांति तब आती है जब मनुष्य अपने मार्ग पर विश्वास करना सीख लेता है। जब उसे यह समझ आ जाए कि हर यात्रा का समय अलग

है, हर संघर्ष का अर्थ अलग है, और हर आत्मा का उद्देश्य अलग है। तब तुलना की आग धीरे-धीरे शांत होने लगती है।

अब दूसरों की सफलता खतरा नहीं लगती।
अब किसी का आगे होना स्वयं के पीछे होने जैसा महसूस नहीं होता।
अब जीवन प्रतियोगिता नहीं, अनुभव बनने लगता है।

और यही वह क्षण होता है जहाँ भीतर पहली बार वास्तविक स्वतंत्रता का जन्म होता है।

अब व्यक्ति अपने जीवन को एक खुली दौड़ की तरह नहीं देखता, बल्कि एक निजी और गहन यात्रा की तरह देखने लगता है, जहाँ गति से अधिक दिशा का महत्व होता है और मंज़िल से अधिक वह प्रक्रिया महत्वपूर्ण हो जाती है जिसके माध्यम से व्यक्ति स्वयं को समझता है। पहले जहाँ हर कदम अनजाने ही दूसरों से तुलना के आधार पर उठता था, अब वही कदम भीतर की स्पष्टता और आत्मबोध से निर्देशित होने लगता है। धीरे-धीरे यह समझ गहराई से स्थापित हो जाती है कि जीवन का उद्देश्य किसी और से आगे निकलना नहीं, बल्कि स्वयं के भीतर विकसित होना है— अपनी ही सीमाओं को पहचानना, उन्हें स्वीकार करना और फिर उनसे आगे बढ़ना।

इस आंतरिक परिवर्तन के साथ भीतर का दबाव अपने आप कम होने लगता है, जैसे किसी लंबे समय से कसा हुआ भार धीरे-धीरे हल्का पड़ने लगे। वह लगातार चलती हुई बेचैनी कि "मुझे सबसे आगे होना चाहिए" अब उतनी तीव्र नहीं रहती, क्योंकि उसकी जगह यह समझ आने लगती है कि आगे होना किसी अंतिम सत्य का प्रमाण नहीं है। वह चिंता कि "लोग क्या सोचेंगे" धीरे-धीरे अपनी पकड़ खोने लगती है, क्योंकि व्यक्ति यह महसूस करने लगता है कि बाहरी दृष्टि हमेशा स्थिर नहीं होती और उसे आधार बनाकर जीवन नहीं जिया जा सकता। और वह भय कि "मैं पीछे रह गया हूँ" भी धीरे-धीरे अपना प्रभाव खो देता है, क्योंकि अब पीछे या आगे का अर्थ पहले जैसा नहीं रहता।

इसके स्थान पर एक नई और अधिक स्थिर शांति जन्म लेती है, ऐसी शांति जो किसी बाहरी मान्यता, प्रशंसा या तुलना पर निर्भर नहीं होती, बल्कि भीतर से उत्पन्न होती है और परिस्थितियों से अप्रभावित रहते हुए भी बनी रहती है।

अब व्यक्ति अपनी छोटी-छोटी प्रगतियों को भी देखने लगता है, जिन्हें पहले वह अनदेखा कर देता था। वह अपने भीतर हुए सूक्ष्म सुधारों को भी महत्व देने लगता है, क्योंकि अब उसे यह समझ आ चुका होता है कि विकास हमेशा बड़े परिवर्तनों में नहीं, बल्कि निरंतर होने वाले छोटे परिवर्तनों में भी छिपा होता है। वह यह देख पाता है कि वह पहले कहाँ था और अब कहाँ है, और यही अंतर उसके भीतर आत्मविश्वास को धीरे-धीरे पुनः निर्मित करने लगता है।

यहीं से तुलना का एक नया और स्वस्थ स्वरूप जन्म लेता है— दूसरों से नहीं, बल्कि स्वयं से तुलना।

जब व्यक्ति स्वयं से तुलना करता है, तो वह दबता नहीं, बल्कि प्रेरित होता है। वह टूटता नहीं, बल्कि परिष्कृत होता है। वह आगे बढ़ता है, किन्तु किसी आंतरिक हीनता के बोझ के साथ नहीं, बल्कि आत्मसम्मान की स्थिर भूमि पर खड़ा होकर। और यहीं एक स्पष्ट अंतर उभरकर सामने आता है।

तुलना यदि दूसरों से हो, तो वह धीरे-धीरे विष बन जाती है, जो भीतर की शांति को नष्ट करती है और आत्म-मूल्य को कम करती जाती है। लेकिन यदि तुलना स्वयं से हो, तो वही प्रक्रिया ऊर्जा का रूप ले लेती है, जो विकास को दिशा देती है और चेतना को अधिक स्पष्ट बनाती है।

समय के साथ व्यक्ति यह भी समझने लगता है कि हर जीवन अलग परिस्थितियों में आकार लेता है। किसी को शुरुआत में सुविधा मिलती है, किसी को संघर्ष। किसी को समर्थन मिलता है, किसी को अकेलापन। किन्तु ये परिस्थितियाँ किसी जीवन का अंतिम सत्य नहीं होतीं, क्योंकि वास्तविक निर्माण भीतर होता है— अनुभवों, निर्णयों और आत्मचिंतन के माध्यम से।

कई बार संघर्ष में पला व्यक्ति बाद में सबसे अधिक मजबूत बन जाता है, क्योंकि उसके भीतर धैर्य और गहराई दोनों विकसित हो चुके होते हैं। वहीं कई बार सुविधाओं में बड़ा हुआ व्यक्ति भीतर से अस्थिर रह जाता है, क्योंकि उसने संघर्ष की वह परतें नहीं देखी होतीं जो व्यक्तित्व को वास्तविक मजबूती देती हैं। इसलिए केवल प्रारम्भ देखकर किसी जीवन का मूल्यांकन करना न तो संभव है और न ही उचित।

धीरे-धीरे दृष्टि का स्वरूप बदलने लगता है।

अब सफलता केवल ऊँचाई नहीं रह जाती, बल्कि उसमें स्थिरता का भाव भी जुड़ जाता है। अब सफलता केवल प्रसिद्धि या उपलब्धि नहीं रह जाती, बल्कि मानसिक संतुलन और भीतर की शांति भी उसका हिस्सा बन जाती है। और यह संतुलन तभी संभव होता है जब व्यक्ति धीरे-धीरे तुलना से मुक्त होने लगता है।

तुलना से मुक्त होना किसी एक क्षण में घटित होने वाली घटना नहीं है; यह एक धीमी, सतत और गहरी प्रक्रिया है, जिसमें पहले विचार बदलते हैं, फिर दृष्टि बदलती है और अंततः जीवन जीने का पूरा ढंग बदल जाता है।

शुरुआत में मन बार-बार खींचता है— “देखो वह कितना आगे है”, “देखो उसके पास क्या है”, “तुम्हारे पास क्यों नहीं है।” लेकिन जैसे-जैसे समझ गहराती जाती है, ये आवाज़ें धीरे-धीरे कमजोर होने लगती हैं और अंततः उनके स्थान पर एक शांत और स्थिर बोध स्थापित हो जाता है कि हर व्यक्ति अपनी ही समय-रेखा में विकसित होता है।

कोई जल्दी खिलता है, कोई देर से। कोई प्रकाश में विकसित होता है, कोई अंधकार में। किन्तु हर यात्रा अपने भीतर अर्थ रखती है, यदि वह ईमानदारी और सच्चाई के साथ जिया जा रहा हो।

यह समझ आने के बाद भीतर एक विशिष्ट प्रकार की स्वतंत्रता जन्म लेती है।

अब जीवन में जल्दबाजी नहीं रहती, क्योंकि समय को समझ लिया गया होता है। अब हर चीज़ तुरंत पाने की अधीरता नहीं रहती, क्योंकि प्रक्रिया का मूल्य समझ में आ चुका होता है। अब दूसरों की गति से भय नहीं लगता, क्योंकि व्यक्ति अपनी आंतरिक गति को पहचानने लगता है।

वह यह समझ जाता है कि उसका विकास किसी और की नकल बनने के लिए नहीं, बल्कि स्वयं की पूर्णता की ओर बढ़ने के लिए है।

यही वह बिंदु होता है जहाँ भीतर का संघर्ष धीरे-धीरे शांत होने लगता है, और जब मन वास्तव में शांत होता है, तभी व्यक्ति पहली बार स्पष्ट रूप से सुन पाता है— अपनी आंतरिक आवाज़ को, अपनी वास्तविक क्षमता को और अपने भीतर छिपी हुई संभावनाओं को।

इस शांति का अर्थ यह नहीं होता कि जीवन से चुनौतियाँ समाप्त हो जाती हैं या परिस्थितियाँ अचानक सरल हो जाती हैं। चुनौतियाँ अपने स्वरूप में बनी रहती हैं, समय अपनी गति से आगे बढ़ता रहता है, और जीवन लगातार नए मोड़ प्रस्तुत करता रहता है। अंतर केवल इतना आता है कि अब व्यक्ति उन परिस्थितियों से टूटता नहीं, बल्कि उन्हें अधिक स्पष्ट दृष्टि से समझने लगता है। भीतर की प्रतिक्रिया बदल जाती है— जहाँ पहले संघर्ष एक बोझ बनकर गिरता था, अब वही संघर्ष अनुभव का रूप ले लेता है।

पहले जहाँ हर असफलता सीधे स्वयं पर प्रश्नचिह्न बनकर उतरती थी, अब वही असफलता आत्म-विश्लेषण का माध्यम बन जाती है। पहले जहाँ हर तुलना भीतर असुरक्षा और अस्थिरता पैदा करती थी, अब वही तुलना धीरे-धीरे महत्वहीन लगने लगती है। पहले जहाँ हर पीछे छूटता व्यक्ति पीड़ा और खालीपन छोड़ जाता था, अब वही स्थिति जीवन के स्वाभाविक प्रवाह का हिस्सा प्रतीत होने लगती है। यह परिवर्तन बाहरी नहीं होता, यह भीतर की दृष्टि में घटित होने वाला मौन रूपांतरण होता है।

क्योंकि भीतर की दृष्टि अब बदल चुकी होती है।

अब व्यक्ति यह समझने लगता है कि जीवन में हर चीज़ का अपना समय होता है। कुछ चीज़ें जल्दी मिलती हैं ताकि मनुष्य में अहंकार न बढ़े। कुछ चीज़ें देर से मिलती हैं ताकि धैर्य और गहराई विकसित हो। और कुछ चीज़ें कभी मिलती ही नहीं, ताकि व्यक्ति यह सीख सके कि हर इच्छा आवश्यक नहीं होती और हर अपूर्णता भी जीवन का ही एक हिस्सा है।

यह समझ भीतर एक धीमी लेकिन गहरी परिपक्वता को जन्म देती है।

अब व्यक्ति सफलता को केवल परिणाम के रूप में नहीं देखता, बल्कि उसे एक लंबी प्रक्रिया के रूप में समझने लगता है। वह यह पहचानने लगता है कि हर उपलब्धि के पीछे अनगिनत असफल प्रयास, अनदेखी रातें और अदृश्य संघर्ष छिपे होते हैं। और हर बाहरी चमक के पीछे ऐसे अनुभव होते हैं जिन्हें सामान्य दृष्टि नहीं देख पाती। इसी कारण अब वह दूसरों की चमक से विचलित नहीं होता, क्योंकि उसे यह स्पष्ट हो जाता है कि दृश्य हमेशा सत्य का पूरा चित्र नहीं होता।

यह समझ धीरे-धीरे मन को स्थिर बनाती है।

अब व्यक्ति अपने समय को दूसरों की रफ्तार से नहीं मापता। वह दूसरों की उपलब्धियों को अपने मूल्य का पैमाना नहीं बनाता। इसके बजाय वह अपने ही विकास को देखने लगता है— कि वह पहले कहाँ था और अब कहाँ है, उसने क्या सीखा है, और भीतर कितनी स्थिरता विकसित हुई है। यही आत्म-जागरूकता उसे धीरे-धीरे भीतर से मजबूत बनाती है, क्योंकि अब उसका ध्यान प्रतिस्पर्धा से हटकर विकास की ओर केंद्रित हो जाता है।

जब मनुष्य स्वयं के विकास को देखने लगता है, तब दूसरों से प्रतिस्पर्धा करने की आवश्यकता स्वतः कम हो जाती है। ऊर्जा तुलना में बिखरने के बजाय निर्माण में लगने लगती है। सोच बाहरी मूल्यांकन से हटकर आंतरिक निर्माण की ओर मुड़ जाती है। और यही परिवर्तन उसे भीतर से अधिक स्थिर और संतुलित बनाता है।

समय के साथ यह भी स्पष्ट होने लगता है कि हर व्यक्ति की यात्रा अलग है, इसलिए उसकी गति भी अलग होगी। किसी को अवसर जल्दी मिल जाते हैं, किसी को देर से। किसी के पास संसाधन होते हैं, किसी के पास संघर्ष का अनुभव। लेकिन इन परिस्थितियों से किसी व्यक्ति का अंतिम मूल्य निर्धारित नहीं होता।

वास्तविक मूल्य उस धैर्य से तय होता है जो व्यक्ति कठिन समय में भी बनाए रखता है।

जो व्यक्ति कठिनाइयों में भी अपने भीतर की स्थिरता को नहीं खोता, वही वास्तव में आगे बढ़ता है। और जो व्यक्ति हर छोटी तुलना से टूट जाता है, वह भले ही तेज़ शुरुआत कर ले, लेकिन लंबे समय तक अपनी दिशा में स्थिर नहीं रह पाता। इसलिए अंततः गति से अधिक महत्वपूर्ण स्थिरता हो जाती है।

धीरे-धीरे यह भी समझ आने लगता है कि दूसरों की उपलब्धियों को देखकर स्वयं को छोटा महसूस करना न केवल अनावश्यक है, बल्कि भ्रमपूर्ण भी है। क्योंकि हर उपलब्धि के पीछे एक अलग कहानी होती है, एक अलग संघर्ष होता है, और एक अलग समय-रेखा होती है, जो बाहर से दिखाई नहीं देती।

अब व्यक्ति यह समझने लगता है कि जीवन में केवल "कहाँ पहुँचा" महत्वपूर्ण नहीं है, बल्कि "कैसे पहुँचा" यह भी उतना ही महत्वपूर्ण है। क्योंकि बिना आंतरिक संतुलन के प्राप्त की गई सफलता भीतर की शांति को खो देने की कीमत पर भी हो सकती है।

इसीलिए दृष्टि धीरे-धीरे बदल जाती है।

अब व्यक्ति केवल बाहरी सफलता की ओर नहीं देखता, बल्कि यह भी देखता है कि क्या वह भीतर से शांत है या नहीं। यदि सफलता के साथ शांति नहीं है, तो वह उपलब्धि अधूरी प्रतीत होने लगती है। और यदि भीतर शांति है, तो देर से मिली उपलब्धि भी सार्थक और स्थायी लगती है।

यही दृष्टि जीवन को धीरे-धीरे परिवर्तित कर देती है।

अब व्यक्ति दूसरों के जीवन को देखकर दुखी नहीं होता, बल्कि उससे सीखने लगता है। वह तुलना में उलझने के बजाय समझ में गहराई लाता है। वह हर अनुभव को व्यक्तिगत विकास के अवसर के रूप में देखने लगता है। और इस पूरे परिवर्तन में सबसे महत्वपूर्ण बात

यह होती है कि भीतर की बेचैनी धीरे-धीरे शांत होने लगती है।

वह निरंतर चलती हुई दौड़, जो कभी अनंत प्रतीत होती थी, अब धीमी पड़ने लगती है। वह आंतरिक आवाज़ जो लगातार कहती थी "और आगे जाना है", अब शांत हो जाती है। और उसकी जगह एक स्थिर समझ जन्म लेती है कि "जहाँ हूँ, वहीं से आगे बढ़ना है, लेकिन अपने तरीके से।"

यही वह अवस्था होती है जहाँ व्यक्ति वास्तव में अपने जीवन को जीना शुरू करता है, केवल उसकी तुलना करना नहीं।

अब जीवन का अनुभव एक बिल्कुल नए स्तर पर समझ में आने लगता है, जहाँ हर घटना केवल एक बाहरी घटना भर नहीं रहती, बल्कि भीतर तक पहुँचने वाला एक संकेत बन जाती है। पहले जहाँ परिस्थितियाँ केवल "अच्छी" या "बुरी" की सरल श्रेणियों में विभाजित दिखाई देती थीं, अब वही परिस्थितियाँ अधिक गहरे अर्थ के साथ सामने आने लगती हैं— हर मुलाकात एक पाठ की तरह, हर दूरी एक संकेत की तरह, हर असफलता एक रुककर सोचने का अवसर और हर सफलता एक नई जिम्मेदारी का एहसास बन जाती है। धीरे-धीरे यह स्पष्ट होने लगता है कि जीवन केवल घटनाओं का क्रम नहीं, बल्कि अनुभवों के माध्यम से स्वयं को समझने की एक निरंतर प्रक्रिया है।

अब व्यक्ति केवल परिणामों को नहीं देखता, वह उनके पीछे छिपे कारणों को भी समझने की कोशिश करने लगता है। और यही प्रयास उसके भीतर की दृष्टि को धीरे-धीरे अधिक स्पष्ट, अधिक स्थिर और अधिक गहरी बना देता है।

इस स्पष्टता के साथ वह यह भी पहचानने लगता है कि उसके भीतर पहले जो अस्थिरता थी, उसका एक बड़ा कारण लगातार चलती रहने वाली तुलना थी। जब तक मन बाहर की दुनिया में उलझा रहता है, तब तक भीतर का संसार स्वाभाविक रूप से अशांत रहता है, क्योंकि ध्यान हमेशा किसी और के जीवन, किसी और की उपलब्धि और किसी और की गति पर टिका रहता है। लेकिन जैसे ही यह ध्यान धीरे-धीरे भीतर की ओर मुड़ता है, वैसे ही एक अलग प्रकार का संतुलन जन्म लेने लगता है— ऐसा संतुलन जो बाहरी परिस्थितियों से प्रभावित नहीं होता।

अब व्यक्ति की खुशी किसी की प्रशंसा पर निर्भर नहीं रहती। उसका दुख किसी और की सफलता से निर्धारित नहीं होता। और उसकी मानसिक स्थिति दूसरों के व्यवहार से नियंत्रित नहीं होती। यह अवस्था ही धीरे-धीरे वास्तविक स्वतंत्रता की शुरुआत बन जाती है, जहाँ मनुष्य पहली बार अपने भीतर स्थिर होना सीखता है।

समय के साथ वह यह भी समझने लगता है कि तुलना केवल एक सामान्य मानसिक आदत नहीं थी, बल्कि एक ऐसा भ्रम था जिसने उसे धीरे-धीरे स्वयं से दूर कर दिया था। यह भ्रम उसे बार-बार यह विश्वास दिलाता था कि कहीं और, किसी और जीवन में, सब कुछ अधिक सही, अधिक पूर्ण और अधिक बेहतर होगा। लेकिन जैसे-जैसे अनुभव गहराते हैं, यह स्पष्ट होता जाता है कि ऐसा कोई भी जीवन नहीं होता जिसमें सब कुछ पूर्ण हो। हर जीवन

अपने भीतर किसी न किसी स्तर पर अपूर्णता और संघर्ष को समेटे हुए ही चलता है।

हर व्यक्ति किसी न किसी लड़ाई में शामिल होता है, चाहे वह बाहर से दिखाई दे या न दे। हर मुस्कान के पीछे कोई न कोई अधूरापन छिपा होता है, और हर सफलता के पीछे कोई न कोई त्याग या संघर्ष उपस्थित होता है। जब यह समझ भीतर गहराई से बैठ जाती है, तब तुलना धीरे-धीरे अपना अर्थ खोने लगती है, क्योंकि आदर्श का भ्रम वास्तविकता के सामने टिक नहीं पाता।

अब दूसरों का जीवन किसी आदर्श चित्र जैसा नहीं लगता, बल्कि एक अलग यात्रा की तरह दिखाई देने लगता है, जिसकी अपनी परिस्थितियाँ, अपनी सीमाएँ और अपना समय होता है। किसी और की उपलब्धि अब अपने जीवन की कमी का प्रमाण नहीं लगती, और न ही किसी और की गति अपने ठहराव का कारण बनती है। हर व्यक्ति अपनी यात्रा में उचित प्रतीत होने लगता है, अपने-अपने स्तर पर पूर्णता की ओर बढ़ता हुआ।

यह दृष्टि धीरे-धीरे भीतर के दबाव को समाप्त कर देती है।

अब वह भीड़भरी दौड़ समाप्त होने लगती है जो लगातार यह कहती रहती थी कि “तेज़ चलो, आगे बढ़ो, पीछे मत रह जाओ।” उसकी जगह एक अधिक शांत और स्थिर समझ जन्म लेने लगती है, जो यह कहती है कि “अपनी गति से चलो, लेकिन सचेत होकर चलो।”

यह परिवर्तन बाहर से छोटा प्रतीत होता है, लेकिन भीतर इसका प्रभाव अत्यंत गहरा होता है, क्योंकि अब व्यक्ति अपनी ऊर्जा को बिखरने से बचाने लगता है। वह दूसरों के जीवन को समझने में नहीं, बल्कि अपने जीवन को गढ़ने में अधिक व्यस्त होने लगता है। वह दूसरों को पीछे छोड़ने की इच्छा में नहीं, बल्कि स्वयं को बेहतर बनाने की प्रक्रिया में स्थिर होने लगता है।

और यहीं से वास्तविक विकास की शुरुआत होती है।

अब असफलता उसे तोड़ती नहीं, बल्कि रोककर सोचने के लिए प्रेरित करती है। सफलता उसे भ्रमित नहीं करती, बल्कि आगे की जिम्मेदारी का बोध कराती है। और तुलना, जो पहले भीतर हलचल पैदा करती थी, अब केवल एक बाहरी घटना की तरह प्रतीत होने लगती है, जिसका उसके आंतरिक संतुलन पर कोई गहरा प्रभाव नहीं पड़ता।

धीरे-धीरे यह स्पष्ट होने लगता है कि जीवन का उद्देश्य किसी से आगे निकलना नहीं, बल्कि स्वयं के भीतर बेहतर बनते जाना है। और यह समझ जितनी सरल दिखाई देती है, उतनी ही गहरी और परिवर्तनकारी होती है, क्योंकि इसके बाद व्यक्ति का पूरा दृष्टिकोण बदल जाता है।

अब वह अपने भीतर लौटने लगता है— अपने विचारों को सुनने, अपने डर को समझने और अपनी वास्तविक आवश्यकताओं तथा केवल इच्छाओं के बीच अंतर पहचानने के लिए। अब जीवन केवल बाहर जीने की चीज़ नहीं रहती, बल्कि भीतर से समझने और अनुभव करने की प्रक्रिया भी बन जाती है।

यहीं वह बिंदु आता है जहाँ तुलना धीरे-धीरे अपना पूरा प्रभाव खोने लगती है।

अब किसी और की चमक आकर्षित नहीं करती, क्योंकि अपनी यात्रा का अर्थ स्पष्ट हो चुका होता है। किसी और की गति भय उत्पन्न नहीं करती, क्योंकि अपनी दिशा समझ में आ चुकी होती है। और किसी और का जीवन आदर्श नहीं लगता, क्योंकि अपना जीवन भी उतना ही अर्थपूर्ण और वास्तविक महसूस होने लगता है।

इसी अर्थ के साथ व्यक्ति धीरे-धीरे मानसिक स्वतंत्रता की ओर बढ़ता है, जहाँ वह यह समझने लगता है कि वास्तविक शांति तब नहीं मिलती जब सब कुछ मिल जाए, बल्कि तब मिलती है जब कुछ भी न होने पर भी भीतर एक स्थिरता बनी रहे।

और यही स्थिरता उसे उस स्थान तक ले जाती है जहाँ वह दूसरों की दुनिया में खोने के बजाय अपनी चेतना में जागना शुरू करता है।

अंततः यह समझ भीतर इतनी गहराई से बैठ जाती है कि मनुष्य जितना अधिक बाहर की दुनिया में अर्थ खोजता है, उतना ही वह अपने भीतर की स्पष्टता खोने लगता है, और जितना अधिक वह भीतर लौटता है, उतना ही बाहरी दुनिया का प्रभाव स्वाभाविक रूप से क्षीण होने लगता है। यही वह सूक्ष्म, लेकिन निर्णायक परिवर्तन है जो धीरे-धीरे पूरे जीवन के अनुभव की दिशा ही बदल देता है, जहाँ दृष्टि केवल देखने की नहीं रहती, बल्कि समझने की हो जाती है।

अब व्यक्ति यह प्रश्न नहीं करता कि दूसरों के पास क्या है, क्योंकि उसका ध्यान धीरे-धीरे इस ओर केंद्रित हो जाता है कि उसके भीतर क्या निर्मित हो रहा है। उसकी चेतना अब बाहरी उपलब्धियों की भीड़ में नहीं भटकती, बल्कि अपने भीतर के संतुलन और स्थिरता की खोज में अधिक सजग हो जाती है।

यह परिवर्तन किसी एक क्षण में उत्पन्न नहीं होता, बल्कि अनगिनत अनुभवों की परतों से गुजरकर आकार लेता है— कभी असफलताओं की चुपचाप सीखों से, कभी लंबे मौन के भीतर उठने वाले विचारों से, कभी टूटते हुए संबंधों के खालीपन से, और कभी उस गहन अकेलेपन से जहाँ व्यक्ति अंततः स्वयं के साथ रहना सीखता है। और वही अकेलापन, जिसे कभी बोझ समझा जाता था, धीरे-धीरे जीवन का सबसे मौन, लेकिन सबसे गहरा शिक्षक बन जाता है।

वह सिखाता है कि जीवन का संतुलन हमेशा बाहरी सहारे पर निर्भर नहीं होता। वह सिखाता है कि हर प्रश्न का उत्तर दूसरों के पास नहीं होता। और वह यह भी स्पष्ट कर देता है कि मनुष्य जितना कम बाहरी निर्भरता में जीता है, उतना ही अधिक वह भीतर से सुदृढ़ और स्थिर होता जाता है।

धीरे-धीरे यह भी स्पष्ट होने लगता है कि तुलना केवल एक साधारण आदत नहीं थी, बल्कि एक मानसिक धुंध थी, जिसने लंबे समय तक दृष्टि को ढककर रखा था। जब तक यह धुंध मौजूद रहती है, तब तक व्यक्ति अपने वास्तविक जीवन को उसकी संपूर्णता में देख ही नहीं पाता, क्योंकि उसकी दृष्टि हमेशा किसी और के जीवन के प्रतिबिंब से प्रभावित रहती है।

लेकिन जैसे ही यह धुंध धीरे-धीरे हटती है, वैसे ही वास्तविकता अपने स्पष्ट रूप में सामने आने लगती है। अब वह अपने छोटे-छोटे प्रयासों को भी पहचानने लगता है, अपनी सूक्ष्म प्रगति को भी महसूस करने लगता है, और अपनी धीमी गति को भी स्वीकार करने की क्षमता विकसित कर लेता है, बिना किसी आत्म-अस्वीकृति के बोझ के।

क्योंकि अब उसे यह गहराई से समझ आ चुका होता है कि जीवन में गति से अधिक महत्वपूर्ण दिशा होती है, और दिशा तभी स्पष्ट होती है जब मन भीतर से शांत और स्थिर हो।

यह शांति किसी बाहरी उपलब्धि का परिणाम नहीं होती, बल्कि उस आंतरिक स्वीकार से जन्म लेती है जिसमें व्यक्ति स्वयं से युद्ध करना छोड़ देता है। जब वह यह स्वीकार कर लेता है कि उसका उद्देश्य किसी और की नकल बनना नहीं, बल्कि अपने ही स्वभाव की पूर्णता की ओर बढ़ना है, तब भीतर का संघर्ष धीरे-धीरे समाप्त होने लगता है।

उसके बाद जीवन का स्वरूप ही बदल जाता है।

अब हर दिन केवल एक बोझिल पुनरावृत्ति नहीं रहता, बल्कि एक नया अवसर बन जाता है। अब हर अनुभव केवल परीक्षा नहीं, बल्कि समझ का एक संकेत प्रतीत होता है। और अब हर व्यक्ति किसी प्रतिस्पर्धी की तरह नहीं, बल्कि अपनी-अपनी अलग यात्रा के साथ उपस्थित एक अलग कहानी के रूप में दिखाई देने लगता है।

इसी दृष्टि के साथ जीवन का पूरा अर्थ धीरे-धीरे पुनः परिभाषित हो जाता है।

अब वह किसी और की चमक देखकर अपनी रोशनी को कम नहीं आंकता। अब वह किसी और की गति देखकर अपनी यात्रा को असफल नहीं मानता। और अब वह किसी और के जीवन को देखकर अपने अस्तित्व का मूल्य नहीं खोता।

क्योंकि अब यह स्पष्ट हो चुका होता है कि हर जीवन अपने समय, अपनी परिस्थितियों और अपनी गहराई के अनुसार विकसित होता है। कुछ लोग जल्दी समझते हैं, कुछ देर से; कुछ तेज़ी से आगे बढ़ते हैं, कुछ धीरे-धीरे भीतर गहराते हैं, लेकिन हर यात्रा अपने भीतर एक स्वतंत्र अर्थ रखती है।

जब यह समझ भीतर स्थिर हो जाती है, तब मनुष्य वास्तव में मुक्त होने लगता है।

यह मुक्ति बाहरी दुनिया से पलायन नहीं होती, बल्कि भीतर की अनावश्यक अपेक्षाओं से धीरे-धीरे मुक्त होने की प्रक्रिया होती है। यह मुक्ति दूसरों से नहीं, बल्कि स्वयं से की जाने वाली उस निरंतर तुलना से होती है जिसने लंबे समय तक भीतर असंतुलन बनाए रखा था।

अब मन हल्का होने लगता है, विचार अधिक स्पष्ट और सरल हो जाते हैं, और जीवन पहले की अपेक्षा अधिक वास्तविक रूप में दिखाई देने लगता है।

अब वह यह नहीं सोचता कि वह कहाँ खड़ा है, बल्कि यह समझने लगता है कि वह किस दिशा में और क्यों आगे बढ़ रहा है। अब वह दूसरों की स्थिति से स्वयं को नहीं तौलता, बल्कि अपने भीतर हो रहे परिवर्तन को अधिक महत्व देने लगता है। और इसी समझ के साथ वह यह भी स्वीकार कर लेता है कि परिवर्तन ही जीवन का सबसे स्थायी सत्य है।

यही स्वीकृति उसे स्थिर बनाती है, लेकिन जड़ नहीं; शांत बनाती है, लेकिन निष्क्रिय नहीं; और संतुलित बनाती है, लेकिन उदासीन नहीं।

और इसी संतुलन में वह पहली बार जीवन को केवल देखने के लिए नहीं, बल्कि वास्तव में जीने के लिए तैयार होता है।

क्योंकि अब जीवन केवल तुलना नहीं रह जाता, केवल प्रतिस्पर्धा नहीं रह जाता, बल्कि एक गहन अनुभव बन जाता है— जिसे समझा भी जाता है, महसूस भी किया जाता है, और भीतर तक जिया भी जाता है।

और इसी समझ के साथ यह अध्याय अपने स्वाभाविक समापन तक पहुँचता है, जहाँ मनुष्य अंततः बाहरी दुनिया की हलचल से अधिक अपने भीतर की स्थिरता में जीना सीख चुका होता है।

6

भीतर की थकान

कभी-कभी शरीर थकता नहीं, मन थक जाता है। और मन की यह थकान ऐसी नहीं होती जिसे केवल नींद पूरी करके मिटाया जा सके। यह एक ऐसी परत की तरह भीतर जमती चली जाती है, जो बाहर से दिखाई नहीं देती, लेकिन भीतर के पूरे अनुभव को धीमे-धीमे भारी करती रहती है।

सुबह आँखें खुलती हैं, दिन अपनी सामान्य गति से आगे बढ़ता है, काम चलते रहते हैं, लोग मिलते-जुलते रहते हैं, बातचीत भी होती रहती है— फिर भी भीतर कहीं एक सूक्ष्म-सी भारीपन की परत बनी रहती है। सब कुछ बाहर से ठीक प्रतीत होता है, लेकिन भीतर कुछ ऐसा होता है जो ठीक होते हुए भी पूर्ण नहीं लगता।

यह थकान अचानक उत्पन्न नहीं होती। यह धीरे-धीरे, लगभग अनजाने में जमा होती जाती है— हर अनकहे शब्द के साथ, हर अनसुनी भावना के साथ, हर उस क्षण के साथ जब व्यक्ति ने अपने भीतर के सच को दबाकर बाहर की सुविधा के अनुसार मुस्कान चुन ली होती है।

शुरुआत में यह सब सामान्य लगता है। थोड़ी-सी उदासी, थोड़ा-सा मानसिक दबाव, थोड़ा-सा भावनात्मक बोझ— और ऐसा विश्वास कि समय के साथ सब अपने आप ठीक हो जाएगा। लेकिन यह थकान समय के साथ स्वयं समाप्त नहीं होती, बल्कि भीतर स्थान बनाती जाती है। और जब यह स्थान लगातार भरता जाता है, तब व्यक्ति को इसका वास्तविक भार महसूस होने लगता है।

धीरे-धीरे व्यक्ति कम बोलने लगता है, हर बात पर प्रतिक्रिया देना कम कर देता है, और अपने अनुभवों को साझा करने की इच्छा भी घटने लगती है। उसे लगने लगता है कि समझाने से अधिक आसान चुप रहना है, और शायद चुप रहना ही सबसे सुरक्षित विकल्प है।

लेकिन यह चुप्पी खाली नहीं होती। इसमें बहुत कुछ भरा होता है— अधूरी अपेक्षाएँ, अनकहे प्रश्न, अधूरी हुई समझ, और वह थकान जो बार-बार स्वयं को मजबूत दिखाने की

कोशिश से धीरे-धीरे भीतर इकट्ठा होती गई होती है।

सबसे गहरी थकान वही होती है जो दिखाई नहीं देती।

किसी के पूछने पर उत्तर सरल होता है— "सब ठीक है।" लेकिन उस सरल उत्तर के भीतर पूरा एक अनकहा संघर्ष छिपा होता है, जिसे न तो शब्द पूरी तरह व्यक्त कर पाते हैं और न ही सामने वाला समझ पाता है।

मनुष्य अपने जीवन में लगातार कई भूमिकाएँ निभाता है— कहीं वह मजबूत बनता है, कहीं वह समझदार दिखाई देता है, कहीं वह सबको संभालने वाला व्यक्ति बन जाता है, और कहीं वह मुस्कुराते हुए सब कुछ सामान्य बनाए रखने की कोशिश करता है। लेकिन इन सब भूमिकाओं के बीच धीरे-धीरे वह स्वयं से दूर होने लगता है।

और यही दूरी भीतर की थकान का सबसे बड़ा कारण बनती है।

जब व्यक्ति लगातार स्वयं को समझाता रहता है, जब वह हर स्थिति में खुद को संभालने की जिम्मेदारी अकेले उठाता है, जब वह हर दर्द को बिना साझा किए भीतर ही दबाता रहता है— तब भीतर एक अदृश्य भार जमा होने लगता है। यह भार दिखाई नहीं देता, लेकिन उसकी उपस्थिति हर क्षण महसूस होती रहती है।

कभी अचानक बिना किसी स्पष्ट कारण के उदासी घेर लेती है। कभी मन बिल्कुल खाली-सा हो जाता है। कभी सब कुछ होते हुए भी कुछ भी अर्थपूर्ण नहीं लगता। यह सब उसी भीतर जमी हुई थकान के संकेत होते हैं।

यह थकान शरीर की नहीं होती, यह भावनाओं की होती है। यह उन क्षणों की होती है जब व्यक्ति ने अपने भीतर की आवाज़ को लगातार अनसुना किया होता है। यह उन रातों की होती है जब वह जागते हुए भी किसी से कुछ कह नहीं पाया होता है। यह उन संबंधों की होती है जहाँ उसने स्वयं को समझाने की कोशिश तो की, लेकिन भीतर से वह समझा नहीं गया।

धीरे-धीरे व्यक्ति अपने ही भीतर सिकुड़ने लगता है।

अब चीज़ों में पहले जैसा उत्साह नहीं रहता। छोटी-छोटी बातें भी भारी लगने लगती हैं। लोगों के बीच होते हुए भी भीतर एक अजीब-सी दूरी महसूस होती है— जैसे वह मौजूद तो है, लेकिन कहीं भीतर अनुपस्थित हो गया हो।

यह दूरी बाहर की नहीं होती, यह भीतर की होती है।

सबसे अजीब बात यह होती है कि बाहर की दुनिया उसे पूरी तरह सामान्य समझती रहती है। लोग मान लेते हैं कि वह बस थोड़ा शांत हो गया है, थोड़ा कम बोलता है, लेकिन ठीक है। जबकि वास्तविकता यह होती है कि भीतर एक लगातार चलती हुई थकान होती है, जिसे कोई देख नहीं पाता।

इस स्थिति में व्यक्ति अक्सर स्वयं को ही दोष देने लगता है। उसे लगता है कि वह कमजोर हो रहा है, कि उसे हर हाल में खुश रहना चाहिए, कि उसे सब कुछ सामान्य बनाए रखना चाहिए। लेकिन वह यह नहीं समझ पाता कि समस्या उसकी कमजोरी नहीं है, बल्कि भीतर जमा हुई वह भावनात्मक थकान है जो लंबे समय से अनदेखी की जा रही थी।

यह थकान तब और गहरी हो जाती है जब व्यक्ति हर समय स्वयं को मजबूत बनाए रखने का दबाव अपने ऊपर डाल लेता है। क्योंकि लगातार मजबूत बने रहना भी एक अदृश्य तनाव है, लगातार ठीक दिखना भी एक मानसिक संघर्ष है, और हर परिस्थिति को अकेले संभालते रहना भी एक भारी बोझ है।

समय के साथ यह बोझ धीरे-धीरे बढ़ता जाता है और एक दिन व्यक्ति को अचानक यह एहसास होता है कि वह थका हुआ है— बिना किसी स्पष्ट कारण के।

लेकिन कारण बाहर नहीं होता, कारण भीतर होता है।

यही वह बिंदु होता है जहाँ आत्मा को ठहरने की आवश्यकता होती है— कुछ समय के लिए रुकना, स्वयं को बिना निर्णय के देखना, और यह स्वीकार करना कि हमेशा मजबूत बने रहना आवश्यक नहीं है।

क्योंकि थकान कमजोरी का प्रमाण नहीं होती, बल्कि इस बात का संकेत होती है कि व्यक्ति ने बहुत कुछ सहा है, बहुत कुछ संभाला है, और बहुत कुछ बिना साझा किए अकेले जिया है।

और जब यह समझ भीतर गहराई से उतर जाती है, तब धीरे-धीरे एक प्रकार की राहत महसूस होने लगती है। अब हर चीज़ से संघर्ष करने की आवश्यकता कम हो जाती है। हर बात को सिद्ध करने का दबाव हल्का होने लगता है। और हर दिन को भारी बनाने की आदत धीरे-धीरे ढीली पड़ने लगती है।

क्योंकि व्यक्ति यह समझने लगता है कि थकना भी जीवन का ही एक हिस्सा है, और कभी-कभी रुक जाना भी आगे बढ़ने की एक मौन, लेकिन आवश्यक प्रक्रिया होती है।

अब यह समझ और गहरी होने लगती है कि हर थकान का समाधान केवल आगे बढ़ते रहना नहीं होता, बल्कि कई बार स्वयं के भीतर लौटकर रुक जाना भी उतना ही आवश्यक होता है। जीवन की गति में व्यक्ति इतना उलझ जाता है कि वह यह भूलने लगता है कि निरंतर चलना ही प्रगति नहीं होती, बल्कि सही दिशा में संतुलित रहना भी उतना ही महत्वपूर्ण है। वह बाहरी जिम्मेदारियों को निभाते-निभाते अपने भीतर की उपस्थिति को धीरे-धीरे खो देता है, और फिर एक समय ऐसा आता है जब सब कुछ होते हुए भी भीतर कुछ खाली-सा महसूस होने लगता है।

यह खालीपन किसी अचानक घटना का परिणाम नहीं होता, बल्कि यह वर्षों की अनदेखी का संचय होता है। हर उस क्षण का, जब व्यक्ति ने अपनी थकान को महत्व नहीं दिया, हर उस दिन का, जब उसने अपने मन की असहमति को चुप करा दिया, और हर उस रिश्ते का, जहाँ उसने स्वयं को समझाने की कोशिश की लेकिन स्वयं को ही पीछे छोड़ दिया। धीरे-धीरे यह सब मिलकर एक ऐसा भार बन जाता है जो दिखाई नहीं देता, पर महसूस हर कदम पर होता है।

समय के साथ व्यक्ति बाहर से सामान्य बना रहता है, लेकिन भीतर एक सूक्ष्म-सी टूटन लगातार बनी रहती है। वह अपने कार्यों को निभाता रहता है, लोगों से मिलता-जुलता

रहता है, अपनी जिम्मेदारियाँ पूरी करता रहता है, लेकिन उन सबके बीच उसकी आंतरिक उपस्थिति कहीं धुंधली पड़ने लगती है। उसे स्वयं ही यह समझ नहीं आता कि उसे क्या कमी खल रही है, क्योंकि बाहर से देखने पर तो जीवन ठीक ही चलता दिखाई देता है।

यही वह स्थान है जहाँ सबसे बड़ी गलतफहमी जन्म लेती है। व्यक्ति यह मान लेता है कि शायद समस्या उसके बाहर नहीं, उसके भीतर ही कोई कमजोरी है, जबकि वास्तविकता यह होती है कि वह कमजोरी नहीं, बल्कि लगातार दबाई गई थकान होती है। वह थकान जो धीरे-धीरे उसकी संवेदनशीलता को भारी बना देती है और उसकी ऊर्जा को भीतर ही कहीं रोक लेती है।

इस अवस्था में सबसे अधिक कठिनाई इस बात की होती है कि व्यक्ति स्वयं को समझ नहीं पाता। उसे लगता है कि उसे और मजबूत होना चाहिए, और बेहतर प्रदर्शन करना चाहिए, और अधिक सक्षम बनना चाहिए। लेकिन वह यह नहीं देख पाता कि वह पहले ही बहुत कुछ संभाल चुका है, और अब उसे शक्ति नहीं, बल्कि विश्राम की आवश्यकता है।

जब यह समझ धीरे-धीरे भीतर उतरने लगती है, तब जीवन का दृष्टिकोण बदलने लगता है। व्यक्ति यह स्वीकार करने लगता है कि वह केवल कार्य करने वाला अस्तित्व नहीं है, बल्कि अनुभव करने वाला मनुष्य भी है। और अनुभव करने के लिए केवल सक्रियता नहीं, बल्कि ठहराव भी आवश्यक होता है।

यही ठहराव धीरे-धीरे भीतर की परतों को हल्का करने लगता है। विचारों की गति धीमी पड़ती है, भावनाओं का दबाव कम होने लगता है, और वह लगातार चलती हुई बेचैनी कुछ क्षणों के लिए शांत हो जाती है। यह शांति किसी बाहरी परिवर्तन से नहीं आती, बल्कि स्वयं के प्रति ईमानदार होने से जन्म लेती है।

अब व्यक्ति यह समझने लगता है कि हर समय सब कुछ ठीक दिखाना आवश्यक नहीं है, और हर समय मजबूत बने रहना भी जीवन का अंतिम सत्य नहीं है। कभी-कभी टूटना भी एक संकेत होता है कि भीतर बहुत कुछ लंबे समय से बिना सुने दबा हुआ था। और जब उसे सुना जाता है, तब धीरे-धीरे भीतर की जकड़न ढीली पड़ने लगती है।

इस प्रक्रिया में एक और महत्वपूर्ण परिवर्तन आता है। व्यक्ति स्वयं को दोष देना कम कर देता है। वह यह समझने लगता है कि उसकी थकान उसकी असफलता नहीं है, बल्कि उसके लंबे समय तक लगातार प्रयास करने का परिणाम है। और यह स्वीकार ही उसे भीतर से थोड़ा हल्का करने लगता है।

धीरे-धीरे जीवन फिर से एक संतुलित स्वरूप लेने लगता है, जहाँ हर दिन संघर्ष जैसा नहीं लगता, बल्कि एक सामान्य प्रवाह की तरह अनुभव होता है। अपेक्षाएँ कम हो जाती हैं, दबाव घट जाता है, और भीतर एक ऐसी जगह बनती है जहाँ व्यक्ति बिना किसी भूमिका के केवल स्वयं के साथ रह सकता है।

और यही वह स्थान होता है जहाँ वास्तविक पुनर्निर्माण शुरू होता है। बाहर से नहीं, भीतर से। जहाँ थकान समाप्त नहीं होती, लेकिन उसका भार समझ लिया जाता है। और समझ ही

वह पहला कदम होता है जो मनुष्य को फिर से स्वयं के निकट ले आता है।

अब इस स्थिरता के भीतर एक अलग ही प्रकार की स्पष्टता जन्म लेने लगती है। पहले जहाँ हर क्षण कुछ पाने की बेचैनी मन पर हावी रहती थी, वहीं अब उसी जीवन में एक शांत और गहरा स्वीकार आकार लेने लगता है। यह स्वीकार किसी हार का परिणाम नहीं होता, बल्कि लंबे संघर्षों के बाद प्राप्त हुआ वह संतुलन होता है जहाँ मन अंततः स्वयं को थोड़ा विश्राम देने लगता है।

इस अवस्था में व्यक्ति अपने दिन को किसी दौड़ की तरह देखना छोड़ देता है, जहाँ हर घंटे को जीतने की बाध्यता हो। अब हर क्षण को साबित करने की आवश्यकता भी धीरे-धीरे समाप्त होने लगती है, क्योंकि भीतर यह समझ विकसित हो जाती है कि जीवन केवल उपलब्धियों का क्रम नहीं, बल्कि अनुभवों की एक निरंतर चलती हुई प्रक्रिया है।

धीरे-धीरे यह भी स्पष्ट होने लगता है कि भीतर जो थकान वर्षों से जमा होती रही, उसका कारण केवल कार्यभार नहीं था, बल्कि वह मानसिक दबाव था जिसमें व्यक्ति लगातार स्वयं को किसी बाहरी या आंतरिक मानक पर खरा उतारने का प्रयास करता रहा। कभी समाज की अपेक्षाएँ, कभी परिवार की आकांक्षाएँ, और कई बार स्वयं द्वारा गढ़े गए आदर्श—इन सबने मिलकर एक ऐसा दबाव बना दिया था जो बाहर से दिखाई नहीं देता, पर भीतर लगातार भारी होता जाता है।

सबसे गहरा बोझ वही होता है जो व्यक्ति स्वयं अपने ऊपर डाल लेता है, क्योंकि उससे बचने का कोई स्पष्ट मार्ग दिखाई नहीं देता।

लेकिन जब यह समझ धीरे-धीरे भीतर उतरने लगती है, तब यह दबाव स्वयं हल्का होने लगता है। व्यक्ति यह स्वीकार करने लगता है कि हर दिन उत्कृष्ट होना आवश्यक नहीं है, हर क्षण मजबूत बने रहना अनिवार्य नहीं है, और हर परिस्थिति में पूर्णता का दिखावा करना भी जरूरी नहीं है। यह स्वीकार मन में एक कोमल राहत की तरह फैलता है, जो भीतर की कठोरता को धीरे-धीरे पिघलाने लगता है।

अब व्यक्ति स्वयं को वह स्थान देने लगता है जिसकी उसे लंबे समय से आवश्यकता थी। वह अपनी थकान को केवल महसूस ही नहीं करता, बल्कि उसे स्वीकार भी करने लगता है। वह अपनी सीमाओं को कमजोरी के रूप में नहीं, बल्कि मानवीय वास्तविकता के रूप में देखने लगता है। यही दृष्टिकोण उसे टूटने से बचाता है, क्योंकि अब वह स्वयं से संघर्ष करना कम कर देता है।

जो व्यक्ति लगातार अपनी थकान को नकारता रहता है, वह धीरे-धीरे भीतर से रिक्त होने लगता है, जबकि जो व्यक्ति उसे स्वीकार कर लेता है, वह धीरे-धीरे भीतर से पुनः भरने लगता है।

अब हर दिन एक समान अनुभव नहीं रहता। कुछ दिन स्वाभाविक रूप से भारी प्रतीत होते हैं, कुछ दिन हल्के महसूस होते हैं, और कुछ दिन केवल साधारण-से गुजर जाते हैं। परंतु अब व्यक्ति इन दिनों से संघर्ष नहीं करता, बल्कि उन्हें समझने लगता है। यही परिवर्तन

उसकी आंतरिक ऊर्जा को पुनर्गठित करने लगता है।

अब प्रतिक्रिया देने की आवश्यकता भी पहले जैसी नहीं रहती। हर स्थिति को नियंत्रित करने का आग्रह कम होने लगता है, और हर संबंध में स्वयं को सिद्ध करने की चाह भी धीरे-धीरे समाप्त हो जाती है। इसके पीछे यह समझ कार्य करने लगती है कि जीवन की हर दिशा पूर्णतः व्यक्ति के नियंत्रण में नहीं होती।

यह स्वीकार भीतर की थकान को और अधिक कम करता है, क्योंकि नियंत्रण की आवश्यकता कम होते ही मन का दबाव भी घटने लगता है।

धीरे-धीरे व्यक्ति अपने जीवन को एक नई दृष्टि से देखने लगता है। अब उसका प्रश्न यह नहीं रहता कि उसे कितना आगे पहुँचना है, बल्कि यह होता है कि वह जहाँ भी है, वहाँ कितनी स्थिरता के साथ रह सकता है। वह यह नहीं सोचता कि उसे कितना और प्राप्त करना है, बल्कि यह देखने लगता है कि जो उसके पास है, उसे वह कितनी गहराई से अनुभव कर सकता है। और वह स्वयं की तुलना दूसरों से करने के बजाय अपने ही भीतर हो रहे परिवर्तन को देखने लगता है।

यह दृष्टि भीतर की अनावश्यक दौड़ को शांत कर देती है। मन से वह पुरानी जल्दबाजी धीरे-धीरे समाप्त होने लगती है, विचारों में जमे तनाव की परतें ढीली पड़ने लगती हैं, और भीतर का असंतोष भी धीरे-धीरे अपनी पकड़ खो देता है।

क्योंकि यह समझ स्पष्ट होने लगती है कि थकान केवल कार्यों का परिणाम नहीं थी, बल्कि स्वयं से लगातार बना रहने वाला असंतोष भी उसका एक बड़ा कारण था।

अब व्यक्ति स्वयं के प्रति अधिक कोमल और स्वीकारशील होने लगता है। वह अपनी गलतियों को बिना आत्म-आलोचना के स्वीकार करता है, अपनी धीमी गति को बिना तुलना के समझता है, और अपने संघर्षों को दंड की तरह नहीं, बल्कि विकास की प्रक्रिया की तरह देखने लगता है।

यहीं से भीतर एक नई प्रकार की ऊर्जा जन्म लेती है, जो न तो शोर करती है और न ही प्रतिस्पर्धा में उलझती है। यह ऊर्जा शांत होती है, गहरी होती है और भीतर स्थिरता का अनुभव कराती है। इसी ऊर्जा के साथ व्यक्ति जीवन को पुनः महसूस करना शुरू करता है, केवल उसे जीता नहीं है।

थकान पूरी तरह समाप्त नहीं होती, पर उसका स्वरूप बदल जाता है। अब वह बोझ नहीं रहती, बल्कि एक संकेत बन जाती है—एक ऐसा संकेत जो यह याद दिलाता है कि शरीर और मन दोनों को विश्राम की आवश्यकता होती है, और निरंतर गति के साथ ठहराव भी जीवन का अनिवार्य हिस्सा है।

धीरे-धीरे यही संकेत व्यक्ति को स्वयं के साथ पुनः जोड़ने लगते हैं, और यही जुड़ाव बिना किसी संघर्ष के, बिना किसी भागदौड़ के भीतर की थकान को शांत करने लगता है।

अब यह जुड़ाव धीरे-धीरे इतना स्वाभाविक हो जाता है कि व्यक्ति को इसका अलग से एहसास भी नहीं रहता। पहले जहाँ हर सुबह एक भारी शुरुआत की तरह महसूस होती थी,

वहीं अब वही दिन एक सहज प्रवाह में ढलने लगता है। न किसी उपलब्धि का अनिवार्य दबाव, न हर समय कुछ साबित करने की दौड़, और न ही भीतर किसी अदृश्य असंतोष की निरंतर खिंचाव।

यह परिवर्तन बाहर से देखने पर साधारण प्रतीत होता है, लेकिन भीतर यह एक गहन पुनर्संरचना होती है, जहाँ मन धीरे-धीरे अपनी अनावश्यक जकड़नें छोड़ने लगता है।

अब व्यक्ति अपने समय को केवल उपयोग करने की वस्तु नहीं मानता, बल्कि उसे सम्मान देने लगता है। वह हर क्षण को खालीपन नहीं समझता, बल्कि उसे पुनर्स्थापन का अवसर मानता है। उसे यह समझ आने लगती है कि निरंतर भरा रहना ही जीवन की उत्पादकता नहीं है; कभी-कभी रिक्तता भी आवश्यक होती है, ताकि भीतर का संतुलन फिर से स्थापित हो सके।

धीरे-धीरे उसकी प्राथमिकताएँ एक नई दिशा लेने लगती हैं।

हर बात अब अनिवार्य नहीं लगती।
हर प्रतिक्रिया अब आवश्यक नहीं रह जाती।
हर परिस्थिति में स्वयं को शामिल करना अब एक मजबूरी नहीं रहती।

क्योंकि अब यह स्पष्ट हो चुका होता है कि हर जगह उपस्थित रहना ही जीवन की पूर्णता नहीं है। कुछ जगहों से पीछे हटना भी उतना ही आवश्यक है, जितना कुछ में आगे बढ़ना।

यही समझ भीतर एक प्राकृतिक हल्कापन पैदा करती है।

अब वह अपने दिन को भरने की कोशिश नहीं करता, बल्कि उसे समझने की कोशिश करता है। खाली समय अब दोष नहीं लगता, बल्कि एक पुनर्संचयन का अवसर बन जाता है। अकेलापन भी अब भय का कारण नहीं रहता, बल्कि एक शांत स्थान की तरह स्वीकार होने लगता है, जहाँ व्यक्ति स्वयं के साथ बिना किसी शोर के रह सकता है।

इस अवस्था में अकेलापन रिक्तता नहीं रहता, वह एक प्रकार का मानसिक विश्राम बन जाता है।

इसी बिंदु पर भीतर की थकान अपना स्वरूप बदलने लगती है। वह अब दबाव नहीं रहती, बल्कि एक सूक्ष्म संकेत बन जाती है जो यह बताता है कि गति के साथ-साथ ठहराव भी आवश्यक है। जीवन को लगातार तीव्रता में नहीं जिया जा सकता; उसे कभी-कभी धीमेपन की भी आवश्यकता होती है ताकि वह स्वयं को पुनः महसूस कर सके।

जब यह स्वीकार भीतर स्थिर हो जाता है, तब मन का अनावश्यक तनाव धीरे-धीरे ढीला पड़ने लगता है। विचारों की दौड़ धीमी हो जाती है, भावनाएँ कम उलझती हैं, और भीतर एक सहजता उभरने लगती है जो पहले दुर्लभ थी।

यह सहजता अचानक उत्पन्न नहीं होती; यह धीरे-धीरे निर्मित होती है। हर उस दिन के साथ जब व्यक्ति ने स्वयं को थोड़ा समय दिया, हर उस क्षण के साथ जब उसने अपनी थकान को दबाया नहीं, और हर उस रात के साथ जब उसने अपने भीतर की आवाज़ को अनसुना नहीं किया।

और यही स्वीकार धीरे-धीरे सबसे बड़ा परिवर्तन बन जाता है।

अब वह स्वयं से यह अपेक्षा नहीं रखता कि हर समय मजबूत ही बना रहे। वह यह समझने लगता है कि कमजोरी का अनुभव करना भी मानव जीवन का स्वाभाविक भाग है। वह यह भी स्वीकार करता है कि हर परिस्थिति को अकेले संभालना आवश्यक नहीं होता।

यह दृष्टिकोण भीतर के दबाव को गहराई से कम कर देता है।

धीरे-धीरे जीवन के प्रति उसका दृष्टिकोण बदलने लगता है। कठिनाइयाँ अब केवल समस्याएँ नहीं रहतीं, वे अनुभव बन जाती हैं। असफलताएँ केवल गिरावट नहीं रहतीं, वे संकेत बन जाती हैं। थकान अब केवल कमजोरी नहीं रहती, वह एक चेतावनी बन जाती है—एक ऐसा संकेत जो याद दिलाता है कि मन और शरीर दोनों को ठहराव चाहिए।

जब व्यक्ति इन संकेतों को समझने लगता है, तब वह स्वयं के प्रति अधिक सजग और संवेदनशील हो जाता है। वह अपने शरीर की सीमाओं को सुनने लगता है, मन की धीमी आवाज़ों को पहचानने लगता है, और अपनी ऊर्जा की वास्तविक स्थिति को समझने लगता है।

यही समझ उसे संतुलन की ओर ले जाती है।

अब वह जीवन को दो अलग हिस्सों—कार्य और विश्राम—में विभाजित नहीं करता। दोनों को वह एक ही प्रवाह का हिस्सा मानने लगता है। उसे यह स्पष्ट हो जाता है कि जीवन केवल करने की प्रक्रिया नहीं है, बल्कि अनुभव करने की भी एक निरंतर यात्रा है।

इसी संतुलन में भीतर की थकान धीरे-धीरे अपना भार खोने लगती है।

अब वह हर दिन को जीतने का प्रयास नहीं करता, बल्कि उसे जीने की कोशिश करता है। हर क्षण को बदलने की जिद नहीं रहती, बल्कि उसे समझने की प्रवृत्ति विकसित हो जाती है। और स्वयं के साथ संघर्ष धीरे-धीरे समाप्त होने लगता है।

यही वह बिंदु है जहाँ भीतर एक गहरी, स्थिर शांति जन्म लेती है।

यह शांति बाहरी परिस्थितियों के शांत होने से नहीं आती, और न ही दुनिया के बदल जाने से। यह तब जन्म लेती है जब व्यक्ति अपने ही भीतर चल रहे संघर्ष को समाप्त कर देता है।

और इसी शांति में भीतर की थकान धीरे-धीरे बिना किसी प्रयास के, स्वाभाविक रूप से विलीन होने लगती है।

यह विलय अचानक नहीं होता, यह एक धीमी और लगभग अदृश्य प्रक्रिया है, जैसे कोई पुरानी नदी अपने वर्षों पुराने रास्ते को छोड़ते-छोड़ते अंततः किसी शांत समुद्र में जाकर स्वयं को सौंप देती है। इसमें न कोई शोर होता है, न कोई घोषणा, केवल एक निरंतर और सहज प्रवाह होता है जो भीतर जमे हुए तनाव को पीछे छोड़ता हुआ आगे बढ़ता रहता है।

थकान, जो कभी एक भारी पत्थर जैसी महसूस होती थी, अब धीरे-धीरे एक दूरस्थ स्मृति में बदलने लगती है, जिसका भार अब वर्तमान पर नहीं पड़ता।

अब व्यक्ति उसे हर क्षण अपने साथ नहीं ढोता, वह उसे अपनी पहचान नहीं बनाता, और वह उसे अपनी नियति भी नहीं मानता। अब वह केवल इतना समझने लगता है कि वह थका था, और यह थकान किसी कमी का प्रमाण नहीं थी, बल्कि उसकी मानवीय सीमा का स्वाभाविक और स्वीकार्य विस्तार थी।

इसी स्वीकार में एक मौन-सी, गहरी और स्थिर मुक्ति छिपी होती है, जो भीतर के दबाव को बिना किसी संघर्ष के धीरे-धीरे हल्का कर देती है।

अब सुबहें पहले जैसी नहीं रहतीं, उनमें एक हल्की-सी पारदर्शिता और कोमलता उतर आती है, जैसे जीवन ने स्वयं अपनी गति को थोड़ा शांत कर लिया हो। हवा भी पहले से अधिक हल्की लगने लगती है, और साधारण क्षणों में भी एक सूक्ष्म-सा अर्थ दिखाई देने लगता है, जो पहले दृष्टि से अनदेखा रह जाता था।

वह मन, जो कभी हर चीज़ को पकड़कर रखने के लिए बेचैन रहता था, अब धीरे-धीरे छोड़ना सीखने लगता है।

यहाँ "छोड़ना" किसी हार का नाम नहीं है, यह किसी टूटने की प्रक्रिया भी नहीं है, बल्कि यह एक परिपक्व समझ है कि हर चीज़ को थामे रहना आवश्यक नहीं होता, और कई बार प्रवाह के साथ बह जाना ही सबसे शांत और बुद्धिमान विकल्प होता है।

इसी बदलाव के साथ व्यक्ति अपने भीतर एक नई भाषा सीखने लगता है, और वह भाषा मौन की भाषा होती है, जिसमें शब्द कम होते हैं, लेकिन अर्थ अधिक गहरे होते हैं, जहाँ प्रतिक्रिया धीमी होती है, लेकिन अनुभूति अधिक स्पष्ट और गहन होती है।

अब वह हर बात पर तुरंत प्रतिक्रिया देने की आदत से बाहर आने लगता है, वह पहले सुनना सीखता है, फिर समझना सीखता है, और केवल आवश्यकता होने पर ही बोलता है।

यह परिवर्तन उसके भीतर के तनाव को धीरे-धीरे और लगातार कम कर देता है, क्योंकि बहुत-सी थकानें वास्तव में परिस्थितियों से नहीं, बल्कि अनावश्यक प्रतिक्रियाओं और भीतर की जल्दबाजी से जन्म लेती हैं।

अब वह यह भी समझने लगता है कि हर जगह उपस्थित रहना आवश्यक नहीं है, हर बहस में शामिल होना जरूरी नहीं है, और हर भावना को तुरंत शब्द देना भी हमेशा अनिवार्य नहीं होता, क्योंकि कुछ अनुभव भीतर ही परिपक्व हो जाते हैं और अपना प्रभाव स्वयं छोड़ जाते हैं।

यहीं से भीतर एक स्थिर और गहरी परिपक्वता जन्म लेती है, जो व्यक्ति को भीतर से अधिक शांत और संतुलित बनाती है।

अब वह अपने अतीत को भी एक अलग दृष्टि से देखने लगता है, जहाँ पहले केवल दर्द दिखाई देता था, वहाँ अब अनुभव उभरने लगते हैं, जहाँ पहले केवल हार का भाव था, वहाँ अब सीख की स्पष्ट रेखाएँ दिखाई देने लगती हैं, और जहाँ पहले केवल थकान थी, वहाँ अब एक पूरी यात्रा का अर्थ दिखाई देने लगता है।

एक ऐसी यात्रा, जिसमें हर कदम आवश्यक था, चाहे वह आसान था या कठिन।

धीरे-धीरे यह भी स्पष्ट होने लगता है कि थकान का सबसे बड़ा कारण केवल काम नहीं था, बल्कि "लगातार बने रहने" का अदृश्य दबाव था, जिसमें हर समय मजबूत दिखने की अपेक्षा, हर समय सही बने रहने की मजबूरी, और हर स्थिति में स्वयं को साबित करने की आदत शामिल थी।

अब यह दबाव धीरे-धीरे अपनी पकड़ ढीली करने लगता है, और व्यक्ति स्वयं को कुछ मूलभूत अनुमतियाँ देने लगता है।

वह स्वयं को गलत होने की अनुमति देता है, वह स्वयं को धीमे चलने की अनुमति देता है, और वह स्वयं को कभी-कभी बस रुक जाने की अनुमति देता है, बिना किसी अपराधबोध के।

यही अनुमति भीतर की दुनिया को धीरे-धीरे बदल देती है और उसे अधिक वास्तविक बनाती है।

अब वह जीवन को किसी परीक्षा की तरह नहीं देखता, अब वह हर दिन को पास या फेल में नहीं बाँटता, और अब वह यह समझने लगता है कि जीवन कोई अंक-संरचना नहीं है, बल्कि एक निरंतर प्रवाह है जिसमें हर अनुभव अपनी जगह पर सही होता है।

इसी दृष्टि के साथ भीतर की थकान धीरे-धीरे अर्थ में बदलने लगती है, और उसका स्वरूप पूरी तरह बदल जाता है।

अब वह यह कहने में सक्षम होता है कि वह केवल थका नहीं था, बल्कि वह विकसित हो रहा था, अब वह समझ पाता है कि उसकी चुप्पी कमजोरी नहीं थी, बल्कि वह भीतर चल रही प्रक्रिया थी, और अब वह यह भी देख पाता है कि उसका अकेलापन खाली नहीं था, बल्कि वह पुनर्निर्माण का समय था।

जब यह समझ पूरी तरह स्थापित हो जाती है, तब भीतर कुछ टूटता नहीं है, बल्कि एक पुराना और अनदेखा बोझ स्वयं धीरे-धीरे नीचे गिर जाता है, बिना किसी प्रयास के और बिना किसी संघर्ष के।

और जो बचता है, वह एक सरल, स्थिर और स्पष्ट चेतना होती है, जो न भागती है, न लड़ती है, और न ही स्वयं को साबित करने में उलझती है, वह बस देखती है, समझती है, और आगे बढ़ती है।

यहीं थकान समाप्त नहीं होती, वह अपना स्वरूप बदल लेती है, और उसी परिवर्तन में वह एक ऐसी शांति बन जाती है जो अब थकती नहीं है।

अब यह शांति किसी उपलब्धि की तरह नहीं लगती, बल्कि एक स्वाभाविक अवस्था बन जाती है, जैसे कोई व्यक्ति लंबे समय तक तेज़ धूप में चलने के बाद अचानक छाँव में आकर बिना किसी प्रयास के बस ठहर जाए। न किसी उत्साह का शोर होता है, न किसी संघर्ष की आवाज़, केवल एक गहरी और स्थिर शांति होती है, जो भीतर को धीरे-धीरे उसके मूल स्वरूप में लौटने देती है।

व्यक्ति अब यह समझ चुका होता है कि थकान का अर्थ कभी टूटना नहीं था। वह केवल एक संकेत था कि जीवन बहुत देर तक एक ही दिशा में खिंचता रहा, बिना भीतर की आवाज़ को सुने, बिना अपने अस्तित्व की आवश्यकताओं को समझे। और जब सुनना शुरू हुआ, तब रास्ता नहीं बदला, बल्कि दृष्टि बदल गई।

यही इस पूरे परिवर्तन का सबसे गहरा बिंदु होता है।

अब वह अपने जीवन को दोष नहीं देता, अब वह अपने समय को कोसता नहीं है, और अब वह अपनी धीमी गति को किसी कमी की तरह नहीं देखता।

क्योंकि उसे यह स्पष्ट समझ आ चुका होता है कि हर गति का अपना समय होता है, और हर ठहराव का अपना एक अर्थ होता है, जो उतना ही आवश्यक है जितना आगे बढ़ना।

धीरे-धीरे वह किसी निष्कर्ष तक नहीं पहुँचता, बल्कि एक अनुभव में स्थिर होने लगता है कि भीतर की थकान कोई अंतिम अवस्था नहीं थी, बल्कि एक संक्रमण था—एक ऐसी मध्य स्थिति, जहाँ पुराना स्वरूप धीरे-धीरे समाप्त हो रहा था और नया स्वरूप अभी पूरी तरह आकार नहीं ले पाया था।

और इसी मध्य का समय सबसे अधिक भारी लगता है, लेकिन वही सबसे आवश्यक भी होता है, क्योंकि यहीं भीतर का पुनर्निर्माण शुरू होता है।

अब वह उस भारीपन से भी भागता नहीं है, क्योंकि उसे यह समझ आ जाता है कि भागना ही थकान को गहरा करता है, और उसे रोककर देखना ही धीरे-धीरे उसे हल्का करता है।

अब भीतर किसी प्रकार का युद्ध शेष नहीं रहता, न स्वयं से, न परिस्थितियों से, और न ही समय से।

बस एक सरल-सी समझ बची रहती है कि जीवन हमेशा एक जैसा नहीं चलता, और मनुष्य भी हमेशा एक जैसा नहीं रह सकता।

यहीं से वास्तविक स्थिरता जन्म लेती है, जो किसी बाहरी नियंत्रण से नहीं, बल्कि भीतर की स्वीकार्यता से आती है।

अब वह उठता है, चलता है, रुकता है, लेकिन किसी अदृश्य दबाव के बिना। अब वह जीता है, लेकिन साबित करने की आवश्यकता के बिना। और अब वह आगे बढ़ता है, लेकिन भागने की मानसिकता के बिना।

और यही परिवर्तन उसे भीतर से हल्का कर देता है, जैसे वर्षों से रखा हुआ भार धीरे-धीरे स्वयं उतर गया हो।

धीरे-धीरे भीतर की थकान अपनी पकड़ छोड़ देती है, और उसके स्थान पर एक शांत, स्थिर और स्पष्ट चेतना रह जाती है, जो न थकती है, न टूटती है, और न ही किसी तुलना में उलझती है।

यही इस अध्याय का मौन समापन है—जहाँ थकान समाप्त नहीं होती, बल्कि समझ में रूपांतरित हो जाती है।

7

गिरता हुआ साहस

अध्याय 7

गिरता हुआ साहस

कभी-कभी मनुष्य भीतर से इतना खाली नहीं होता कि वह टूट जाए, बल्कि वह इतना थका होता है कि खड़े रहने की क्षमता ही धीरे-धीरे कम होने लगती है, और यह स्थिति बाहर से स्पष्ट नहीं दिखाई देती, क्योंकि शरीर अपनी गति बनाए रखता है, चेहरे सामान्य बने रहते हैं, और शब्द भी पहले जैसे ही व्यवस्थित और संतुलित लगते हैं, लेकिन भीतर किसी अदृश्य स्तर पर साहस का एक सूक्ष्म-सा तंतु लगातार ढीला पड़ता जाता है।

यह साहस एक क्षण में नहीं गिरता, न ही किसी एक घटना से समाप्त होता है, बल्कि यह धीरे-धीरे क्षीण होता है, जैसे किसी दीपक की लौ हवा के बिना भी धीरे-धीरे कमजोर पड़ती जाती है और उसकी चमक कम होती जाती है।

हर उस दिन से जब प्रयास के बाद भी परिणाम हाथ नहीं लगा, हर उस रात से जब उम्मीदें उठीं लेकिन सुबह तक उनका भार टूटकर बिखर गया, और हर उस अनुभव से जब व्यक्ति ने स्वयं को यह कहकर संभाला कि "अगली बार बेहतर होगा", पर अगली बार भी वही खालीपन लौट आया, धीरे-धीरे यह विश्वास धुंधला होने लगता है कि प्रयास का कोई स्थायी अर्थ है भी या नहीं।

और जब अर्थ की नींव हिलने लगती है, तब साहस स्वयं को पीछे खींचने लगता है, जैसे वह अब आगे खड़े रहने की स्थिति में ही नहीं रहा हो और भीतर किसी अनदेखे कोने में सिमटता जा रहा हो।

व्यक्ति अब असफलता से भागता नहीं, बल्कि प्रयास करने की आंतरिक इच्छा ही कम होती जाती है, और यह बदलाव डर से अधिक गहरा होता है, क्योंकि यहाँ भय नहीं रहता, केवल एक धीमी-सी निष्क्रियता रह जाती है, और यही वह स्थिति होती है जहाँ साहस गिरता हुआ नहीं दिखता बल्कि चुपचाप विलुप्त होता हुआ प्रतीत होने लगता है।

यह गिरावट किसी अचानक टूटन का परिणाम नहीं होती, बल्कि यह उन अनगिनत दिनों का संचित भार होती है जहाँ व्यक्ति बार-बार उठा, लेकिन भीतर कहीं एक हल्की-सी हार अपने निशान छोड़ती गई, और वह हार कभी शब्दों में नहीं आई, केवल अनुभव बनकर रह गई।

जहाँ हर बार स्वयं को यह समझाया गया कि "कोशिश करते रहो", लेकिन भीतर से कोई उत्तर नहीं मिला, और जहाँ शब्द प्रेरणा देते रहे, पर अनुभव लगातार थकाते रहे, वहीं धीरे-धीरे व्यक्ति स्वयं को ही एक नए दृष्टिकोण से देखने लगता है, जैसे वह अब पहले जैसा सक्षम नहीं रहा हो।

और यह विचार भीतर गहराई तक बैठ जाता है और धीरे-धीरे उसकी सोच का हिस्सा बन जाता है।

अब छोटे निर्णय भी अनिश्चितता से घिरने लगते हैं, बड़ी योजनाएँ दूर की वस्तु लगने लगती हैं, और नए रास्तों पर कदम रखने से पहले सोच का भार सामान्य से अधिक हो जाता है, लेकिन यह अनिश्चितता डर नहीं होती, यह ऊर्जा के क्षय का परिणाम होती है।

क्योंकि साहस केवल एक भावना नहीं है, वह भीतर की जीवंत ऊर्जा है, और जब यह ऊर्जा लगातार खर्च होती रहे बिना पुनर्भरण के, तब वह धीरे-धीरे कमजोर पड़ने लगती है और अपना तेज खोने लगती है।

सबसे कठिन बात यह होती है कि बाहर की दुनिया को यह परिवर्तन दिखाई नहीं देता, लोग इसे शांति कह देते हैं, लोग इसे परिपक्वता समझ लेते हैं, और लोग इसे बदलाव का नाम दे देते हैं, लेकिन वे यह नहीं देख पाते कि कभी-कभी यह शांति भीतर की उस थकान का रूप होती है जहाँ प्रयास करने की शक्ति अस्थायी रूप से ठहर जाती है।

व्यक्ति अब अपने सपनों को भी दूर से देखने लगता है, जैसे वे किसी और की पहुँच में हों, वह सोचता अधिक है लेकिन कदम कम उठाता है, वह कल्पना करता है लेकिन वास्तविकता में प्रवेश करने का साहस पीछे रह जाता है, और इसी दूरी में एक सूक्ष्म-सा खालीपन जन्म लेने लगता है जो शोर नहीं करता लेकिन धीरे-धीरे भीतर जगह बनाता जाता है।

यह निष्क्रियता आलस्य नहीं होती, यह आत्मविश्वास के धीरे-धीरे क्षय होने की प्रक्रिया होती है, जहाँ हर असफल अनुभव एक छोटी-सी दरार छोड़ता है और समय के साथ ये दरारें मिलकर भीतर एक ऐसा रिक्त स्थान बना देती हैं जहाँ पहले आत्म-विश्वास खड़ा हुआ करता था।

अब वहाँ संदेह बैठने लगता है और वह धीरे-धीरे स्थायी रूप ले लेता है।

"क्या मैं कर पाऊँगा?"

"अगर फिर असफल हो गया तो?"

"क्या यह सच में मेरे लिए है?"

ये प्रश्न सरल प्रतीत होते हैं, लेकिन भीतर गहराई में ये व्यक्ति की दिशा को धीमा कर देते हैं और उसकी गति को भीतर ही भीतर तोड़ने लगते हैं।

धीरे-धीरे वह स्वयं को सीमित करने लगता है, वह कम सोचता है ताकि निराशा कम हो, वह कम चाहता है ताकि टूटने का जोखिम घटे, और वह कम प्रयास करता है ताकि असफलता का भार कम महसूस हो, लेकिन इसी कमी के साथ जीवन का विस्तार भी धीरे-धीरे सिकुड़ने लगता है।

फिर भी यह स्थिति अंतिम नहीं होती, क्योंकि साहस पूर्णतः समाप्त नहीं होता, वह केवल दब जाता है और प्रतीक्षा में चला जाता है।

और जो दबा होता है, वह समय के साथ फिर से जाग भी सकता है, क्योंकि भीतर की कोई भी शक्ति स्थायी रूप से समाप्त नहीं होती, वह केवल परिस्थितियों में दबकर शांत हो जाती है।

कभी-कभी एक छोटा-सा अनुभव उसे फिर से छू लेता है, किसी की सच्ची बात, किसी की छोटी-सी सफलता, या किसी अनजाने क्षण में मिली हल्की-सी प्रेरणा, और भीतर कहीं बहुत गहराई में वह हिस्सा जो अब तक शांत पड़ा था, फिर से हल्की-सी हलचल करने लगता है।

क्योंकि साहस मरा नहीं होता, वह केवल थक जाता है, और थका हुआ साहस भी यदि उसे समय, स्थान और थोड़ा-सा विश्वास मिल जाए, तो वह फिर से धीरे-धीरे खड़ा होने लगता है।

यही इस अध्याय की सबसे गहरी समझ है कि गिरना अंत नहीं होता, यह केवल एक ऐसा मोड़ होता है जहाँ व्यक्ति को फिर से अपने भीतर लौटना पड़ता है और स्वयं को दोबारा पहचानना पड़ता है।

अब यह लौटना भी आसान नहीं होता, क्योंकि जब साहस गिर चुका होता है, तब मनुष्य केवल बाहरी दुनिया से नहीं लड़ रहा होता, वह अपने ही भीतर उठे हुए संदेहों और पुराने अनुभवों की परछाइयों से जूझ रहा होता है। हर नया कदम एक पुराने प्रश्न के साथ उठता है— "क्या इस बार भी वही दोहराव होगा?" और यही प्रश्न आगे बढ़ने से पहले ही भीतर की गति को धीमा कर देता है, जैसे कोई अदृश्य हाथ मन को पकड़कर रोक रहा हो।

फिर भी इसी ठहराव के भीतर एक बहुत सूक्ष्म परिवर्तन जन्म लेने लगता है, जिसे शुरुआत में पहचानना कठिन होता है, क्योंकि वह किसी बड़े बदलाव की तरह नहीं आता, वह बस एक हल्की-सी दरार की तरह आता है जहाँ से प्रकाश झाँकने लगता है।

व्यक्ति पूरी तरह गिरता नहीं है, वह बस थोड़ी देर रुक जाता है। वह पूरी तरह छोड़ता नहीं है, वह बस हर संभावना को एक बार फिर देखने लगता है। वह पूरी तरह हार नहीं मानता, वह केवल अपनी ऊर्जा को समेट लेता है। और यही समेटना धीरे-धीरे एक ऐसे स्थान का निर्माण करता है जहाँ भीतर की चुप्पी फिर से बोलना शुरू करती है।

जहाँ पहले केवल संदेह की आवाज़ें थीं, वहाँ अब समझ की एक पतली-सी परत भी जुड़ने लगती है। कभी कोई पुराना अनुभव अचानक स्मृति में उभर आता है, जहाँ असफलता के बाद भी जीवन रुका नहीं था, बल्कि किसी नए रूप में आगे बढ़ गया था। कभी कोई छोटा-सा क्षण याद आता है, जहाँ गिरने के बावजूद व्यक्ति ने स्वयं को फिर से खड़ा किया था, बिना

किसी बाहरी सहारे के। और कभी कोई ऐसा दिन भी स्मृति में आता है जब बिना किसी विशेष कारण के भीतर फिर से हिम्मत ने सांस ली थी।

ये स्मृतियाँ बड़ी नहीं होतीं, लेकिन उनका प्रभाव गहरा होता है, क्योंकि वे यह संकेत देती हैं कि टूटना अंतिम स्थिति नहीं थी, वह केवल एक चरण था।

धीरे-धीरे यह एहसास बनने लगता है कि व्यक्ति उतना भी समाप्त नहीं हुआ जितना वह अपने सबसे कमजोर क्षणों में मान बैठा था। वह टूटा नहीं था, वह केवल थक गया था, और थकान कोई स्थायी स्थिति नहीं होती, वह बदलती रहती है, जैसे मौसम।

इसी समझ के साथ भीतर एक हल्की-सी हलचल शुरू होती है। जहाँ पहले विचार तुरंत रुक जाते थे, अब वही विचार फिर से आगे बढ़ने की कोशिश करते हैं। जहाँ पहले हर संभावना बंद लगती थी, अब उसी बंदपन के भीतर एक संकीर्ण-सा मार्ग दिखाई देने लगता है। और जहाँ भविष्य पूरी तरह धुंधला प्रतीत होता था, अब उसमें कुछ अस्पष्ट लेकिन वास्तविक रेखाएँ उभरने लगती हैं।

यही रेखाएँ साहस की वापसी की पहली पहचान बनती हैं।

यह वापसी किसी तेज़ गति से नहीं होती, न ही किसी बड़े निर्णय के साथ आती है। यह बहुत धीमी, लगभग अदृश्य प्रक्रिया होती है, जैसे सूखी मिट्टी में पहली बारिश का गिरना, जहाँ परिवर्तन का शोर नहीं होता, केवल भीतर नमी का अनुभव होता है।

अब व्यक्ति हर डर से भागता नहीं, बल्कि उसे थोड़ा और देखता है। वह हर असफलता को अंतिम सत्य नहीं मानता, बल्कि उसे एक अधूरा अनुभव समझने लगता है। वह हर संदेह को आदेश नहीं बनने देता, बल्कि उसे एक प्रश्न की तरह सुनता है। और यही सुनने की क्षमता धीरे-धीरे भीतर की जड़ता को तोड़ने लगती है।

साहस कभी भी शोर में विकसित नहीं होता, वह हमेशा मौन की गहराइयों में आकार लेता है।

अब व्यक्ति अपने छोटे प्रयासों को भी अर्थ देने लगता है। वह यह समझने लगता है कि परिवर्तन हमेशा बड़े कदमों से नहीं आता, बल्कि लगातार उठाए गए छोटे, लगभग साधारण कदमों से निर्मित होता है। और हर छोटा कदम भीतर यह संकेत छोड़ जाता है कि "अभी सब समाप्त नहीं हुआ है।"

यही संकेत धीरे-धीरे भीतर एक नई दिशा बनाते हैं।

अब प्रयास फिर से शुरू होते हैं, लेकिन इस बार उनमें पुराना दबाव नहीं होता। अब कुछ साबित करने की आवश्यकता नहीं रहती, केवल स्वयं को फिर से महसूस करने की इच्छा होती है। और यही इच्छा पुनर्निर्माण की वास्तविक शुरुआत बनती है।

इस अवस्था में असफलता का डर पूरी तरह समाप्त नहीं होता, लेकिन वह निर्णयों पर हावी नहीं रहता। संदेह पूरी तरह मिटता नहीं, लेकिन वह गति को रोकता भी नहीं। मन पूरी तरह स्थिर नहीं होता, लेकिन उसमें पहले जैसी टूटन भी नहीं रहती।

और इसी संतुलन के भीतर साहस धीरे-धीरे अपनी वापसी दर्ज करता है।

यह वापसी किसी एक क्षण की घटना नहीं होती, यह छोटे-छोटे अनुभवों का संचय होती है— कभी एक प्रयास का अपेक्षा से बेहतर परिणाम, कभी किसी की साधारण-सी बात जो भीतर कुछ हल्का कर दे, और कभी अचानक आया वह आत्मबोध कि "मैं फिर से आगे बढ़ सकता हूँ।"

यही आत्मबोध सबसे निर्णायक बिंदु होता है।

क्योंकि साहस किसी बाहरी पुष्टि पर नहीं टिकता, वह हमेशा भीतर की स्वीकार्यता से जन्म लेता है। और जब व्यक्ति स्वयं को यह अनुमति देता है कि वह फिर से शुरू कर सकता है, तब धीरे-धीरे वह स्थान खाली होने लगता है जहाँ गिरा हुआ साहस पड़ा था।

उस खाली स्थान में कोई शोर नहीं होता, केवल एक नई स्थिरता जन्म लेती है— जो न जल्दबाज़ होती है, न कमजोर, बल्कि संतुलित, जागरूक और धीरे-धीरे दृढ़ होती हुई।

और इसी स्थिरता के साथ व्यक्ति जीवन की ओर फिर से लौटता है— किसी घोषणा के बिना, किसी संघर्ष के प्रदर्शन के बिना, केवल एक शांत, गहरी और वास्तविक वापसी के साथ।

और यह चलना अब किसी जल्दबाज़ी का हिस्सा नहीं होता, बल्कि एक परिपक्व समझ का परिणाम बन जाता है, जैसे कोई व्यक्ति लंबे भटकाव के बाद फिर से उस रास्ते पर आ जाए जिसे वह कभी छोड़ आया था, और अब उसे यह साबित करने की आवश्यकता न हो कि वह कहाँ था, बल्कि बस यह जानने की शांति हो कि वह फिर से सही दिशा में है।

इस बार साहस में वह पुरानी बेचैनी नहीं रहती जो हर निर्णय को तनाव में बदल देती थी। अब उसमें एक स्थिर धैर्य आ चुका होता है, जो परिणाम से पहले ही प्रयास को महत्व देता है। अब हर कदम किसी अंतिम लक्ष्य की ओर भागना नहीं होता, बल्कि अपने भीतर लौटने की एक धीमी यात्रा बन जाता है।

व्यक्ति अब यह भी समझने लगता है कि साहस का वास्तविक अर्थ कभी भी जोखिम को खत्म करना नहीं था, बल्कि जोखिम के साथ भी स्वयं को स्थिर रखना था। और जब यह समझ भीतर उतरती है, तब भय अपनी अंतिम पकड़ खोने लगता है।

पहले जहाँ हर संभावना एक बोझ बन जाती थी, अब वही संभावनाएँ केवल रास्ते लगने लगती हैं। पहले जहाँ "अगर असफल हो गया" मन को रोक देता था, अब वही विचार केवल एक संभावना बनकर रह जाता है, निर्णय का मालिक नहीं बनता।

यहीं से भीतर एक नया संतुलन जन्म लेता है, जहाँ प्रयास और परिणाम एक-दूसरे के विरोधी नहीं रहते। प्रयास अब स्वयं में पर्याप्त होने लगता है, और परिणाम केवल उसका स्वाभाविक विस्तार बन जाता है।

अब व्यक्ति अपने अतीत को भी अलग नज़र से देखता है, जैसे वह कोई टूटा हुआ अध्याय नहीं था, बल्कि एक अधूरा पाठ था जो उसे धीरे-धीरे समझाना चाहता था कि हर गति आगे बढ़ने का नाम नहीं होती, कभी-कभी रुकना भी दिशा सुधारने का हिस्सा होता है।

हर असफलता अब केवल चोट नहीं लगती, वह एक संकेत बन जाती है कि ऊर्जा कहाँ बिखर रही थी और कहाँ उसे केंद्रित होना चाहिए था। हर ठहराव अब निष्क्रियता नहीं लगता, वह एक तैयारी बन जाता है जो बाहर से दिखाई नहीं देती, लेकिन भीतर लगातार निर्माण कर रही होती है।

धीरे-धीरे मन का वह पुराना स्वर बदलने लगता है जो हर चीज़ को अंतिम मान लेता था। अब उसके स्थान पर एक शांत समझ आती है जो कहती है कि कुछ भी वास्तव में समाप्त नहीं होता, वह केवल रूप बदलता है।

और इसी रूपांतरण में साहस भी नया आकार ले लेता है।

अब वह पहले जैसा तेज़ और अनियंत्रित नहीं रहता, लेकिन पहले से कहीं अधिक स्थिर और गहरा हो जाता है। उसमें अब वह घबराहट नहीं होती जो हर स्थिति को तत्काल प्रतिक्रिया में बदल देती थी। अब उसमें सोचने की जगह होती है, महसूस करने की जगह होती है, और फिर आगे बढ़ने की जगह होती है।

यही जगह असली परिवर्तन का केंद्र बनती है।

व्यक्ति अब यह भी समझने लगता है कि स्वयं पर विश्वास कोई स्थायी अवस्था नहीं थी, बल्कि एक अभ्यास था जिसे हर गिरावट के बाद फिर से चुना जाता है। और हर बार जब वह स्वयं को फिर से चुनता है, साहस थोड़ा और मजबूत हो जाता है।

अब संदेह पूरी तरह समाप्त नहीं होता, लेकिन वह निर्णायक शक्ति नहीं रहता। अब डर गायब नहीं होता, लेकिन वह दिशा तय नहीं करता। अब अस्थिरता मौजूद रहती है, लेकिन वह जीवन को रोक नहीं पाती।

और इसी संतुलन में साहस अपनी वास्तविक परिपक्वता प्राप्त करता है।

अब वह व्यक्ति यह महसूस करता है कि वह पहले जैसा नहीं रहा, लेकिन टूटा भी नहीं है। वह बदला है, और यह बदलाव उसे कमजोर नहीं, बल्कि अधिक जागरूक बना चुका है।

क्योंकि अब वह जानता है कि गिरना अंत नहीं था, और उठना केवल शुरुआत थी— असली यात्रा तो उस बीच के समझने में थी जिसने उसे फिर से अपने भीतर लौटना सिखाया।

और यही लौटना अब उसका नया साहस बन चुका होता है— शांत, स्थिर, और भीतर से अटूट।

अब यह आगे बढ़ना भी पहले जैसा अंधा नहीं होता। पहले जहाँ हर कदम केवल उम्मीद के सहारे उठता था, अब वही कदम अनुभव की ठोस जमीन पर टिकने लगता है। व्यक्ति अब रास्ते को केवल देखने की कोशिश नहीं करता, बल्कि उसे भीतर से महसूस करने लगता है— जैसे हर दिशा अपने भीतर ही कुछ संकेत छोड़ रही हो।

यही अनुभव उसके भीतर एक नई स्पष्टता को जन्म देता है, जो धीरे-धीरे उसके निर्णयों का हिस्सा बन जाती है। अब वह चीज़ों को केवल प्रतिक्रिया में नहीं जीता, बल्कि समझ की परतों के साथ देखने लगता है। जीवन अब केवल घटनाओं का क्रम नहीं रहता, बल्कि अर्थों की एक धीमी-सी खुलती हुई प्रक्रिया बन जाता है।

अब वह समझने लगता है कि हर समय तेज़ चलना न तो आवश्यक है और न ही समझदारी। कभी-कभी सही दिशा में धीमे चलना अधिक अर्थपूर्ण होता है, और कभी-कभी रुककर समझ लेना आगे बढ़ने से भी अधिक परिपक्व निर्णय बन जाता है। गति अब लक्ष्य नहीं रहती, बल्कि परिस्थिति के अनुसार बदलने वाली समझ बन जाती है।

इस बदलाव के साथ साहस का स्वरूप भी बदल जाता है। अब वह व्यक्ति को धक्का नहीं देता, बल्कि उसके भीतर एक शांत मार्गदर्शक की तरह उपस्थित रहता है। जहाँ पहले वह एक आवेग था, अब वह एक स्थिर चेतना बन चुका होता है जो हर कदम के साथ विचार और संतुलन दोनों को जोड़ती है।

यह परिवर्तन बाहर से बहुत छोटा प्रतीत होता है, लेकिन भीतर यह पूरे जीवन की दिशा को पुनर्गठित कर देता है। सोचने का तरीका बदल जाता है, प्रतिक्रिया का तरीका बदल जाता है, और सबसे महत्वपूर्ण, स्वयं को देखने का तरीका बदल जाता है।

जहाँ पहले हर असफलता एक ठोस दीवार की तरह महसूस होती थी, अब वही असफलता एक संकेतित मोड़ बन जाती है। जहाँ हर रुकावट अंत का भ्रम पैदा करती थी, अब वही रुकावट एक दिशा-संशोधन की तरह समझ में आती है। और जहाँ हर गिरावट आत्म-आलोचना का कारण बनती थी, अब वही गिरावट सीखने की प्रक्रिया का स्वाभाविक हिस्सा बन जाती है।

धीरे-धीरे भीतर स्थिरता का एक ऐसा आधार निर्मित होने लगता है जो परिस्थितियों पर निर्भर नहीं रहता। यह स्थिरता बाहरी बदलावों से नहीं टूटती, बल्कि उन्हें समझने की क्षमता विकसित करती है। अब व्यक्ति परिस्थितियों का शिकार नहीं रहता, बल्कि उनका निरीक्षक बन जाता है।

अब वह यह समझने लगता है कि साहस कभी वास्तव में समाप्त नहीं होता, वह केवल दब जाता है, और सही समय पर फिर से अपना स्वरूप बदलकर उभर आता है। फर्क सिर्फ इतना होता है कि अब वह पहले जैसा कच्चा नहीं रहता, बल्कि अनुभव की परतों से गुजरकर अधिक परिपक्व हो चुका होता है।

अब जो साहस लौटता है, वह पहले जैसा नहीं होता। उसमें अब अनुभव की परतें जुड़ चुकी होती हैं। उसमें अब जल्दबाजी नहीं होती, बल्कि संतुलन होता है। उसमें अब अंधा भरोसा नहीं होता, बल्कि समझ होती है। और उसमें केवल परिणाम की आकांक्षा नहीं होती, बल्कि पूरी प्रक्रिया का सम्मान होता है।

इसी कारण अब प्रयासों का स्वरूप भी बदल जाता है। अब प्रयास भारी नहीं लगते, लेकिन उनमें लापरवाही भी नहीं होती। अब कदम डर से नहीं रुकते, लेकिन बिना समझ के भी नहीं बढ़ते। अब मन पूरी तरह खाली नहीं होता, लेकिन अत्यधिक दबाव में भी नहीं रहता। एक संतुलित अवस्था निर्मित होती है जहाँ व्यक्ति स्वयं को बाहर से नहीं, भीतर से समझने लगता है।

और यही समझ उसे धीरे-धीरे फिर से खड़ा कर देती है— लेकिन इस बार किसी पुराने स्वरूप में नहीं, बल्कि एक अधिक परिपक्व और स्थिर संस्करण में।

अब वह अपने अतीत से भागता नहीं है। वह अपनी गलतियों को छुपाता नहीं है। और वह अपने संघर्षों को बोझ की तरह नहीं ढोता। क्योंकि अब उसे यह स्पष्ट दिखाई देता है कि जो कुछ भी घटा, वह उसकी यात्रा का ही हिस्सा था— और उस हिस्से के बिना वह वह व्यक्ति नहीं बन सकता था जो वह आज है।

अब साहस लौट चुका होता है, लेकिन इस बार वह शोर नहीं करता। वह किसी प्रमाण की मांग नहीं करता। वह केवल उपस्थित रहता है— शांत, स्थिर और भीतर से संतुलित।

और यही उपस्थिति उसे स्थायी बनाती है, क्योंकि अब वह किसी बाहरी स्थिति पर नहीं, बल्कि भीतर की समझ पर आधारित होता है।

अब व्यक्ति यह भी समझने लगता है कि जीवन में गिरना कभी समस्या नहीं थी, असली कठिनाई तब शुरू हुई थी जब उसने गिरने के बाद स्वयं को पहचानना बंद कर दिया था।

लेकिन अब वह स्वयं को फिर से पहचान चुका होता है।

और जब मनुष्य स्वयं को फिर से पहचान लेता है, तब साहस कभी पूरी तरह खोता नहीं— वह बस एक अधिक गहरी, अधिक शांत और अधिक स्थिर भाषा में उसके साथ चलने लगता है।

अब यह साथ चलना किसी उत्साहपूर्ण घोषणा की तरह नहीं होता, बल्कि एक धीमी और स्थिर आदत की तरह बन जाता है, जैसे साँस लेना। इसमें न कोई प्रदर्शन होता है, न किसी को प्रभावित करने की आवश्यकता, बस एक ऐसी उपस्थिति जो भीतर बिना किसी प्रयास के बनी रहती है और समय के साथ और अधिक स्वाभाविक होती जाती है।

व्यक्ति अब यह समझ चुका होता है कि साहस कोई एक बार प्राप्त कर लेने वाली उपलब्धि नहीं है जिसे स्थायी रूप से सुरक्षित रख लिया जाए। वह एक जीवित प्रक्रिया है, जो हर दिन परिस्थितियों के साथ नहीं, बल्कि भीतर की समझ के साथ फिर से आकार लेती है। और इसी निरंतरता में उसका वास्तविक स्वरूप दिखाई देता है।

यह समझ उसे भीतर से शांत भी करती है और स्थिर भी बनाती है। अब उसमें वह बेचैनी नहीं रहती जो हर दिन को एक निर्णायक परीक्षा बना देती थी। अब वह यह देख पाता है कि छोटे-छोटे कदम भी उसी दिशा में जा रहे हैं, जहाँ कभी वह रुक गया था, और यही छोटे कदम समय के साथ उस दूरी को भरने लगते हैं जो गिरावट के क्षणों में पैदा हुई थी।

अब हर दिन उसके लिए एक दबाव नहीं रहता। न वह हर सुबह को नई परीक्षा मानता है, न हर परिस्थिति को अंतिम परिणाम की तरह देखता है। दिन अब एक ऐसा अवसर बन जाता है जहाँ केवल "करना" नहीं होता, बल्कि "समझना" भी शामिल होता है। और इस समझ के साथ जिम्मेदारी भारी नहीं लगती, बल्कि स्वाभाविक प्रतीत होती है।

क्योंकि अब भीतर वह पुराना दबाव नहीं है जो हर अनुभव को या तो सफलता या असफलता में बाँट देता था। अब जीवन का स्वरूप थोड़ा अधिक विस्तृत हो चुका होता है,

जहाँ हर स्थिति केवल एक परिणाम नहीं, बल्कि एक प्रक्रिया का हिस्सा लगती है।

अब व्यक्ति यह भी समझने लगता है कि गिरना दिशा खो देना नहीं होता। गिरावट केवल यह बताती है कि रास्ता कितना जटिल था और भीतर कितनी परतें अभी भी समझी जानी बाकी हैं। और जब यह दृष्टि बनती है, तब गिरावट शर्म नहीं रहती, वह एक अध्ययन बन जाती है, एक ऐसा अध्ययन जिसमें व्यक्ति स्वयं को थोड़ा और गहराई से समझने लगता है।

अब वह अपने अतीत को केवल भावनात्मक दृष्टि से नहीं देखता, बल्कि क्रमिक अनुभवों की श्रृंखला के रूप में देखता है। जहाँ पहले केवल दर्द दिखाई देता था, अब वही घटनाएँ कारण और प्रभाव के रूप में समझ में आने लगती हैं। जहाँ पहले केवल समाप्ति लगती थी, अब वहीं से किसी नए आरंभ की झलक मिलती है।

यही दृष्टि परिवर्तन उसके भीतर एक मौन लेकिन गहरा रूपांतरण लाता है। अब साहस कोई अचानक प्रकट होने वाली शक्ति नहीं रहता, बल्कि एक धीमी परिपक्वता बन जाता है जो समय के साथ विकसित होती है।

अब वह समझने लगता है कि हर स्थिति में तुरंत विजय आवश्यक नहीं होती, लेकिन हर स्थिति में उपस्थित रहना आवश्यक होता है। और यह उपस्थिति ही धीरे-धीरे वास्तविक साहस का आधार बनती है।

अब वह यह भी समझता है कि कभी-कभी रुकना भी साहस है, स्वीकार करना भी साहस है, और बिना किसी प्रदर्शन के आगे बढ़ते रहना भी साहस है। यही समझ उसके भीतर साहस की परिभाषा को पूरी तरह बदल देती है।

अब वह स्वयं को दूसरों की तुलना में नहीं देखता। अब वह अपनी यात्रा के भीतर अपने ही परिवर्तन को देखने लगता है, और यही दृष्टि उसे भीतर से स्थिर कर देती है।

अब उसकी ऊर्जा बिखरती नहीं, बल्कि एक दिशा में केंद्रित होने लगती है। उसका ध्यान बाहरी हलचल से हटकर भीतर की स्पष्टता पर टिकने लगता है, और यही टिकाव धीरे-धीरे उसे एक गहरी स्थिरता प्रदान करता है।

धीरे-धीरे यह भी स्पष्ट होने लगता है कि गिरने के बाद लौटना कभी भी पहले जैसा नहीं होता, क्योंकि लौटने के साथ अनुभव जुड़ जाता है, और अनुभव व्यक्ति को अधिक परिपक्व, अधिक जागरूक और अधिक शांत बना देता है।

अब उसका साहस सरल नहीं रहता, वह अधिक शांत, अधिक संतुलित और अधिक गहरा हो जाता है। उसमें जल्दबाजी नहीं रहती, उसमें ठहराव और समझ होती है। और यही स्थिरता उसे लंबे समय तक टिके रहने की क्षमता देती है।

अब वह यह भी समझ चुका होता है कि वह कभी वास्तव में टूटा नहीं था, वह केवल एक ऐसे चरण में था जहाँ उसका पुनर्निर्माण चल रहा था, और वह पुनर्निर्माण अब एक स्पष्ट रूप ले चुका है।

अब साहस उसके भीतर संघर्ष नहीं है, बल्कि एक स्वाभाविक प्रवाह है। और यही प्रवाह उसे आगे ले जाता है— बिना शोर के, बिना भय के, और बिना किसी आवश्यकता के कि उसे कुछ साबित करना है।

अब यह प्रवाह और अधिक सहज होने लगता है, जैसे कोई नदी अपने पुराने मोड़ भूलकर फिर से अपने स्वाभाविक मार्ग पर लौट आई हो। पहले जहाँ हर कदम भारी लगता था, अब वही कदम हल्का महसूस होने लगता है। न कोई अतिरिक्त उत्साह, न कोई अनावश्यक दबाव— बस एक शांत-सा आगे बढ़ना, जिसमें गति से अधिक संतुलन दिखाई देता है।

व्यक्ति अब यह समझ चुका होता है कि जीवन में स्थायित्व का अर्थ स्थिर रह जाना नहीं होता, बल्कि भीतर से स्थिर रहकर आगे बढ़ते रहना होता है। और यही समझ उसके भीतर एक ऐसी परिपक्वता पैदा करती है, जो परिस्थितियों पर निर्भर नहीं रहती, बल्कि परिस्थितियों को समझने लगती है।

अब वह हर चीज़ को पकड़कर रखने की कोशिश नहीं करता। वह अनुभवों को बहने देता है, लेकिन बिना खोए हुए। वह लोगों को भी उसी तरह स्वीकार करता है जैसे वे हैं, बिना अनावश्यक अपेक्षाओं के बोझ के। क्योंकि अब उसे यह स्पष्ट हो गया होता है कि बहुत-सी थकान लोगों से नहीं, बल्कि उन अपेक्षाओं से पैदा होती है जो अनजाने में रिश्तों पर रख दी जाती हैं।

और जब अपेक्षाएँ कम हो जाती हैं, तो मन अपने आप हल्का होने लगता है। वह पहले की तरह हर बात को व्यक्तिगत रूप से नहीं लेता, और न ही हर प्रतिक्रिया को अपने मूल्य से जोड़ता है। यह दूरी उसे उदासीन नहीं बनाती, बल्कि अधिक संतुलित बना देती है।

अब वह अपने निर्णयों को लेकर भी पहले जैसा अस्थिर नहीं रहता। वह तुरंत सही या गलत का बोझ अपने ऊपर नहीं डालता, बल्कि हर निर्णय को एक प्रक्रिया की तरह देखने लगता है, जिसमें सीखने और समझने की गुंजाइश हमेशा बनी रहती है। यही दृष्टि उसे भीतर से शांत भी रखती है और व्यावहारिक भी बनाती है।

अब साहस उसके लिए कोई चुनौती नहीं रहता, वह उसकी आदत बन जाता है— एक ऐसी आदत जिसमें वह बिना अनावश्यक दबाव के आगे बढ़ सकता है, लेकिन बिना समझे नहीं। यही संतुलन उसे एक धीमी लेकिन स्थायी परिपक्वता की ओर ले जाता है, जहाँ जल्दबाजी की जगह स्पष्टता ले लेती है।

अब वह यह भी समझने लगता है कि गिरावट और उठाव दोनों ही एक ही यात्रा के हिस्से हैं। न कोई दूसरे का विरोध है, न कोई दूसरे का अंत। दोनों मिलकर ही व्यक्ति को उस गहराई तक ले जाते हैं जहाँ वह स्वयं को बेहतर समझ पाता है। और यही समझ धीरे-धीरे भीतर की कठोरता को भी नरम करने लगती है।

अब वह अपने पुराने संघर्षों को देखकर शर्म महसूस नहीं करता, बल्कि उन्हें उस नींव की तरह देखता है जिस पर उसकी आज की समझ टिकी हुई है। हर कठिन अनुभव अब एक बोझ नहीं रहता, बल्कि एक संदर्भ बन जाता है, जो यह समझाता है कि वह कहाँ से आया है

और कैसे बदला है।

और यही दृष्टिकोण भीतर की थकान के अंतिम अवशेषों को भी शांत कर देता है। अब वह हर चीज़ को जल्दी में नहीं देखता, न ही हर परिस्थिति से तुरंत निष्कर्ष निकालता है। वह समय को भी एक विरोधी शक्ति की तरह नहीं, बल्कि एक प्राकृतिक प्रवाह की तरह देखने लगता है, जो अपनी गति से सब कुछ आकार देता है।

और जब व्यक्ति अपनी गति को समझ लेता है, तो उसे समय से शिकायत नहीं रहती। तब तुलना की जगह स्वीकार जन्म लेता है, और बेचैनी की जगह स्पष्टता।

अब साहस किसी ऊँची चढ़ाई जैसा नहीं लगता, बल्कि एक स्थिर चलने वाली राह जैसा महसूस होता है— जिसमें कभी तेज़ी होती है, कभी धीमापन, लेकिन रुकावट नहीं होती। और यही निरंतरता उसे भीतर से मजबूत बनाती है, बिना किसी प्रदर्शन के, बिना किसी घोषणा के।

अब वह यह भी समझता है कि वास्तविक मजबूती चुपचाप चलते रहने में होती है। वह मजबूती जो शोर नहीं करती, लेकिन हर कठिन मोड़ पर साथ रहती है। और यही चुप्पी धीरे-धीरे उसका सबसे स्थायी सहारा बन जाती है।

धीरे-धीरे वह इस निष्कर्ष पर नहीं पहुँचता, बल्कि इस अनुभव में जीने लगता है कि गिरा हुआ साहस कभी वास्तव में समाप्त नहीं हुआ था। वह केवल रूप बदल रहा था— कभी थकान बनकर, कभी ठहराव बनकर, और अब समझ बनकर।

और यही समझ उसे फिर से पूर्ण कर देती है— बिना किसी शोर के, बिना किसी संघर्ष के, केवल भीतर एक शांत, स्थिर और गहरी उपस्थिति के रूप में।

अब यह शांत स्थिरता धीरे-धीरे उसके पूरे व्यक्तित्व में फैलने लगती है, जैसे कोई हल्की रोशनी कमरे के हर कोने को बिना शोर के भर देती है। पहले जहाँ भीतर लगातार अस्थिरता थी, अब वहाँ एक नियंत्रित और समझा हुआ प्रवाह दिखाई देने लगता है, जिसमें जल्दबाजी नहीं, बल्कि संतुलन होता है।

व्यक्ति अब यह महसूस करता है कि वह वही है, लेकिन अब वैसा नहीं है जैसा पहले था। भीतर का आधार वही है, पर दृष्टि बदल चुकी है, और यही परिवर्तन उसके पूरे अनुभव को नया अर्थ देता है।

पहले वह हर परिस्थिति से तुरंत टकराता था, अब वह उसे समझकर आगे बढ़ता है। पहले वह हर सवाल का जवाब तुरंत ढूँढता था, अब वह कई सवालों को समय पर छोड़ना सीखता है। और पहले वह हर चीज़ को बदलने की कोशिश करता था, अब वह कई चीज़ों को वैसे ही स्वीकार करना सीखता है जैसे वे हैं।

यह स्वीकार्यता उसे कमजोर नहीं बनाती, बल्कि उसे अधिक स्थिर और भीतर से संतुलित कर देती है। अब वह परिस्थितियों के दबाव में बिखरता नहीं, बल्कि उन्हें समझकर स्वयं को समेट लेता है।

अब वह यह भी समझने लगता है कि साहस केवल आगे बढ़ने का नाम नहीं है, बल्कि सही समय पर रुकने, देखने और सही दिशा चुनने का भी नाम है। और यही समझ उसके भीतर एक परिपक्व दृष्टिकोण पैदा करती है, जिसमें प्रतिक्रिया से अधिक समझ का स्थान होता है।

अब वह अपने भीतर किसी निरंतर संघर्ष को महसूस नहीं करता। अब उसके विचार पहले जैसे बिखरे हुए नहीं रहते, और न ही हर विचार किसी तत्काल निर्णय की मांग करता है। अब उसका मन हर समय किसी अनजानी दौड़ में शामिल नहीं रहता, बल्कि अपने ही भीतर एक शांत गति में बना रहता है।

यह सब धीरे-धीरे बदलता है, बिना किसी बड़े परिवर्तन के शोर के, बिना किसी अचानक मोड़ के संकेत के। क्योंकि वास्तविक परिवर्तन हमेशा मौन में आकार लेता है, और बाद में जाकर दिखाई देता है।

अब वह अपने पुराने अनुभवों को भी अलग दृष्टि से देखता है। जहाँ पहले केवल दर्द दिखाई देता था, अब वहाँ सीख दिखाई देने लगती है। जहाँ पहले केवल असफलता का भार था, अब वहाँ विकास की प्रक्रिया दिखाई देती है। और जहाँ पहले केवल गिरावट महसूस होती थी, अब वहाँ पुनर्निर्माण की शुरुआत स्पष्ट दिखाई देती है।

यही दृष्टि उसके भीतर के साहस को नया अर्थ देती है। अब साहस उसके लिए कोई दबाव या परीक्षा नहीं रह जाता, बल्कि एक स्वाभाविक गुण बन जाता है— जैसे साँस लेना, जैसे चलना, जैसे समझना।

और जब कोई चीज़ स्वाभाविक हो जाती है, तो वह भारी नहीं लगती, बल्कि जीवन का हिस्सा बन जाती है।

अब वह यह भी समझने लगता है कि जीवन में स्थिरता का अर्थ कभी-कभी धीमा होना भी होता है। और धीमा होना पीछे जाना नहीं होता, बल्कि सही दिशा में टिककर चलना होता है, जहाँ हर कदम अधिक स्पष्ट होता है।

यह समझ उसे भीतर से हल्का कर देती है, क्योंकि अब वह हर गति को अपनी असफलता या सफलता से नहीं जोड़ता। वह केवल उसे प्रक्रिया की तरह देखता है।

अब वह अपने भविष्य को लेकर भी पहले जैसा दबाव महसूस नहीं करता। वह हर चीज़ को तुरंत पाने की आवश्यकता से मुक्त हो जाता है। वह यह स्वीकार करता है कि हर चीज़ अपने समय पर आएगी, यदि वह सही दिशा में और स्थिर मन से चलता रहा।

और यही विश्वास उसके भीतर एक शांत आत्मबल पैदा करता है, जो दिखावा नहीं करता लेकिन हर स्थिति में उसे संभालता है।

अब साहस उसके लिए कोई युद्ध नहीं रह जाता। अब वह एक निरंतर साथ बन जाता है— जो हर स्थिति में उसके भीतर मौजूद रहता है, चाहे परिस्थिति आसान हो या कठिन।

अब वह यह भी समझने लगता है कि गिरा हुआ साहस वास्तव में कभी गया ही नहीं था। वह केवल अनुभवों की परतों के नीचे छिप गया था, और समय के साथ, समझ के साथ, फिर

से सामने आ गया।

और इस बार वह पहले जैसा अस्थिर नहीं है। इस बार वह अनुभवों से बना हुआ है, समझ से मजबूत हुआ है, और समय से परिपक्व हुआ है।

अब वह बिना किसी अनावश्यक संघर्ष के आगे बढ़ सकता है। बिना किसी डर के निर्णय ले सकता है। और बिना किसी बाहरी मान्यता के भी स्वयं को स्थिर रख सकता है।

यही उसकी वास्तविक वापसी है।

और इसी वापसी में वह समझ जाता है कि साहस कभी खोया नहीं जाता— वह केवल बदलता है, गहराता है, और अंततः व्यक्ति को स्वयं से अधिक परिचित करा देता है।

यह परिचय ही उसकी सबसे बड़ी उपलब्धि बन जाता है— स्वयं से परिचय। पहले जहाँ वह अपने साहस को बाहर की घटनाओं से मापता था, अब वह उसे भीतर की स्थिरता से पहचानने लगता है। पहले जहाँ उसे लगता था कि साहस का अर्थ है कभी न गिरना, अब वह समझ चुका होता है कि साहस का अर्थ है गिरकर भी भीतर से पूरी तरह समाप्त न होना, और हर बार थोड़ा अधिक स्पष्ट होकर फिर से खड़ा होना।

यही समझ इस पूरे अध्याय की अंतिम परत बन जाती है, जहाँ अनुभव किसी निष्कर्ष में नहीं बदलता, बल्कि एक शांत दृष्टि में स्थिर हो जाता है। अब जीवन में न तो हर चीज़ जीत की तरह जरूरी रह जाती है, और न ही हर असफलता हार की तरह भारी लगती है। दोनों ही अब अलग-अलग अर्थ नहीं रखते, बल्कि एक ही यात्रा के दो प्राकृतिक रूप बन जाते हैं— एक चलता हुआ, बदलता हुआ, परिपक्व करता हुआ अनुभव।

और इस अनुभव के भीतर वह व्यक्ति धीरे-धीरे एक ऐसी अवस्था में पहुँच जाता है जहाँ उसे किसी चीज़ को साबित करने की आवश्यकता नहीं रहती— न खुद को, न दुनिया को। क्योंकि अब उसका मूल्य किसी परिणाम से नहीं, बल्कि उसकी निरंतर उपस्थिति से तय होता है।

अब उसका साहस शोर नहीं करता, वह केवल उपस्थित रहता है। वह न आगे बढ़ने के लिए धक्का देता है, न रुकने के लिए दबाव बनाता है। वह बस एक शांत साथी की तरह हर परिस्थिति में उसके साथ बना रहता है— स्थिर, संतुलित और गहराई से जुड़ा हुआ।

और यही उसकी सबसे बड़ी उपलब्धि बन जाती है— कि वह गिरा था, लेकिन टूट नहीं गया; और लौट आया था, लेकिन पहले जैसा नहीं, बल्कि स्वयं से अधिक परिचित होकर।

यहीं यह अध्याय समाप्त होता है।

8

सोच का दलदल

मनुष्य कई बार परिस्थितियों से नहीं हारता, वह अपनी ही सोच में उलझकर स्वयं को धीरे-धीरे थका देता है। बाहर का अंधेरा उतना खतरनाक नहीं होता, जितना भीतर लगातार चलता हुआ विचारों का शोर होता है। क्योंकि बाहरी समस्याएँ समय के साथ बदलती या समाप्त हो जाती हैं, लेकिन भीतर की उलझी हुई सोच स्वयं को बार-बार दोहराती रहती है और हर बार पहले से अधिक भारी महसूस होती है।

धीरे-धीरे वही सोच एक अदृश्य दलदल बन जाती है, जिसमें व्यक्ति चलता तो रहता है, लेकिन भीतर से कहीं आगे नहीं बढ़ पाता। वह सोचता बहुत है, लेकिन समझ कम पाता है। वह हर बात का उत्तर ढूँढता है, लेकिन हर उत्तर के साथ एक नया प्रश्न जन्म ले लेता है। और इसी निरंतर चक्र में मन अपनी ही ऊर्जा खोने लगता है।

शुरुआत में यह सब सामान्य प्रतीत होता है। व्यक्ति इसे अपनी जागरूकता या समझने की क्षमता मान लेता है। वह हर परिस्थिति का विश्लेषण करता है, हर शब्द को बार-बार मन में दोहराता है, और हर घटना के पीछे कोई गहरा अर्थ खोजने की कोशिश करता है। लेकिन समय के साथ यह प्रक्रिया समझ नहीं, बल्कि एक मानसिक बोझ बनने लगती है।

क्योंकि हर विचार उपयोगी नहीं होता। कुछ विचार दिशा देते हैं, जबकि कुछ विचार केवल ऊर्जा को धीरे-धीरे समाप्त करते रहते हैं। और जब मन लगातार अस्थिर हो, तब यह अंतर पहचान पाना कठिन हो जाता है। यहीं से सोच का दलदल गहराने लगता है।

अब व्यक्ति हर बात को आवश्यकता से अधिक महसूस करने लगता है। किसी की एक साधारण-सी टिप्पणी घंटों तक मन में घूमती रहती है। कोई पुरानी घटना बार-बार लौट आती है और अपने साथ वही भावनात्मक भार भी लेकर आती है। भविष्य की अनगिनत कल्पनाएँ वर्तमान की शांति को धीरे-धीरे ढकने लगती हैं।

धीरे-धीरे मन वर्तमान में टिकना ही भूलने लगता है। वह या तो अतीत में फँसा रहता है, या भविष्य में भटकता रहता है। और वर्तमान, जो वास्तविक जीवन है, वह धीरे-धीरे हाथ से फिसलता जाता है।

सबसे कठिन बात यह होती है कि यह सब बाहर से दिखाई नहीं देता। दुनिया को लगता है व्यक्ति शांत है, सामान्य है, शायद ठीक है। लेकिन भीतर विचारों का एक निरंतर चलने वाला तूफान होता है, जो बिना आवाज़ किए उसकी ऊर्जा को धीरे-धीरे कम करता रहता है।

यही कारण है कि बहुत अधिक सोचने वाला व्यक्ति जल्दी थकने लगता है। उसका शरीर नहीं, उसका मन थकता है। क्योंकि वह हर समय किसी न किसी मानसिक संवाद, किसी न किसी संभावित परिणाम और किसी न किसी अनदेखे भय के बीच फँसा रहता है।

वह आराम करते हुए भी सोचता रहता है। वह लोगों के बीच रहते हुए भी भीतर कहीं और होता है। और धीरे-धीरे उसका संबंध वास्तविक जीवन से कमजोर होने लगता है।

अब वह जीने से अधिक सोचने लगता है, और यहीं से असंतुलन शुरू होता है।

क्योंकि जीवन अनुभव से चलता है, केवल विचारों से नहीं। यदि व्यक्ति हर कदम उठाने से पहले अनगिनत संभावनाओं में उलझता रहेगा, तो वह चलना ही छोड़ देगा। और यदि वह हर निर्णय से पहले हर परिणाम का भय महसूस करेगा, तो निर्णय लेना ही कठिन हो जाएगा।

यही सोच का सबसे गहरा दलदल होता है— जहाँ व्यक्ति बाहर से सक्रिय दिखता है, लेकिन भीतर पूरी तरह उलझा हुआ होता है।

धीरे-धीरे वह स्वयं से भी दूर होने लगता है। उसे यह स्पष्ट नहीं रहता कि उसकी वास्तविक भावना क्या है और कौन-सी भावना केवल भय का विस्तार है। कौन-सी चिंता वास्तविक है और कौन-सी केवल मन की कल्पना। और इसी भ्रम में मन लगातार भारी रहने लगता है।

सबसे अधिक पीड़ा तब होती है जब व्यक्ति स्वयं अपने ही विचारों पर विश्वास खोने लगता है। हर विचार संदिग्ध लगने लगता है, हर निर्णय गलत प्रतीत होता है, और हर संभावना के पीछे कोई न कोई भय खड़ा दिखाई देने लगता है। तब भीतर एक निरंतर बेचैनी जन्म लेती है, जो किसी बाहरी कारण से नहीं, बल्कि भीतर की उलझन से पैदा होती है।

यही कारण है कि बहुत अधिक सोचने वाला व्यक्ति कई बार बहुत कम जी पाता है, क्योंकि उसका अधिकतर समय विचारों के जाल में ही बीत जाता है, वास्तविक अनुभव में नहीं।

वह संभावनाओं के बारे में सोचता रहता है, लेकिन वास्तविक कदम नहीं उठा पाता। वह परिवर्तन की कल्पना करता रहता है, लेकिन परिवर्तन शुरू नहीं कर पाता। और समय धीरे-धीरे उसके हाथ से फिसलता जाता है।

फिर एक समय ऐसा आता है जब व्यक्ति स्वयं अपनी ही सोच से थकने लगता है। उसे महसूस होता है कि उसका मन शांत नहीं रहता, कि भीतर कुछ लगातार चलता ही रहता है, और जितना वह उत्तर खोजता है, उतना ही अधिक उलझता जाता है।

यही वह क्षण होता है जहाँ पहली बार यह समझ जन्म लेती है कि हर विचार सत्य नहीं होता। कुछ विचार केवल भय होते हैं, कुछ केवल असुरक्षाएँ, और कुछ केवल मन की दोहराई

जाने वाली आदतें होती हैं, जिनका वास्तविकता से कोई सीधा संबंध नहीं होता।

जब यह समझ धीरे-धीरे भीतर उतरने लगती है, तब व्यक्ति पहली बार अपने विचारों को स्वयं से अलग देखना शुरू करता है— और यहीं से इस अदृश्य दलदल से बाहर निकलने की वास्तविक शुरुआत होती है।

अब यह पहला कदम बहुत छोटा दिखाई देता है, लेकिन भीतर उसके प्रभाव अत्यंत गहरे होते हैं। क्योंकि पहली बार व्यक्ति यह समझना शुरू करता है कि वह अपने विचारों का विस्तार मात्र नहीं है। उसके भीतर जो निरंतर चलता रहता है, वह उसका सम्पूर्ण अस्तित्व नहीं, बल्कि केवल मानसिक गतिविधियों का प्रवाह है। और इसी भेद की पहचान उसके भीतर एक नई दूरी पैदा करती है— स्वयं और विचारों के बीच एक हल्की-सी जगह, जहाँ से वह देखने लगता है, डूबने के बजाय।

और यही समझ धीरे-धीरे उसे उस दलदल की पकड़ से ढीला करने लगती है। पहले जहाँ हर विचार अंतिम सत्य जैसा प्रतीत होता था, अब वही विचार केवल एक अस्थायी घटना की तरह महसूस होने लगता है। पहले जहाँ हर डर वास्तविकता का रूप ले लेता था, अब वही डर दूरी से देखा जाने लगता है, जैसे वह पूरी तरह उसका हिस्सा न हो। और पहले जहाँ मन लगातार उलझा रहता था, अब उसके बीच-बीच में छोटे-छोटे शांत अंतराल उभरने लगते हैं, जो पहले लगभग असंभव लगते थे।

यही शांत अंतराल सबसे महत्वपूर्ण होते हैं, क्योंकि लंबे समय तक विचारों के शोर में जीने वाला व्यक्ति शांति को एक अनुभव की तरह भूल चुका होता है। उसे यह विश्वास हो जाता है कि निरंतर सोचना ही सुरक्षा है, और हर स्थिति का विश्लेषण करना ही समझदारी है। वह हर भविष्य को पहले से नियंत्रित करने की कोशिश में वर्तमान को खो देता है, लेकिन धीरे-धीरे उसे यह स्पष्ट होने लगता है कि अत्यधिक सोचने से जीवन सुरक्षित नहीं होता, केवल भारी हो जाता है।

और यही भारीपन उसकी ऊर्जा को सबसे अधिक खाता है। अब वह अपने भीतर चलने वाले विचारों को अधिक ध्यान से देखने लगता है। उसे यह महसूस होता है कि उसका मन का बड़ा हिस्सा वास्तविक परिस्थितियों में नहीं, बल्कि संभावनाओं और कल्पनाओं की दुनिया में जी रहा था। वह उन घटनाओं से डर रहा था जो अभी हुई ही नहीं थीं, और उन प्रतिक्रियाओं से प्रभावित हो रहा था जो शायद कभी घटेंगी भी नहीं। इसी तरह उसका वर्तमान धीरे-धीरे उसके हाथों से निकलता जा रहा था।

यहीं उसे पहली बार यह समझ आता है कि सोच का दलदल केवल नकारात्मकता से नहीं बनता, बल्कि नियंत्रण की उस गहरी इच्छा से भी बनता है जो हर चीज़ को पहले से निश्चित कर लेना चाहती है। मन हर परिणाम को पहले से जान लेना चाहता है, हर दर्द से पहले बच जाना चाहता है, और हर अनिश्चितता को समाप्त कर देना चाहता है। लेकिन जीवन की प्रकृति अनिश्चितता ही है, और जब मन यह स्वीकार नहीं कर पाता, तब वह लगातार सोचता रहता है।

यही निरंतर सोच धीरे-धीरे व्यक्ति को भीतर से थका देती है। अब उसे यह स्पष्ट होने लगता है कि वह बहुत समय से जीवन को जी नहीं रहा था, केवल उसके बारे में सोच रहा था। हर अनुभव आने से पहले उसका विश्लेषण किया जाता था, हर संबंध संभावनाओं और आशंकाओं में विभाजित हो जाता था, और हर अवसर पहले ही खो दिया जाता था क्योंकि उसे पूरी तरह समझने की कोशिश की जा रही थी।

और इसी प्रक्रिया में कई सुंदर क्षण बिना जिए ही निकल गए। यह एहसास भीतर एक हल्का-सा दर्द छोड़ता है, क्योंकि व्यक्ति यह समझने लगता है कि उसने अपने ही मन द्वारा बनाई गई दीवारों के भीतर स्वयं को सीमित कर लिया था। बाहर कोई वास्तविक बंधन नहीं था, लेकिन भीतर अनगिनत विचारों की अदृश्य जंजीरें थीं, जो उसे लगातार रोकती रहीं।

धीरे-धीरे वह अपने भीतर एक अलग प्रकार की थकान महसूस करने लगता है— ऐसी थकान जो काम से नहीं, बल्कि निरंतर सोचते रहने की आदत से जन्म लेती है। वह शांत बैठना चाहता है, लेकिन विचार रुकते नहीं। वह वर्तमान में रहना चाहता है, लेकिन मन बार-बार अतीत और भविष्य के बीच भटकता रहता है। और इसी भटकाव में उसकी आंतरिक स्थिरता कमजोर होने लगती है।

लेकिन यहीं से परिवर्तन की एक नई शुरुआत भी जन्म लेती है, क्योंकि जब व्यक्ति अपनी उलझन को स्पष्ट रूप से देख पाता है, तभी उससे बाहर निकलने की संभावना उत्पन्न होती है। अब वह हर विचार को सत्य मानना बंद करता है, हर डर को वास्तविकता समझना छोड़ देता है, और अपने मन की हर आवाज़ के पीछे भागना धीरे-धीरे कम कर देता है।

यह प्रक्रिया सरल नहीं होती, क्योंकि मन वर्षों पुरानी आदतों से बना होता है। वह बार-बार उसी चक्र को दोहराना चाहता है, उसी परिचित चिंता में वापस ले जाना चाहता है जहाँ वह लंबे समय तक रुका रहा था। लेकिन अब भीतर एक छोटी-सी जागरूकता जन्म ले चुकी होती है, और यही जागरूकता सबसे बड़ा परिवर्तन बन जाती है।

अब व्यक्ति अपने विचारों को पकड़ने के बजाय उन्हें गुजरते हुए देखने लगता है। वह हर भावना में डूबने के बजाय उसे समझने लगता है। और धीरे-धीरे उसके भीतर एक ऐसा स्थान बनने लगता है जहाँ शोर के बीच भी शांति की एक हल्की-सी उपस्थिति बनी रहती है। यही शांति उसे फिर से अपने भीतर लौटने का मार्ग दिखाने लगती है, क्योंकि अंततः मनुष्य को जीवन केवल सोचकर नहीं, बल्कि सचेत रूप से महसूस करके ही समझ आता है।

और जब यह समझ धीरे-धीरे भीतर उतरने लगती है, तब व्यक्ति पहली बार स्पष्ट रूप से महसूस करता है कि उसके भीतर वर्षों से चलता हुआ मानसिक शोर उसे किसी निष्कर्ष तक नहीं पहुँचा रहा था। वह केवल उसे भीतर से थका रहा था, उसकी ऊर्जा को लगातार बिखेर रहा था, और उसकी दृष्टि की स्पष्टता को धीरे-धीरे धुंधला करता जा रहा था। अब वह यह समझने लगता है कि उसका मन उसका शत्रु नहीं था, वह केवल एक ऐसा तंत्र था जो लंबे समय से बिना किसी दिशा के सक्रिय रहा था, इसलिए वह हर ओर भागता रहा, हर संभावना

को पकड़ने की कोशिश करता रहा, और हर भय को पहले ही सच मान लेने की आदत में जीता रहा।

इस समझ के साथ उसके भीतर कठोरता के स्थान पर एक अजीब-सी कोमलता जन्म लेने लगती है। अब वह स्वयं पर क्रोधित नहीं होता कि वह इतना क्यों सोचता है, न ही वह स्वयं को दोष देता है कि वह दूसरों की तरह सरल और शांत क्यों नहीं रह पाता। वह धीरे-धीरे यह स्वीकार करने लगता है कि हर मन का अपना एक अलग संघर्ष होता है, और हर व्यक्ति अपने ही तरीके के अदृश्य युद्ध में जी रहा होता है, बस फर्क इतना है कि कुछ युद्ध बाहर दिखाई देते हैं और कुछ भीतर ही चलते रहते हैं। उसके लिए यह समझ विशेष रूप से महत्वपूर्ण हो जाती है कि उसकी लड़ाई बाहरी दुनिया से नहीं, बल्कि उन विचारों से थी जो बिना रुके चलते रहते थे, उन प्रश्नों से थी जिनका कोई अंतिम उत्तर नहीं था, और उन आशंकाओं से थी जो वास्तविकता से अधिक कल्पना में जन्म लेती थीं।

सबसे गहरी बात यह थी कि यह सब बाहर से बिल्कुल सामान्य दिखाई देता था। लोग उसका शांत चेहरा देखते थे, उसकी सामान्य दिनचर्या देखते थे, और मान लेते थे कि सब कुछ ठीक है। लेकिन उस सामान्यता के भीतर एक ऐसा मानसिक दबाव लगातार बना रहता था जिसे कोई देख नहीं पाता था। यही अदृश्यता धीरे-धीरे उसके अकेलेपन को और गहरा करती गई, क्योंकि विचारों का यह जाल केवल उलझाता नहीं था, बल्कि उसे दूसरों से भी दूर ले जाने लगता था। वह लोगों के बीच होते हुए भी भीतर कहीं और होता था, बातचीत करते हुए भी किसी पुराने विचार में फँसा रहता था, और वर्तमान में उपस्थित होते हुए भी अतीत या भविष्य के बीच झूलता रहता था।

धीरे-धीरे यह दोहराव उसकी ऊर्जा को भीतर ही भीतर कमजोर करने लगता है। साधारण-से निर्णय भी भारी लगने लगते हैं, छोटे-से बदलाव भी अस्थिर कर देते हैं, और हर नए कदम से पहले मन अनगिनत संभावनाओं का एक ऐसा जाल बुनने लगता है जिसमें आगे बढ़ना कठिन हो जाता है। यही वह बिंदु होता है जहाँ सोच का दलदल सबसे गहरा प्रतीत होने लगता है, क्योंकि अब व्यक्ति वास्तविक परिस्थितियों से कम और अपनी ही कल्पनाओं से अधिक थकने लगता है।

लेकिन जीवन की प्रकृति यही है कि किसी भी गहरे मानसिक जाल के भीतर एक ऐसा क्षण अवश्य आता है जहाँ मन स्वयं अपनी थकान से टूटने लगता है। और उसी टूटन के भीतर से पहली बार एक बहुत धीमी, बहुत सूक्ष्म, लेकिन अत्यंत सच्ची आंतरिक आवाज़ जन्म लेती है, जो यह कहने लगती है कि हर बात को समझना आवश्यक नहीं है, हर भविष्य को पहले से देखना संभव नहीं है, और हर डर को सच मान लेना अनिवार्य नहीं है। यह आवाज़ भले ही छोटी होती है, लेकिन उसमें वह स्पष्टता होती है जो लंबे समय से खो चुकी थी।

धीरे-धीरे यही स्पष्टता उसे विचारों के अनंत जाल से बाहर खींचने लगती है। अब वह हर प्रश्न का उत्तर ढूँढने की आदत को छोड़ने लगता है, हर भावना को नियंत्रित करने के प्रयास को कम करने लगता है, और जीवन को केवल विश्लेषण के माध्यम से नहीं बल्कि अनुभव

के माध्यम से देखने की दिशा में बढ़ने लगता है। इसी परिवर्तन के साथ उसके भीतर जीवन की एक हल्की-सी धड़कन फिर से महसूस होने लगती है, जहाँ सुबह केवल समय का आरंभ नहीं लगती, हवा केवल एक भौतिक उपस्थिति नहीं रहती, और छोटे-छोटे क्षण भी भीतर कुछ शांति छोड़ने लगते हैं।

अब वह यह समझने लगता है कि विचारों का पूर्ण अंत संभव नहीं है, लेकिन उनके पीछे भागना रोका जा सकता है। मन को पूरी तरह शांत करना शायद संभव न हो, लेकिन उसे धीरे-धीरे स्थिर किया जा सकता है। और जीवन को पूरी तरह नियंत्रित करना भले ही असंभव हो, लेकिन उसे सचेत होकर जिया जा सकता है। यही समझ उसके भीतर एक नई स्थिरता पैदा करती है, जो किसी शोर के समाप्त होने से नहीं, बल्कि उस शोर के बीच स्वयं को खोने से बच जाने की क्षमता से जन्म लेती है।

अब यही स्थिरता उसके भीतर धीरे-धीरे एक ऐसा आंतरिक स्थान बनाने लगती है, जहाँ विचार आते तो हैं, लेकिन पहले की तरह उसे अपने साथ बहाकर नहीं ले जाते। पहले जहाँ हर भावना मन पर तुरंत अधिकार जमा लेती थी और उसे भीतर से अस्थिर कर देती थी, अब वही भावनाएँ कुछ देर ठहरती हैं, अपनी उपस्थिति दर्ज करती हैं और फिर बिना किसी संघर्ष के गुजर जाती हैं। यह बदलाव बाहर से बहुत सूक्ष्म प्रतीत होता है, लेकिन भीतर यह एक गहरी तरह की मुक्ति होती है—ऐसी मुक्ति जो किसी संघर्ष से नहीं, बल्कि समझ से जन्म लेती है।

लंबे समय तक सोच के दलदल में फँसा हुआ व्यक्ति केवल उलझा हुआ नहीं होता, वह धीरे-धीरे स्वयं से भी दूर हो चुका होता है। उसका मन इतना शोर सुन चुका होता है कि उसे अपनी ही वास्तविक आवाज़ पहचानने में कठिनाई होने लगती है। और जब वर्षों बाद वह आवाज़ फिर से कहीं भीतर से सुनाई देने लगती है, तब यह कोई अचानक होने वाला परिवर्तन नहीं होता, बल्कि एक धीमा-सा जागरण होता है, जहाँ भीतर कुछ बहुत पुराना फिर से जीवित होने लगता है।

अब वह हर समय स्वयं को सुधारने की कोशिश में नहीं रहता, न ही हर कमी को तुरंत ठीक करने का दबाव अपने ऊपर डालता है। वह धीरे-धीरे यह समझने लगता है कि मनुष्य कोई ऐसा अधूरा यंत्र नहीं है जिसे लगातार ठीक किया जाना चाहिए, बल्कि वह एक जीवित चेतना है जिसे समझने, स्वीकारने और धीरे-धीरे विकसित होने देने की आवश्यकता होती है। यही समझ उसके भीतर कठोरता को कम करती है और उसकी दृष्टि को अधिक मानवीय बना देती है।

अब वह अपने विचारों से लड़ना बंद कर देता है। वह उन्हें दबाने की कोशिश नहीं करता, न ही उन्हें रोकने की जिद करता है, क्योंकि अब उसे यह स्पष्ट होने लगता है कि जितना अधिक वह उन्हें रोकने का प्रयास करेगा, वे उतनी ही तीव्रता से वापस लौटेंगे। इसके बजाय वह केवल उन्हें देखने लगता है, जैसे कोई व्यक्ति नदी के किनारे बैठकर बहते हुए जल को बिना हस्तक्षेप के देखता है—न किसी लहर को पकड़ने की कोशिश, न किसी प्रवाह को

बदलने की इच्छा, बस एक शांत उपस्थिति। और इसी देखने की प्रक्रिया में धीरे-धीरे मन की पकड़ ढीली पड़ने लगती है।

अब विचार पहले की तरह भारी नहीं लगते, डर पहले जैसा वास्तविक नहीं प्रतीत होता, और भविष्य पहले जैसा कठोर और भयावह नहीं दिखाई देता। क्योंकि अब देखने का तरीका बदल चुका होता है। अब वह घटनाओं के भीतर खोता नहीं, बल्कि उनसे थोड़ा दूर होकर उन्हें समझने लगता है। और यही दूरी उसे भीतर से संतुलित करती है।

इसी संतुलन के साथ वह छोटी-छोटी चीज़ों में फिर से जीवन को महसूस करने लगता है—सुबह की हल्की शांति, किसी पेड़ के नीचे बैठा हुआ मौन, या बिना किसी कारण के उभर आई एक हल्की-सी मुस्कान। ये सब अब उसके लिए साधारण घटनाएँ नहीं रहतीं, बल्कि ऐसे अनुभव बन जाते हैं जिनमें जीवन की सूक्ष्म धड़कन महसूस होती है। क्योंकि जब मन का शोर कम होने लगता है, तब जीवन की सबसे धीमी और कोमल ध्वनियाँ भी स्पष्ट सुनाई देने लगती हैं।

और यही ध्वनियाँ उसे धीरे-धीरे फिर से स्वयं से जोड़ने लगती हैं। अब वह समझने लगता है कि अकेलापन हमेशा खालीपन नहीं था, बल्कि कई बार वही अकेलापन उसे स्वयं तक वापस लाने का एक अनिवार्य माध्यम था। यदि हर समय बाहरी दुनिया का शोर बना रहता, तो शायद वह कभी अपने भीतर की वास्तविकता तक पहुँच ही नहीं पाता। इस समझ के साथ वह अपने अकेलेपन से डरना छोड़ देता है और उसे एक ऐसे स्थान के रूप में देखने लगता है जहाँ वह बिना किसी भूमिका के केवल स्वयं के साथ रह सकता है।

यही "स्वयं के साथ रह पाना" उसके जीवन की सबसे गहरी उपलब्धियों में से एक बन जाती है, क्योंकि वह यह समझ जाता है कि दुनिया के साथ रहना अपेक्षाकृत आसान है, लेकिन स्वयं के साथ शांत रहना एक अत्यंत गहरी और परिपक्व अवस्था है।

अब उसके भीतर एक स्वाभाविक परिपक्वता जन्म लेने लगती है। वह हर बात पर तुरंत प्रतिक्रिया नहीं देता, हर भावना में बहता नहीं, और हर डर के पीछे भागता नहीं। उसके भीतर अब एक ऐसा "द्रष्टा" विकसित हो चुका होता है जो अनुभवों को देखता है, उन्हें समझता है और फिर उन्हें छोड़ देता है, बिना किसी अतिरिक्त भार के। और यही छोड़ देना धीरे-धीरे उसे भीतर से मुक्त करने लगता है।

अब वह अपने अतीत को पकड़कर नहीं बैठता, अपनी गलतियों को अपनी पहचान नहीं बनाता, और अपनी असफलताओं को अपनी अंतिम सच्चाई के रूप में स्वीकार नहीं करता। इसी कारण उसके भीतर एक हल्कापन लौटने लगता है—एक ऐसा हल्कापन जो किसी बाहरी परिवर्तन से नहीं, बल्कि भीतर की दृष्टि के बदलने से उत्पन्न होता है।

धीरे-धीरे उसे यह स्पष्ट होने लगता है कि जीवन उतना जटिल नहीं था जितना उसका मन उसे बना चुका था। बहुत-सी उलझनें वास्तविक परिस्थितियों में नहीं, बल्कि केवल विचारों की परछाइयों में अस्तित्व रखती थीं। और जब उन परछाइयों की पकड़ ढीली पड़ने लगती है, तब जीवन का वास्तविक स्वरूप धीरे-धीरे स्पष्ट और सरल दिखाई देने लगता है।

अब वह जीने लगता है—केवल सोचने के लिए नहीं, केवल समझने के लिए नहीं, बल्कि वास्तव में महसूस करने के लिए।

अब यह अनुभव भी किसी अचानक हुई जागृति जैसा नहीं था, बल्कि धीरे-धीरे लौटती हुई एक प्राकृतिक संवेदनशीलता थी, जैसे लंबे सूखे के बाद धरती पहली नमी को बिना किसी शोर के अपने भीतर उतार लेती है। न कोई घोषणा, न कोई परिवर्तन का दिखावा—केवल भीतर की कठोर परत का धीरे-धीरे नरम पड़ जाना, बिना किसी प्रयास के, बिना किसी संघर्ष के।

वह व्यक्ति, जो कभी अपनी ही सोच के जटिल जाल में इतना उलझ चुका था कि हर दिशा धुंधली लगती थी, अब उन्हीं रास्तों को एक बिल्कुल अलग दृष्टि से देखने लगा था। रास्ते वही थे, परिस्थितियाँ वही थीं, लेकिन अब देखने वाला बदल चुका था। और जीवन में सबसे गहरा परिवर्तन अक्सर इसी बिंदु पर घटित होता है—जब दुनिया नहीं बदलती, बल्कि भीतर की दृष्टि बदल जाती है।

अब उसे हर प्रश्न का उत्तर तुरंत चाहिए नहीं होता, और न ही वह हर अनिश्चितता से घबराता है। वह यह स्वीकार करने लगता है कि कुछ बातें समय के साथ ही स्पष्ट होती हैं, और हर चीज़ को अभी और इसी क्षण समझ लेना आवश्यक नहीं है। पहले यही अनिश्चितता उसे भीतर से तोड़ देती थी; वह हर संभावना को पहले ही समाप्त कर देना चाहता था, हर संबंध का भविष्य पहले ही देख लेना चाहता था, और हर दर्द से पहले ही बच निकलना चाहता था। लेकिन अब उसे धीरे-धीरे यह समझ आने लगा था कि जीवन कोई गणितीय समस्या नहीं है जिसे पूरी तरह हल कर लिया जाए, बल्कि यह एक अनुभव है जिसे केवल जिया जा सकता है।

और जैसे ही यह समझ भीतर स्थिर होने लगती है, सोच का वह पुराना दलदल अपनी पकड़ खोने लगता है। अब मन पहले जैसा उग्र नहीं रहता, विचार आते हैं लेकिन वे तूफान नहीं बनते, और डर उठते हैं लेकिन वे पूरे जीवन की दिशा तय नहीं करते। क्योंकि अब भीतर एक ऐसी जागरूकता विकसित हो चुकी होती है जो हर विचार को सत्य मानने की जल्दी में नहीं रहती।

यही जागरूकता धीरे-धीरे व्यक्ति को भीतर से परिपक्व बनाती है। अब वह अपने ही मन के पीछे भागना छोड़ देता है, हर भावनात्मक लहर में डूबने के बजाय उसे गुजरते हुए देखना सीखता है, और इसी देखने की क्षमता में एक गहरी मुक्ति छिपी होती है। क्योंकि मनुष्य को सबसे अधिक वही चीज़ बाँधती है जिससे वह अनजाने में स्वयं को पूरी तरह जोड़ लेता है—अपने ही विचारों, अपने ही डर, और अपनी ही कल्पनाओं से बना हुआ एक अदृश्य संबंध।

धीरे-धीरे उसे यह भी स्पष्ट होने लगता है कि उसने अपने डर को अपनी पहचान बना लिया था, अपनी चिंताओं को अपनी सच्चाई मान लिया था, और अपने विचारों को अपना अंतिम सत्य समझ लिया था। यही कारण था कि भीतर इतनी भारीपन और उलझन पैदा हो

गई थी। लेकिन अब यह पहचान धीरे-धीरे टूटने लगती है।

अब वह समझने लगता है कि मन में उठने वाला हर विचार उसका आदेश नहीं है, हर डर भविष्य की वास्तविकता नहीं है, और हर बेचैनी किसी वास्तविक संकट का संकेत नहीं है। बहुत-सी चीज़ें केवल मानसिक आदतें होती हैं—पुराने अनुभवों से बनी हुई, असुरक्षाओं से पोषित, और बार-बार दोहराई गई सोच से मजबूत हुई हुई। और जब कोई व्यक्ति पहली बार इस अंतर को पहचान लेता है, तभी वास्तविक परिवर्तन शुरू होता है।

अब उसके भीतर धीरे-धीरे एक खाली स्थान बनने लगता है—वही स्थान जिससे वह पहले डरता था, वही मौन जिसे वह खालीपन समझता था। लेकिन अब वही मौन उसे भयभीत नहीं करता, बल्कि उसे स्थिरता देने लगता है। क्योंकि अब उस मौन में कोई भागता हुआ शोर नहीं है, और उस खालीपन में कोई घबराहट नहीं है—वहाँ केवल एक शांत उपस्थिति है, स्वयं की उपस्थिति।

और शायद यही जीवन की सबसे दुर्लभ अवस्था है—जब व्यक्ति स्वयं के साथ बिना किसी संघर्ष के, बिना किसी भागने की इच्छा के, और बिना किसी कृत्रिम सहारे के बैठ सके। अब अकेलापन उसे डराता नहीं, रात की चुप्पी उसे बेचैन नहीं करती, और अपने ही विचारों के साथ रहना भी कठिन नहीं लगता, क्योंकि अब वह उनमें डूबता नहीं, उनसे दूरी बनाकर उन्हें देख सकता है।

यही उसकी वास्तविक वापसी थी—किसी बाहरी जीत की तरह नहीं, बल्कि भीतर की उस शांति की ओर, जो लंबे समय से शोर के नीचे दबी हुई थी। कोई शोर नहीं, कोई घोषणा नहीं, केवल एक धीमी, स्थिर और गहरी वापसी। अब वह जीवन को पकड़ने की कोशिश नहीं कर रहा था, वह केवल उसके साथ चल रहा था। और शायद यही जीने का सबसे सच्चा तरीका है।

अब यह साथ चलना भी उसके जीवन में एक अभ्यास की तरह स्थिर हो चुका था—ऐसा अभ्यास जिसमें व्यक्ति जीवन को नियंत्रित करने की कोशिश नहीं करता, बल्कि उसे समझने की क्षमता विकसित करता है। पहले जहाँ हर अनिश्चितता भीतर तुरंत बेचैनी पैदा कर देती थी और मन उसे खतरे की तरह देखने लगता था, अब वही अनिश्चितता उतनी भयावह नहीं रह गई थी। वह अब उसे एक अधूरी कहानी की तरह देखने लगा था, जिसका अर्थ समय के साथ धीरे-धीरे खुलता है, न कि तुरंत तय हो जाता है।

क्योंकि अब उसके भीतर कहीं गहराई में विश्वास लौटने लगा था। वह विश्वास जो बाहर की दुनिया पर नहीं, परिस्थितियों की स्थिरता पर नहीं, बल्कि स्वयं पर टिकने लगा था। और यही वह विश्वास था जो सबसे देर से लौटता है, क्योंकि यह दूसरों पर नहीं, अपनी ही आंतरिक अस्थिरता पर पुनः भरोसा करने की प्रक्रिया होती है।

कई लोग दूसरों पर भरोसा करना सीख लेते हैं, लेकिन स्वयं पर भरोसा करना अक्सर उन अनुभवों के बाद कठिन हो जाता है जहाँ व्यक्ति अपनी ही सोच के भीतर बार-बार टूट चुका होता है। जब उसने अपनी ही आशंकाओं को सच मानकर खुद को कमजोर होते देखा हो, जब उसका मन ही उसका सबसे बड़ा शोर बन चुका हो, और जब वह अनगिनत रातों में

अपने ही विचारों से हारता रहा हो—तब स्वयं पर विश्वास करना किसी नई शुरुआत जैसा नहीं, बल्कि किसी भूले हुए मार्ग पर फिर से चलने जैसा लगता है।

लेकिन अब वही शुरुआत धीरे-धीरे आकार लेने लगी थी। अब वह अपने मन को हर समय नियंत्रित करने की कोशिश नहीं करता था, बल्कि उसे समझने का प्रयास करता था। उसे यह स्पष्ट होने लगा था कि जो चीज़ें दबाई जाती हैं, वे समाप्त नहीं होतीं, वे केवल भीतर और गहराई में जाकर अपना भार बढ़ा लेती हैं। यही कारण था कि अब वह अपने डर से भागने के बजाय उन्हें देखने लगा था, समझने लगा था, और सबसे महत्वपूर्ण बात यह कि उन्हें अपने ऊपर शासन करने की अनुमति नहीं देता था।

यह परिवर्तन बाहर से दिखाई नहीं देता था, लेकिन भीतर यह एक मौन क्रांति थी। अब उसकी बेचैनी पहले जैसी तीखी नहीं रह गई थी, विचार पहले जैसे अंतहीन चक्र में नहीं घूमते थे, और भावनाएँ उसे पूरी तरह बहा ले जाने की शक्ति नहीं रखती थीं। क्योंकि अब उसके भीतर एक ऐसा केंद्र बनने लगा था जो परिस्थितियों से तुरंत नहीं हिलता था, जो विचारों के शोर में भी स्वयं को खो नहीं देता था, बल्कि उन्हें केवल गुजरते हुए देख सकता था।

यही केंद्र धीरे-धीरे उसकी स्थिरता का आधार बन रहा था। अब वह यह भी समझने लगा था कि अत्यधिक सोच केवल आदत नहीं थी, बल्कि एक गहरे भय की अभिव्यक्ति थी—गलत होने का भय, टूट जाने का भय, और अस्वीकार किए जाने का भय। यही भय उसके मन को हर समय सतर्क रखता था, और वह हर स्थिति को पहले ही नियंत्रित कर लेना चाहता था ताकि भीतर की चोट कम हो सके। लेकिन इसी प्रयास में उसने जीवन को सहज रूप से जीना छोड़ दिया था।

अब धीरे-धीरे वह सहजता लौटने लगी थी। अब वह हर बात का अंतिम निष्कर्ष तुरंत नहीं निकालता था, हर व्यक्ति को संदेह की दृष्टि से नहीं देखता था, और हर परिस्थिति को खतरे के रूप में नहीं महसूस करता था। क्योंकि अब उसकी सुरक्षा बाहर की दुनिया पर निर्भर नहीं रही थी, बल्कि भीतर बनने लगी थी। और जब आधार भीतर बनता है, तो बाहरी हलचलें पहले जितनी गहराई से नहीं हिला पातीं।

उसे यह भी स्पष्ट होने लगा था कि उसकी लगातार चलती हुई थकान का एक बड़ा कारण यही मानसिक भटकाव था—वह हर समय सक्रिय तो रहता था, लेकिन कहीं पहुँच नहीं रहा था, जैसे कोई व्यक्ति एक ही जगह गोल-गोल घूमता रहे और उसे लगे कि वह यात्रा कर रहा है। यही सोच का सबसे बड़ा भ्रम होता है, जो व्यक्ति को व्यस्त रखती है लेकिन आगे नहीं बढ़ने देती।

अब वह इस भ्रम को पहचानने लगा था। वह हर विचार को सत्य नहीं मानता था, हर मानसिक शोर को वास्तविकता नहीं समझता था, और अपने भीतर थोड़ा स्थान छोड़ने लगा था—मौन का, शांति का, और बिना किसी तात्कालिक निष्कर्ष के केवल उपस्थित रहने का। यही उपस्थिति धीरे-धीरे उसके भीतर की टूटन को भरने लगी थी।

अब वह स्वयं के साथ बैठ सकता था, बिना किसी बाहरी शोर के, बिना किसी आंतरिक संघर्ष के। और यही वह क्षण था जहाँ व्यक्ति पहली बार वास्तव में स्वयं से मिलता है—न दुनिया की अपेक्षाओं के साथ, न पुराने भय के साथ, बल्कि अपने वास्तविक अस्तित्व के साथ।

और शायद मनुष्य की सबसे लंबी यात्रा यही होती है—दुनिया से गुजरते हुए अंततः स्वयं तक पहुँच जाना।

और जब यह संतुलन भीतर स्थापित होने लगता है, तब व्यक्ति पहली बार समझता है कि जिस दलदल को वह वर्षों से अपना संघर्ष मानता आया था, वह वास्तव में उसकी ही अनजानी आदतों और अनियंत्रित सोच का परिणाम था। बाहर की परिस्थितियाँ उतनी जटिल नहीं थीं जितनी उसके मन ने उन्हें बना दिया था; जटिलता भीतर थी, जहाँ हर अनुभव को बार-बार तोड़ा, जोड़ा और फिर से विकृत किया जाता रहा था।

यही बिंदु उसके भीतर एक गहरी स्पष्टता लाता है। अब उसे यह दिखाई देने लगता है कि विचार अपने आप में शत्रु नहीं हैं, बल्कि उनका अनियंत्रित बहाव ही समस्या बनता है। पहले जहाँ हर विचार एक आदेश की तरह माना जाता था, अब वही विचार केवल एक घटना की तरह दिखने लगता है—जो आता है और चला जाता है, बिना अनिवार्य रूप से सत्य बने।

धीरे-धीरे उसके भीतर एक नई दूरी विकसित होने लगती है। यह दूरी भावनाओं से भागने की नहीं होती, बल्कि उन्हें बिना डूबे देखने की क्षमता होती है। अब वह डर को महसूस करता है, लेकिन डर में खोता नहीं। वह चिंता को पहचानता है, लेकिन चिंता का विस्तार अपने पूरे अस्तित्व पर नहीं होने देता। यही सूक्ष्म अंतर उसे धीरे-धीरे हल्का करने लगता है।

अब उसका मन हर परिस्थिति को अंतिम सत्य की तरह नहीं पकड़ता। वह यह स्वीकार करने लगता है कि हर विचार का उत्तर देना आवश्यक नहीं है, और हर भावना का समाधान तुरंत खोजना भी जरूरी नहीं है। बहुत-सी चीज़ें समय के साथ स्वयं स्पष्ट होती हैं, और कुछ चीज़ें बिना स्पष्ट हुए भी आगे बढ़ने देती हैं। यह स्वीकार्यता उसके भीतर अनावश्यक संघर्ष को कम करने लगती है।

इसी प्रक्रिया में वह यह भी देखने लगता है कि उसका सबसे बड़ा बोझ परिस्थितियाँ नहीं थीं, बल्कि उन परिस्थितियों को लगातार समझने और नियंत्रित करने की आदत थी। हर चीज़ को पहले से जान लेने की इच्छा ने ही उसे सबसे अधिक थका दिया था। अब जब यह इच्छा कमजोर पड़ती है, तो भीतर जगह बननी शुरू होती है—ऐसी जगह जहाँ पहली बार शांति बिना प्रयास के उपस्थित होने लगती है।

अब वह स्वयं को लगातार सुधारने या बदलने की दौड़ से थोड़ा अलग होने लगता है। वह यह समझने लगता है कि हर क्षण स्वयं को नया बनाना आवश्यक नहीं है; कभी-कभी केवल स्वयं के साथ उपस्थित रहना ही पर्याप्त होता है। इस उपस्थिति में कोई प्रदर्शन नहीं होता, कोई संघर्ष नहीं होता, केवल एक साधारण-सी जागरूकता होती है जो धीरे-धीरे भीतर की जटिलता को सरल बनाती है।

अब विचार उसके ऊपर शासन नहीं करते, बल्कि उसके अनुभव का हिस्सा बनकर रह जाते हैं। वह उन्हें रोकता नहीं, न ही उनका पीछा करता है—बस उन्हें गुजरने देता है। और इसी गुजरने देने की कला में उसका मन पहली बार सचमुच आराम करने लगता है।

यहीं से एक नया संतुलन जन्म लेता है—ऐसा संतुलन जो बाहर की दुनिया को बदलने से नहीं, बल्कि भीतर के देखने के तरीके के बदलने से उत्पन्न होता है। अब जीवन पहले जैसा भारी नहीं लगता, क्योंकि अब वह जीवन को उठाने की कोशिश नहीं कर रहा होता, बल्कि उसे समझने और उसके साथ बहने की स्थिति में होता है।

और यही बहाव धीरे-धीरे उसे उस स्थान तक ले जाता है जहाँ सोच की पकड़ कमजोर पड़ जाती है, और उसके स्थान पर एक शांत, स्थिर और बिना प्रयास की उपस्थिति रह जाती है—जो न लड़ती है, न भागती है, केवल होती है।

धीरे-धीरे यह मौन परिवर्तन उसके पूरे अस्तित्व में उतरने लगता है और वह इसे किसी बड़े बदलाव की तरह नहीं, बल्कि एक स्वाभाविक रूपांतरण की तरह महसूस करता है, जैसे लंबे समय तक भीतर चलता रहा शोर धीरे-धीरे अपनी तीव्रता खोकर एक दूर की गूँज में बदल रहा हो। पहले जहाँ मन हर समय किसी अदृश्य दौड़ में भागता रहता था और हर विचार उसे किसी नए भय या नए विश्लेषण की ओर खींच लेता था, अब वहीं एक गहरी थकान के बाद जन्मी हुई शांति बसने लगती है, जो किसी बाहरी प्रयास से नहीं, बल्कि भीतर के निरंतर संघर्षों के अपने आप ढीले पड़ जाने से उत्पन्न होती है।

यह शांति अचानक नहीं आती, यह अनगिनत मानसिक संघर्षों, अनकहे भय, और लगातार चलती हुई आत्म-व्याख्याओं से गुजरने के बाद आती है, जब व्यक्ति अंततः यह स्वीकार कर लेता है कि हर विचार के पीछे भागना आवश्यक नहीं है और हर भावना का तुरंत अर्थ निकालना भी जरूरी नहीं है, क्योंकि बहुत-सी चीज़ें केवल आती हैं और बिना किसी स्थायी रूप के चली जाती हैं, और उन्हें पकड़ने की कोशिश ही असली थकान बन जाती है।

यही स्वीकार उसके भीतर की सबसे बड़ी मुक्ति बन जाता है, क्योंकि अब वह अपने ही मन के साथ युद्ध करना धीरे-धीरे छोड़ देता है और उसे यह समझ आने लगता है कि हर प्रश्न का उत्तर तुरंत ढूँढना अनिवार्य नहीं है, हर डर को समाप्त करना संभव भी नहीं है, और हर अनिश्चितता से लड़ना जीवन का स्वाभाविक हिस्सा नहीं बल्कि मन की बनाई हुई अतिरिक्त परत है, जिसे हटाया भी जा सकता है।

अब वह हर प्रश्न का उत्तर नहीं ढूँढता और न ही हर विचार को अंतिम सत्य मानकर उसके पीछे दौड़ता है, अब वह हर डर को समाप्त करने की कोशिश नहीं करता क्योंकि उसे यह स्पष्ट होने लगता है कि डर को दबाने से वह समाप्त नहीं होता, बल्कि और गहराई में चला जाता है, और अब वह हर अनिश्चितता से लड़ता नहीं क्योंकि वह समझने लगता है कि अनिश्चितता जीवन का दोष नहीं, उसका स्वभाव है।

क्योंकि अब उसे समझ आ गया होता है कि जीवन को पूरी तरह नियंत्रित नहीं किया जा सकता, केवल सचेत होकर जिया जा सकता है, और यह सचेतनता किसी भी प्रकार की

कठोर पकड़ नहीं मांगती, बल्कि एक ढीली, खुली और स्वीकार करने वाली उपस्थिति की मांग करती है, जहाँ व्यक्ति हर क्षण को बनाने की कोशिश नहीं करता, बल्कि उसे घटित होने देता है।

और शायद पहली बार वह वास्तव में जीना शुरू करता है, क्योंकि अब उसका जीवन केवल सोचने, विश्लेषण करने और परिणामों की चिंता करने तक सीमित नहीं रहता, बल्कि उसमें अनुभव करने की एक सहज क्षमता लौटने लगती है, जो लंबे समय तक विचारों के शोर में दब गई थी।

अब उसके भीतर विचार आते हैं, लेकिन वे तूफान नहीं बनते और न ही उसकी पूरी मानसिक दिशा को नियंत्रित करते हैं, भावनाएँ उठती हैं, लेकिन वे उसे बहाकर नहीं ले जातीं, और अतीत लौटता है, लेकिन अब वह उसमें डूबता नहीं बल्कि उसे एक दूर से देखी गई घटना की तरह समझता है, जिसमें अब वह खोता नहीं।

क्योंकि अब उसके भीतर एक देखने वाला जाग चुका होता है जो हर चीज़ को पकड़ता नहीं, केवल समझता है और जाने देता है, और यही देखने की क्षमता उसे धीरे-धीरे उन मानसिक संरचनाओं से मुक्त करने लगती है जहाँ वह लंबे समय तक अनजाने में स्वयं को कैद किए हुए था।

यही जागरूकता उसके भीतर वर्षों से जमा अंधेरे को धीरे-धीरे हल्का करने लगती है, न किसी संघर्ष के साथ, न किसी प्रयास के दबाव के साथ, बल्कि केवल समझ की निरंतर उपस्थिति के साथ, जो हर विचार को उसका वास्तविक स्थान दिखाने लगती है।

अब वह अपने अकेलेपन से नहीं डरता क्योंकि अब उसे यह खालीपन नहीं लगता, अब उसे मौन खाली नहीं लगता क्योंकि अब वह उसमें भागने की आवश्यकता महसूस नहीं करता, और अब वह स्वयं के साथ बैठ सकता है बिना किसी भय के, बिना किसी कृत्रिम सहारे के, क्योंकि अब उसे स्वयं के साथ रहना एक संघर्ष नहीं बल्कि एक सरल अवस्था लगने लगती है।

और यही उसकी सबसे बड़ी उपलब्धि बन जाती है, क्योंकि जिसने अपने ही मन के शोर को पार कर लिया, उसके लिए बाहरी दुनिया का कोलाहल उतना भारी नहीं रह जाता, और अब वह जीवन को पकड़ने की कोशिश नहीं करता बल्कि उसे बहने देता है, और इसी बहाव में उसे पहली बार भीतर एक वास्तविक स्थिरता महसूस होती है।

एक ऐसी स्थिरता जो विचारों के समाप्त होने से नहीं, बल्कि विचारों से ऊपर उठ जाने से जन्म लेती है, जहाँ मन मौजूद रहता है लेकिन नियंत्रण खो देता है, और चेतना पहली बार केवल देखने और होने की अवस्था में आ जाती है।

यहीं यह अध्याय समाप्त होता है—जहाँ सोच का दलदल अब भी मौजूद है, लेकिन व्यक्ति उसमें डूबना छोड़ चुका है।

9

रिश्तों का भ्रम

मनुष्य अपने जीवन में सबसे अधिक भरोसा यदि किसी चीज़ पर करता है, तो वह रिश्ते होते हैं। उसे लगता है कि कुछ लोग उसके जीवन में ऐसे हैं जो हर परिस्थिति में उसके साथ खड़े रहेंगे, समय चाहे कितना भी बदल जाए, हालात चाहे कितने भी कठिन हो जाएँ, कुछ संबंध कभी नहीं टूटेंगे। यही विश्वास उसे भावनात्मक सहारा देता है और भीतर एक ऐसी सुरक्षा की भावना पैदा करता है, जिसमें वह स्वयं को कम अकेला महसूस करता है।

लेकिन जीवन धीरे-धीरे इस विश्वास की परतें खोलना शुरू करता है, और तब यह स्पष्ट होने लगता है कि बहुत-से रिश्ते उतने गहरे नहीं होते जितने वे दिखाई देते हैं, बहुत-से अपने उतने अपने नहीं होते जितना मन उन्हें मान बैठता है, और बहुत-से संबंध केवल तब तक साथ चलते हैं जब तक परिस्थितियाँ अनुकूल रहती हैं।

यही सत्य सबसे अधिक भीतर तक चोट पहुँचाता है, क्योंकि व्यक्ति केवल लोगों से नहीं जुड़ता, वह उनसे उम्मीदें भी जोड़ लेता है, वह अपने मन की शांति उनके व्यवहार में खोजने लगता है, और अपनी भावनाओं का एक बड़ा हिस्सा उनके भरोसे छोड़ देता है, बिना यह समझे कि हर संबंध की अपनी सीमाएँ होती हैं।

और जब वही लोग धीरे-धीरे बदलने लगते हैं, तब भीतर एक अजीब-सी खामोशी जन्म लेती है, जिसे शुरुआत में समझ पाना कठिन होता है; व्यक्ति इसे समय की व्यस्तता मान लेता है, कभी परिस्थितियों का बदलाव समझ लेता है, और कभी अपने ही विचारों को दोष दे देता है, लेकिन धीरे-धीरे यह स्पष्ट होने लगता है कि दूरी केवल समय की वजह से नहीं आई थी, बल्कि संबंधों की वास्तविकता अब सामने आने लगी थी।

कुछ लोग केवल सुविधा तक साथ थे, कुछ लोग केवल हँसी तक जुड़े थे, और कुछ लोग केवल तब तक अपने थे जब तक व्यक्ति भीतर से मजबूत दिखाई देता था; जैसे ही उसकी चुप्पी गहरी हुई, जैसे ही उसका संघर्ष दिखाई देने लगा, वैसे ही बहुत-से चेहरे बदलने लगे, और यही वह क्षण होता है जहाँ व्यक्ति पहली बार रिश्तों का असली स्वरूप देखना शुरू करता है।

उसे समझ आने लगता है कि हर रिश्ता आत्मा से नहीं जुड़ता, बहुत-से संबंध केवल आदत होते हैं, बहुत-से जुड़ाव केवल समय बिताने के साधन होते हैं, और बहुत-सी नज़दीकियाँ केवल तब तक रहती हैं जब तक उनसे कोई भावनात्मक या व्यवहारिक लाभ मिलता रहता है, और यह समझ भीतर एक गहरा सन्नाटा छोड़ती है।

क्योंकि जिस अपनापन को वह स्थायी मानता था, वह धीरे-धीरे अस्थायी साबित होने लगता है, जिस भरोसे को वह जीवन का आधार समझता था, वही भरोसा कमजोर पड़ने लगता है, और सबसे अधिक पीड़ा तब होती है जब व्यक्ति यह महसूस करता है कि उसने जिन लोगों को दिल से महत्व दिया, उनके जीवन में उसकी जगह उतनी गहरी थी ही नहीं।

यहीं अकेलापन भीतर उतरना शुरू करता है, लेकिन यही अकेलापन व्यक्ति को एक नई दृष्टि भी देता है, जहाँ वह लोगों को केवल शब्दों से नहीं पढ़ता बल्कि व्यवहार को देखने लगता है, और धीरे-धीरे यह समझ विकसित होने लगती है कि कौन केवल अच्छे समय का साथी है और कौन कठिन समय में भी चुपचाप साथ खड़ा रह सकता है।

अब वह हर मुस्कान पर विश्वास नहीं करता, हर अपनापन तुरंत स्वीकार नहीं करता, और हर संबंध को जीवन का अंतिम सहारा नहीं मानता, क्योंकि उसने देख लिया होता है कि बहुत-सी टूटन लोगों के जाने से नहीं, बल्कि उनसे जुड़ी हुई कल्पनाओं के टूटने से आती है।

यही रिश्तों का सबसे बड़ा भ्रम होता है—हम लोगों को वैसे नहीं देखते जैसे वे वास्तव में होते हैं, बल्कि वैसे देखने लगते हैं जैसा हमारा मन उन्हें देखना चाहता है; हम अपनी उम्मीदों से उनका चेहरा बना लेते हैं, अपने खालीपन से उनके महत्व को बढ़ा देते हैं, और फिर एक दिन जब वास्तविकता सामने आती है, तब भीतर सब कुछ हिल जाता है।

यहीं व्यक्ति पहली बार स्वयं की ओर लौटना शुरू करता है, और उसे समझ आने लगता है कि यदि उसकी पूरी शांति दूसरों के व्यवहार पर निर्भर होगी, तो वह कभी स्थिर नहीं रह पाएगा, क्योंकि लोग बदलेंगे, समय बदलेगा, प्राथमिकताएँ बदलेंगी, और कई बार सबसे करीबी लोग भी एक समय के बाद अजनबी जैसे लगने लगेंगे।

लेकिन यही कठोर सत्य उसे तोड़ता नहीं, बल्कि भीतर से धीरे-धीरे मजबूत करता है, क्योंकि अब वह रिश्तों से भागता नहीं, उनमें खोता भी नहीं, वह लोगों से जुड़ता है लेकिन स्वयं को भूलकर नहीं, और वह प्रेम करता है लेकिन अपनी पूरी स्थिरता किसी और के हाथों में सौंपकर नहीं।

क्योंकि अब उसे समझ आ गया होता है कि जीवन की सबसे स्थायी संगति स्वयं की होती है, बाकी सब बदल सकता है—लोग बदल सकते हैं, भावनाएँ बदल सकती हैं, रास्ते बदल सकते हैं, लेकिन यदि व्यक्ति स्वयं के भीतर स्थिर हो जाए तो कोई भी दूरी उसे पूरी तरह तोड़ नहीं सकती।

और शायद अकेलेपन का सबसे बड़ा उपहार भी यही है कि वह धीरे-धीरे व्यक्ति को यह सिखा देता है कि हर रिश्ता जरूरी हो सकता है, लेकिन स्वयं से रिश्ता सबसे अधिक आवश्यक होता है।

धीरे-धीरे यह समझ उसके भीतर उतरने लगती है कि रिश्तों की सबसे बड़ी पीड़ा टूटने में नहीं होती, बल्कि उस बदलाव को स्वीकार करने में होती है जो चुपचाप संबंधों के भीतर जन्म ले चुका होता है, क्योंकि कोई रिश्ता एक दिन में समाप्त नहीं होता, वह धीरे-धीरे खाली होने लगता है और यह खालीपन इतना सूक्ष्म होता है कि शुरुआत में इसका अंदाज़ा भी नहीं होता।

पहले बातचीत कम होती है, फिर भावनाएँ कम होने लगती हैं, फिर महत्व कम होने लगता है, और अंत में केवल औपचारिकता बचती है, और यही औपचारिकता सबसे अधिक चुभती है क्योंकि जहाँ कभी आत्मीयता थी, वहाँ अब केवल शब्द रह जाते हैं और जहाँ कभी बिना कहे समझ लिया जाता था, वहाँ अब समझाने पर भी दूरी बनी रहती है, और यह बदलाव किसी अचानक टूटने जैसा नहीं होता बल्कि एक धीमी क्षरण की तरह होता है।

जहाँ कभी व्यक्ति स्वयं को सुरक्षित महसूस करता था, वहीं अब अजनबीयत का एहसास होने लगता है और यहीं भीतर कुछ टूटने लगता है, लेकिन यह टूटना किसी आवाज़ के साथ नहीं होता, यह बस एक मौन-सा भार होता है जो धीरे-धीरे भीतर बैठता जाता है।

व्यक्ति कई बार खुद को दोष देता है, उसे लगता है शायद गलती उसी की थी, शायद वह जरूरत से अधिक जुड़ गया था, शायद उसने लोगों को उतना महत्व दे दिया जितना उन्हें देना नहीं चाहिए था, लेकिन सच्चाई हमेशा इतनी सरल नहीं होती क्योंकि हर रिश्ता टूटता नहीं, कुछ रिश्ते बस अपनी आत्मा खो देते हैं।

वे चलते रहते हैं, लेकिन उनमें पहले जैसी गर्माहट नहीं रहती, वे दिखाई देते हैं लेकिन भीतर से खाली हो चुके होते हैं, और यही खालीपन व्यक्ति को सबसे अधिक अकेला कर देता है क्योंकि बाहर से सब सामान्य दिखाई देता है लेकिन भीतर वह जान चुका होता है कि कुछ बदल चुका है और अब वापस वैसा नहीं हो सकता।

उसकी आवाज़ में अब पहले जैसी सहजता नहीं रहती, उसकी प्रतीक्षा में अब पहले जैसी उम्मीद नहीं रहती, और उसके मन में अब हर संबंध को लेकर एक हल्की-सी सावधानी जन्म लेने लगती है, और यही सावधानी धीरे-धीरे उसे भीतर से शांत भी करती है और उदास भी कर देती है, क्योंकि अब वह पहले जैसा खुलकर जुड़ नहीं पाता।

अब वह हर किसी में स्थायित्व खोजने की कोशिश नहीं करता, अब उसे यह समझ आने लगता है कि बहुत-से लोग जीवन में केवल कुछ दूरी तक साथ चलने के लिए आते हैं, वे हमेशा के लिए नहीं आते, और यह सत्य सुनने में जितना साधारण लगता है, भीतर से स्वीकार करना उतना ही कठिन होता है क्योंकि मन हमेशा स्थायी सुरक्षा चाहता है।

लेकिन समय का स्वभाव अलग है, वह लोगों को बदल देता है, भावनाओं को बदल देता है, और कई बार संबंधों के अर्थ तक बदल देता है, और इसी कारण एक समय के बाद व्यक्ति समझने लगता है कि रिश्तों में सबसे अधिक दुख दूरी से नहीं, अपेक्षाओं से जन्म लेता है, क्योंकि जितनी गहरी अपेक्षा होती है, उतनी ही गहरी चोट भी होती है।

और जितना अधिक व्यक्ति अपना सुख दूसरों के व्यवहार से बाँध देता है, उतना ही भीतर अस्थिर होता जाता है, लेकिन इसी टूटन के बीच एक बहुत गहरी जागृति भी जन्म लेती है, और व्यक्ति पहली बार स्वयं के भीतर लौटना शुरू करता है, जहाँ वह हर समय किसी के सहारे की प्रतीक्षा नहीं करता और अपनी चुप्पी से भागता भी नहीं।

अब वह यह सीखने लगता है कि स्वयं के साथ भी जिया जा सकता है, बिना किसी बाहरी सहारे के, और यही सीख उसे भीतर से बदल देती है, क्योंकि अब अकेलापन उसे सज़ा नहीं लगता, बल्कि एक ऐसे दर्पण की तरह लगता है जहाँ वह बिना किसी भ्रम के स्वयं को देख सकता है।

क्योंकि रिश्तों के टूटने ने उससे बहुत कुछ छीना जरूर था, लेकिन उसी टूटन ने उसे लोगों की वास्तविकता और स्वयं की आवश्यकता दोनों समझा दी थीं, और अब उसे यह स्पष्ट दिखने लगा था कि दुनिया में हर व्यक्ति अंततः अपनी सीमाओं के भीतर जी रहा है, हर कोई उतना साथ नहीं दे सकता जितनी उम्मीद हम कर लेते हैं, और हर कोई उतना समझ नहीं सकता जितना हमारा मन चाहता है।

और यह स्वीकार करते ही उसके भीतर का बोझ थोड़ा हल्का होने लगता है, अब वह लोगों से प्रेम कर सकता था लेकिन उनमें खोए बिना, अब वह किसी के साथ चल सकता था लेकिन स्वयं को छोड़े बिना, अब वह रिश्तों को महत्व दे सकता था लेकिन अपनी शांति की कीमत पर नहीं।

और शायद यही परिपक्वता थी—जब व्यक्ति प्रेम करना बंद नहीं करता, लेकिन स्वयं को खोना बंद कर देता है।

धीरे-धीरे उसके भीतर यह स्पष्ट होने लगा कि रिश्तों की सबसे बड़ी विडंबना यही है कि मनुष्य जिन लोगों के सबसे अधिक निकट होता है, कई बार वही लोग उसके भीतर की सबसे गहरी चुप्पियों को कभी समझ ही नहीं पाते। वे चेहरे को पढ़ लेते हैं, शब्दों को सुन लेते हैं, लेकिन आत्मा के भीतर चल रही थकान तक बहुत कम लोग पहुँच पाते हैं, और इसी कारण व्यक्ति लंबे समय तक एक ऐसी अपेक्षा में जीता रहता है जो वास्तविकता में शायद कभी पूरी तरह संभव ही नहीं होती। पहले वह चाहता था कि कोई उसे पूरी तरह समझे, उसकी चुप्पी के पीछे का भार महसूस करे, और बिना कहे यह जान ले कि उसके भीतर कितना संघर्ष चल रहा है, लेकिन समय के साथ उसे यह समझ आने लगता है कि हर व्यक्ति अपनी ही लड़ाइयों में इतना उलझा हुआ है कि वह दूसरे की आत्मा तक पूरी तरह पहुँच ही नहीं पाता, और शायद यही कारण है कि बहुत-से संबंध सतह पर टिके रह जाते हैं—वे साथ तो चलते हैं लेकिन गहराई तक नहीं उतरते, वे शब्दों में बने रहते हैं लेकिन आत्मा तक नहीं पहुँचते, और वे दिखाई बहुत मजबूत देते हैं लेकिन भीतर से समय के साथ खाली होने लगते हैं।

यह एहसास भीतर एक धीमा दर्द छोड़ता है, क्योंकि व्यक्ति पहली बार यह महसूस करता है कि उसने जिन लोगों को अपने जीवन का स्थायी हिस्सा मान लिया था, वे भी समय की धारा में बदल सकते हैं, उनकी प्राथमिकताएँ बदल सकती हैं, उनका व्यवहार बदल

सकता है, और कई बार उनका अपनापन भी धीरे-धीरे कम हो सकता है; और यही सत्य सबसे अधिक चुभता है—न दूरी, न बिछड़ना, बल्कि किसी अपने का धीरे-धीरे बदल जाना, क्योंकि जब कोई अचानक चला जाता है तब दर्द स्पष्ट होता है, लेकिन जब कोई धीरे-धीरे भावनात्मक रूप से दूर होने लगता है तब व्यक्ति लंबे समय तक भ्रम में जीता रहता है, हर छोटी बात में पुराना अपनापन खोजता है, हर बातचीत में वही गर्माहट ढूँढता है, और हर मुलाकात में पुराने दिनों की झलक तलाशता है, जबकि समय भीतर ही भीतर पूरी तरह बदल चुका होता है।

धीरे-धीरे वह समझने लगता है कि बहुत-से रिश्ते केवल एक समय विशेष तक ही सच्चे लगते हैं; वे उस दौर में वास्तविक होते हैं, लेकिन जीवन के अगले मोड़ पर उनका स्वरूप बदल जाता है, और यह बदलाव गलत नहीं होता लेकिन दर्दनाक जरूर होता है, क्योंकि मन स्थायित्व चाहता है और वह यह मानना चाहता है कि जो आज उसके साथ है वह हमेशा रहेगा, जबकि जीवन किसी को हमेशा एक जैसा नहीं रखता। इसी कारण रिश्तों से जुड़ी सबसे बड़ी पीड़ा टूटन से नहीं, परिवर्तन से आती है, और यह परिवर्तन व्यक्ति को भीतर तक हिला देता है, क्योंकि अब वह लोगों को खोने से अधिक स्वयं को खोने से डरने लगता है, जब उसने देख लिया होता है कि किसी रिश्ते के टूटने पर केवल व्यक्ति दूर नहीं जाता बल्कि उसके साथ हमारी उम्मीदों का एक हिस्सा भी चला जाता है—वही उम्मीदें जिन पर मन ने अपने सुख का आधार बनाया था।

लेकिन यहीं से भीतर एक और गहरी समझ जन्म लेने लगती है; व्यक्ति पहली बार यह देखना शुरू करता है कि उसने अपने जीवन की शांति का कितना बड़ा हिस्सा दूसरों के व्यवहार के हाथों में दे दिया था—किसी का एक संदेश उसका दिन बना देता था, किसी की अनदेखी उसे भीतर तक तोड़ देती थी, किसी की थोड़ी-सी दूरी उसे असुरक्षित महसूस कराने लगती थी, और इसी निर्भरता ने उसके भीतर निरंतर भय पैदा किया था—खो देने का, अकेले रह जाने का, और महत्वहीन हो जाने का। लेकिन अकेलापन धीरे-धीरे उसे यह सिखाने लगता है कि यदि व्यक्ति स्वयं के भीतर स्थिर नहीं है, तो कोई भी रिश्ता उसे स्थायी शांति नहीं दे सकता, क्योंकि बाहरी संबंध चाहे कितने भी सुंदर क्यों न हों, वे भीतर की रिक्तता को पूरी तरह नहीं भर सकते।

यह समझ शुरुआत में कठोर लगती है, लेकिन यही समझ व्यक्ति को भावनात्मक रूप से स्वतंत्र बनाना शुरू करती है; अब वह लोगों से जुड़ता है लेकिन टूटकर नहीं, प्रेम करता है लेकिन स्वयं को मिटाकर नहीं, और किसी के साथ चलता है लेकिन अपनी आत्मा का केंद्र खोकर नहीं, और यही उसके भीतर एक नई परिपक्वता को जन्म देता है जहाँ रिश्ते जीवन का सहारा नहीं बल्कि जीवन का हिस्सा बन जाते हैं—महत्वपूर्ण, सुंदर, आवश्यक, लेकिन उसके अस्तित्व का एकमात्र आधार नहीं। क्योंकि अब उसने स्वयं के भीतर एक ऐसा स्थान बना लिया होता है जहाँ वह बिना किसी बाहरी सहारे के भी शांत रह सकता है, और शायद यही अकेलेपन की सबसे गहरी शिक्षा होती है—जब दुनिया धीरे-धीरे दूर होने लगे तब मनुष्य

अंततः स्वयं के सबसे निकट आ जाता है।

और जब यह समझ भीतर और गहराई तक उतरती है, तब व्यक्ति पहली बार रिश्तों को किसी भावनात्मक धुंध के बिना देख पाता है। पहले जहाँ हर जुड़ाव में उम्मीदें ही रास्ता तय करती थीं, अब वहीं अनुभव धीरे-धीरे दृष्टि को साफ करने लगता है, और वह समझने लगता है कि हर रिश्ता जीवनभर साथ चलने के लिए नहीं आता; कुछ लोग वास्तव में केवल एक अध्याय होते हैं—गहरे, प्रभावशाली, याद रह जाने वाले, लेकिन स्थायी नहीं, और यही सत्य जितना सरल लगता है, उतना ही भीतर जाकर मनुष्य को परिपक्व करता है, क्योंकि अब वह यह स्वीकार करने लगता है कि हर बिछड़ाव विश्वासघात नहीं होता, कुछ दूरियाँ समय की प्राकृतिक गति होती हैं, कुछ परिवर्तन परिस्थितियों का परिणाम होते हैं, और कुछ लोग केवल उतनी ही दूरी तक साथ चल सकते हैं जितनी उनकी अपनी सीमाएँ अनुमति देती हैं, जबकि इससे पहले वही व्यक्ति हर दूरी को व्यक्तिगत चोट की तरह महसूस करता था, हर परिवर्तन को अस्वीकार की तरह देखता था, और हर बिछड़ते संबंध को किसी अधूरी कहानी की तरह अपने भीतर लंबे समय तक दोहराता रहता था।

लेकिन यह समझ धीरे-धीरे, और अक्सर देर से आती है, क्योंकि उससे पहले व्यक्ति टूटता है, प्रतीक्षा करता है, पुराने दिनों को पकड़कर बैठा रहता है, और मन ही मन यह उम्मीद करता है कि शायद सब पहले जैसा हो जाए, जबकि समय का स्वभाव कभी भी पीछे लौटना नहीं होता, और इसी कारण बहुत-से लोग वास्तव में रिश्तों से नहीं बल्कि उन स्मृतियों से जुड़े रहते हैं जो कभी उन रिश्तों ने उन्हें दी थीं; वे व्यक्ति को नहीं, उस एहसास को थामे रहते हैं जो अब केवल याद बनकर रह गया होता है, और जब वह एहसास धीरे-धीरे समाप्त होने लगता है, तब भीतर एक ऐसी रिक्तता जन्म लेती है जो केवल किसी के जाने की नहीं होती, बल्कि उस पूरे भावनात्मक संसार के ढहने की होती है जिसे व्यक्ति ने अपने भीतर बहुत धैर्य से खड़ा किया था।

यहीं से अकेलापन और गहरा हो जाता है, क्योंकि अब व्यक्ति लोगों के बीच रहकर भी भीतर से अलग महसूस करने लगता है; उसे लगने लगता है कि वह जितना दूसरों को समझने की कोशिश करता है, उतना ही स्वयं अनसुना रह जाता है, वह जितना सच्चा होता है, उतना ही भीतर से थकने लगता है, और धीरे-धीरे वह अपनी भावनाओं को व्यक्त करने के बजाय उन्हें भीतर ही दबाना सीख लेता है, जो आगे चलकर एक शांत लेकिन लगातार मौजूद रहने वाली उदासी में बदलने लगता है। अब वह पहले जैसा खुला नहीं रह जाता, हर रिश्ते में पूरी तरह नहीं खुलता, उसके भीतर एक अनदेखी सावधानी जन्म ले लेती है, क्योंकि उसने देख लिया होता है कि हर व्यक्ति उसकी गहराई को संभाल नहीं सकता; बहुत-से लोग केवल उसके बाहरी व्यक्तित्व को जानते थे, उसकी मुस्कान से परिचित थे, उसकी चुप्पियों से नहीं, और उसके साथ होने के आदी थे, लेकिन उसके भीतर चल रहे संघर्षों से अनजान थे, और यही अंतर उसे भीतर से बदल देता है, बिना उसे कठोर बनाए, बल्कि उसे अधिक गहरा बना देता है।

अब वह लोगों से नफरत नहीं करता, बल्कि अपेक्षाएँ धीरे-धीरे कम कर देता है, और यही कमी उसके भीतर पहली वास्तविक शांति को जन्म देती है, क्योंकि अपेक्षाएँ जितनी कम होती हैं, मन उतना हल्का होने लगता है; अब उसे यह निरंतर भय नहीं रहता कि कौन साथ रहेगा और कौन नहीं, अब वह हर रिश्ते को पकड़कर रखने की कोशिश नहीं करता, क्योंकि अब उसे यह समझ आ चुका होता है कि जो वास्तव में अपना होगा उसे बाँधकर रखने की आवश्यकता नहीं पड़ेगी, और जो केवल परिस्थितियों तक सीमित होगा, उसे रोककर भी नहीं रखा जा सकेगा, और यही स्वीकार धीरे-धीरे भीतर की बेचैनी को शांत करने लगता है।

अब वह अकेले बैठ सकता है बिना टूटे हुए महसूस किए, अब उसकी चुप्पी भारी नहीं लगती, अब वह स्वयं के साथ समय बिताने से नहीं डरता, क्योंकि उसने स्वयं को लोगों की उपस्थिति से अलग पहचानना शुरू कर दिया होता है, और यह पहचान बहुत गहरी होती है, क्योंकि यहीं वह समझता है कि रिश्ते सुंदर हो सकते हैं, आवश्यक हो सकते हैं, जीवन को अर्थ दे सकते हैं, लेकिन यदि मनुष्य स्वयं के भीतर रिक्त है तो कोई रिश्ता उसे पूर्ण नहीं कर सकता, और यदि वह स्वयं के भीतर स्थिर हो जाए तो टूटे हुए रिश्ते भी उसे पूरी तरह तोड़ नहीं सकते, और यही वह अवस्था होती है जहाँ अकेलापन शत्रु नहीं रहता बल्कि धीरे-धीरे एक शिक्षक बन जाता है—शांत, कठोर, लेकिन सत्य से भरा हुआ।

और जब यह समझ भीतर और गहराई से स्थापित हो जाती है, तब अकेलापन एक विरोधाभासी अनुभव बन जाता है— बाहर से वही शांत खालीपन, लेकिन भीतर से एक ऐसी पूर्णता जो पहले कभी महसूस नहीं हुई थी। पहले जहाँ वह अकेलेपन को एक कमी की तरह देखता था, अब वही उसे एक ऐसी जगह की तरह देखने लगा था जहाँ वह बिना किसी भूमिका, बिना किसी अपेक्षा और बिना किसी प्रदर्शन के केवल स्वयं हो सकता था। यही परिवर्तन धीरे-धीरे उसके दृष्टिकोण को बदल देता है, और जिन रिश्तों के टूटने पर कभी भीतर भारी अंधकार भर जाता था, अब वही अनुभव उसे यह सिखाने लगता है कि हर जुड़ाव स्थायी होने के लिए नहीं होता, कुछ संबंध केवल एक समय के लिए आते हैं—जीवन को छूने, बदलने और आगे बढ़ जाने के लिए।

अब वह लोगों को खोने से पहले जितना डरता था, उतना अब नहीं डरता, क्योंकि उसने समझ लिया होता है कि जीवन में किसी का साथ मिलना जितना सुंदर हो सकता है, उतना ही उसका बदल जाना भी स्वाभाविक है, और यह स्वाभाविकता अब उसे तोड़ती नहीं बल्कि स्थिर करती है। पहले वह हर छोटे बदलाव को अपने भीतर गहरे तक ले जाता था—किसी की आवाज़ में आया परिवर्तन, किसी के समय की दूरी, किसी के व्यवहार की ठंडक—ये सब उसे भीतर से असहज कर देते थे, जैसे कुछ अनकहा लगातार उसके मन में चलता रहता हो, लेकिन अब वही परिवर्तन उसे यह समझाने लगे हैं कि जीवन स्थिर नहीं होता, और संबंधों का स्वरूप भी समय के साथ बदलता है, और यह बदलाव किसी दोष का प्रमाण नहीं बल्कि जीवन की गति का हिस्सा है।

अब जब कोई दूर होता है तो दर्द तो होता है, लेकिन वह दर्द उसे स्वयं से अलग नहीं कर देता; जब कोई बदलता है तो उदासी आती है, लेकिन वह उदासी उसकी पूरी पहचान को नहीं निगलती; और जब कोई साथ छोड़ता है तो खालीपन महसूस होता है, लेकिन वह खालीपन अब उसे भीतर से खोखला नहीं करता, बल्कि उसे अपने भीतर झाँकने का अवसर देता है। यही वह जगह है जहाँ परिपक्वता जन्म लेती है—जहाँ व्यक्ति समझता है कि हर रिश्ता आत्मा की गहराई तक नहीं जाता, कुछ लोग केवल समय के यात्री होते हैं, कुछ अनुभव के शिक्षक, और कुछ केवल एक क्षणिक अध्याय जो समाप्त होकर भी अपना प्रभाव छोड़ जाता है।

अब वह भीड़ में अपनापन ढूँढना छोड़ देता है, क्योंकि उसे समझ आ चुका होता है कि अधिक लोगों का होना हमेशा समझे जाने का प्रमाण नहीं होता, और कई बार एक सच्ची, शांत उपस्थिति अनेक अधूरे संबंधों से अधिक गहरी होती है। अब उसकी आँखों में वह पुरानी बेचैनी नहीं रहती जो हर चेहरे में स्थायित्व खोजती थी, अब वह हर व्यक्ति से पूर्णता की अपेक्षा नहीं करता, और न ही यह उम्मीद रखता है कि कोई उसकी हर चुप्पी को पूरी़ तरह समझ ही लेगा, क्योंकि अब उसने अपनी चुप्पियों के साथ रहना सीख लिया होता है, और यही सीख सबसे कठिन होते हुए भी सबसे मुक्त करने वाली साबित होती है।

अब वह अकेले बैठ सकता है बिना टूटे हुए महसूस किए, बिना किसी बाहरी सहारे की तत्काल आवश्यकता के, क्योंकि उसने अपने भीतर एक ऐसा आधार बना लिया होता है जो दूसरों की उपस्थिति पर निर्भर नहीं करता, और यही वह बिंदु है जहाँ अकेलापन अपनी सबसे बड़ी विडंबना प्रकट करता है—वह व्यक्ति को सबसे पहले खाली करता है, और फिर धीरे-धीरे उसी खालीपन में उसे उसका सबसे वास्तविक, सबसे शांत और सबसे स्थिर स्वरूप लौटा देता है।

धीरे-धीरे उसके भीतर यह समझ और अधिक गहरी होने लगी कि रिश्ते हमेशा किसी एक बड़े क्षण में टूटते नहीं हैं, बल्कि वे बहुत छोटे-छोटे, लगभग अदृश्य परिवर्तनों के माध्यम से बदलते रहते हैं, जिन्हें मन लंबे समय तक स्वीकार करने से इंकार करता रहता है क्योंकि वह सत्य से पहले अपनी स्मृतियों को बचाए रखना चाहता है। मन पुराने दिनों की उन परतों में जीता रहता है जहाँ अपनापन वास्तविक लगता था, जहाँ बातें सहज थीं, जहाँ उपस्थिति में गर्माहट थी, और इसी कारण वह यह मानने में देर करता है कि सामने वाला अब वही नहीं रहा जो पहले था, क्योंकि मन के लिए परिवर्तन स्वीकार करना स्मृतियों के टूटने जैसा होता है, और स्मृतियाँ उसके लिए सबसे सुरक्षित आश्रय होती हैं।

यहीं रिश्तों का सबसे मौन और सबसे सूक्ष्म बदलाव शुरू होता है, जहाँ शब्द वही रहते हैं लेकिन भावनाएँ बदल जाती हैं, जहाँ साथ दिखाई देता है लेकिन भीतर से दूरी जन्म ले चुकी होती है, और जहाँ व्यक्ति मौजूद तो होता है लेकिन उसकी मानसिक और भावनात्मक उपस्थिति धीरे-धीरे किसी और दिशा में चली जाती है, और यह दूरी कभी किसी बड़े शोर या स्पष्ट घटना के साथ नहीं आती बल्कि बहुत शांत, लगभग अनदेखे तरीके से बढ़ती

रहती है—पहले प्राथमिकताएँ बदलती हैं, फिर समय का संतुलन बदलता है, फिर व्यवहार में हल्की-सी ठंडक आने लगती है, और अंत में संबंध केवल एक आदत की तरह रह जाता है जिसमें जीवंतता तो होती है लेकिन आत्मीयता नहीं रहती।

जो व्यक्ति सच्चे मन से जुड़ा होता है, वह इन सूक्ष्म परिवर्तनों को बहुत गहराई से महसूस करता है, उसे सामने वाले की आवाज़ में आया हल्का-सा फर्क भी समझ आने लगता है, संदेशों के बीच की दूरी भी महसूस होने लगती है, और यह भी कि अब वह पहले जैसी प्राथमिकता नहीं रहा, और यही धीमी समझ भीतर एक ऐसी टूटन पैदा करती है जो अचानक नहीं होती बल्कि लगातार बढ़ती रहती है, बिना किसी स्पष्ट अंतिम बिंदु के, जैसे कोई रिश्ता समाप्त नहीं होता बल्कि धीरे-धीरे अपना अर्थ खोता जाता है।

सबसे अधिक दर्द इस बात का नहीं होता कि कोई चला गया, बल्कि इस बात का होता है कि जिस व्यक्ति को उसने अपनी सच्चाई के सबसे निकट माना था, वही धीरे-धीरे उसकी भावनात्मक दुनिया से दूर हो गया, और इसी जगह व्यक्ति पहली बार यह प्रश्न पूछता है कि लोग बदलते क्यों हैं, जबकि इसका उत्तर सरल नहीं होता, क्योंकि यह हमेशा किसी एक कारण से नहीं जुड़ा होता—कई लोग इसलिए बदल जाते हैं क्योंकि उनका जुड़ाव उतना गहरा था ही नहीं जितना सामने वाले ने मान लिया था, कुछ लोग परिस्थितियों तक सीमित होते हैं और जैसे ही परिस्थितियाँ बदलती हैं उनका साथ भी बदल जाता है, कुछ लोग गहराई को संभाल ही नहीं पाते और वे केवल सतही संबंधों में सहज रहते हैं, और कुछ लोग धीरे-धीरे जीवन के दबावों और स्वार्थों में इतने उलझ जाते हैं कि दूसरों की भावनाएँ उनकी प्राथमिकताओं से पीछे छूटने लगती हैं।

यही वह कठोर सत्य है जिसे स्वीकार करना आसान नहीं होता, क्योंकि शुरुआत में व्यक्ति हर रिश्ते को स्थायी मानकर चलता है, लेकिन समय के साथ यह स्पष्ट होने लगता है कि हर संबंध में समान गहराई और समान क्षमता नहीं होती, और जब यह असमानता सामने आती है तो व्यक्ति अक्सर स्वयं को ही दोष देने लगता है, यह सोचकर कि शायद वह पर्याप्त नहीं था, या उसने अधिक अपेक्षा कर ली, या उसने लोगों को अपनी आत्मा तक पहुँचने दिया, और यही आत्म-दोष लंबे समय तक भीतर एक धीमी पीड़ा बनकर रहता है।

लेकिन जब अकेलापन धीरे-धीरे गहराता है, तब वही व्यक्ति यह समझने लगता है कि किसी का दूर जाना हमेशा उसकी कमी का प्रमाण नहीं होता, बल्कि कई बार यह केवल यह दिखाता है कि सामने वाला उस दूरी तक चलने के लिए बना ही नहीं था, और यह समझ देर से आती है लेकिन जब आती है तो भीतर एक गहरी स्थिरता छोड़ जाती है, क्योंकि अब वह हर बिछड़ाव को अपनी असफलता नहीं मानता, हर दूरी में स्वयं को दोषी नहीं ठहराता, और यह स्वीकार करता है कि कुछ रिश्ते निभाने के लिए नहीं बल्कि समझने के लिए आते हैं—वे यह दिखाने के लिए आते हैं कि उसने अपनी शांति कहाँ बाहरी हाथों में सौंप दी थी और अपनी पहचान किस तरह दूसरों की उपस्थिति पर निर्भर कर दी थी।

और यहीं से उसके भीतर एक नई स्वतंत्रता जन्म लेने लगती है, जहाँ वह लोगों से प्रेम कर सकता है लेकिन स्वयं को खोए बिना, जुड़ सकता है लेकिन अंधे विश्वास में नहीं, और साथ महसूस कर सकता है लेकिन अपनी आत्मा का केंद्र किसी और के हाथों में नहीं छोड़ता, और शायद यही वह सबसे गहरी सीख होती है जो अकेलापन धीरे-धीरे मनुष्य को देता है—कि रिश्ते सुंदर हो सकते हैं, अर्थपूर्ण हो सकते हैं, जीवन को समृद्ध कर सकते हैं, लेकिन यदि व्यक्ति स्वयं के भीतर स्थिर नहीं है तो वही रिश्ते एक दिन उसके लिए सबसे बड़ा भ्रम भी बन सकते हैं।

और शायद इसी कारण सबसे अधिक टूटते भी वही लोग होते हैं जिनका प्रेम सबसे सच्चा होता है, क्योंकि वे रिश्तों को किसी सौदे की तरह नहीं बल्कि एक पूर्ण समर्पण की तरह जीते हैं। उनके लिए जुड़ाव केवल सुविधा नहीं होता, वह एक आंतरिक स्वीकृति होता है जिसमें वे सामने वाले को जितना स्थान देते हैं, उतना ही अपने भीतर की रक्षा को थोड़ा ढीला छोड़ देते हैं। लेकिन जब यही समर्पण धीरे-धीरे एकतरफा होने लगता है, तब वे समझ नहीं पाते कि कहाँ गलती हुई, क्योंकि उनके भीतर तो वही सच्चाई चल रही होती है जो शुरुआत में थी, जबकि सामने की दुनिया बहुत पहले बदल चुकी होती है। यही असंतुलन उन्हें सबसे अधिक तोड़ता है, क्योंकि वे अभी भी उसी भावनात्मक समय में जी रहे होते हैं जहाँ रिश्ता जीवित था, जबकि वास्तविकता बहुत आगे निकल चुकी होती है।

धीरे-धीरे यही अनुभव उन्हें एक कठोर लेकिन आवश्यक समझ तक ले जाता है कि हर गहराई का जवाब गहराई से नहीं मिलता, और हर भावना का प्रत्युत्तर समान भावना से नहीं आता। कुछ लोग बस उतना ही दे पाते हैं जितना उनके भीतर संभव होता है, और कुछ लोग उतना भी नहीं निभा पाते जितना वे स्वयं वादा करते हैं। यह समझ भीतर किसी कड़वाहट को जन्म नहीं देती, बल्कि एक तरह की थकी हुई स्पष्टता लाती है जहाँ व्यक्ति यह स्वीकार करने लगता है कि हर किसी से वही अपेक्षा रखना जो वह स्वयं दे सकता है, अंततः स्वयं को ही तोड़ देता है। और इसी स्वीकार के साथ वह रिश्तों को नए तरीके से देखने लगता है—कम भ्रम, कम उम्मीद, और अधिक वास्तविकता के साथ, जहाँ जुड़ाव अब किसी आवश्यकता का नहीं बल्कि एक स्वैच्छिक अनुभव बन जाता है, जिसे पकड़ा नहीं जाता, केवल जिया जाता है और समय के साथ उसका स्वरूप जैसा भी हो, उसे उसी रूप में जाने दिया जाता है।

और यही संतुलन उसके भीतर एक ऐसी परिपक्व शांति को जन्म देता है जो न तो किसी उत्साह में बहती है और न ही किसी दुख में टूटती है। अब वह जीवन को किसी कहानी के स्थायी पात्रों की तरह नहीं देखता, बल्कि बदलते दृश्यों की एक निरंतर धारा की तरह देखता है, जहाँ हर व्यक्ति आता है, अपना प्रभाव छोड़ता है और फिर समय के साथ अपने स्थान पर चला जाता है। यह दृष्टि उसे कठोर नहीं बनाती, बल्कि भीतर से हल्का कर देती है, क्योंकि अब उसे हर संबंध को स्थायी रखने का दबाव नहीं उठाना पड़ता और न ही हर बिछड़ाव को अंतिम टूटन की तरह सहना पड़ता है।

धीरे-धीरे वह यह भी समझने लगता है कि जीवन में स्थायित्व लोगों में नहीं, बल्कि उस क्षमता में है जो व्यक्ति को बदलते हुए भी स्वयं के साथ बने रहने देती है। पहले वह दूसरों की उपस्थिति में अपने अस्तित्व को परिभाषित करता था, लेकिन अब वह अपनी उपस्थिति में ही स्वयं को पहचानने लगता है। यही परिवर्तन उसे भीतर से स्वतंत्र बनाता है, क्योंकि अब उसकी शांति किसी के आने या जाने पर निर्भर नहीं रहती, बल्कि उसके अपने भीतर की समझ से जन्म लेती है।

और शायद इसी बिंदु पर वह वास्तव में जीना शुरू करता है—न किसी भय के साथ, न किसी अपेक्षा के बोझ के साथ, बल्कि एक शांत स्वीकार के साथ, जहाँ रिश्ते आते हैं तो जीवन को समृद्ध करते हैं और जाते हैं तो उसे खाली नहीं करते, बल्कि और अधिक समझदार बना जाते हैं।

10

चिंता और चिंतन

मनुष्य के भीतर सबसे अधिक शोर यदि किसी चीज़ का चलता है, तो वह उसके अपने विचारों का होता है। बाहर से सब सामान्य दिखाई देता है— चेहरा शांत रहता है, आवाज़ सामान्य रहती है, दिनचर्या अपनी गति से चलती रहती है, लेकिन भीतर मन लगातार किसी अदृश्य दिशा में भागता रहता है; कभी बीते हुए समय की ओर, कभी आने वाले कल की ओर, और कभी उन आशंकाओं की ओर जिनका वास्तविकता से कोई ठोस संबंध भी नहीं होता।

धीरे-धीरे यही सोच दो अलग मार्गों में विभाजित होने लगती है— एक मार्ग चिंता का होता है और दूसरा चिंतन का। देखने में दोनों एक जैसे लगते हैं क्योंकि दोनों में मन सक्रिय होता है, दोनों में व्यक्ति भीतर की दुनिया में उतरता है, और दोनों ही उसे गहराई का भ्रम देते हैं, लेकिन वास्तव में दोनों के बीच उतना ही अंतर होता है जितना अंधेरे और प्रकाश के बीच होता है। चिंतन व्यक्ति को भीतर स्पष्ट करता है, जबकि चिंता उसे भीतर उलझा देती है। चिंतन मन को स्थिर करता है, जबकि चिंता उसे लगातार थकाती रहती है। चिंतन व्यक्ति को सत्य के निकट ले जाता है, जबकि चिंता उसे कल्पनाओं के ऐसे जाल में फँसा देती है जहाँ हर दिशा में केवल भय दिखाई देने लगता है।

लेकिन मनुष्य बहुत देर तक इन दोनों में अंतर नहीं समझ पाता। उसे लगता है कि वह गहराई से सोच रहा है, जबकि वास्तव में वह अपने ही भय को बार-बार दोहरा रहा होता है। उसे लगता है कि वह जीवन को समझने की कोशिश कर रहा है, जबकि भीतर उसका मन केवल अनिश्चितताओं से लड़ रहा होता है। उसे लगता है कि वह आने वाले दुखों से स्वयं को बचा रहा है, जबकि वही चिंता धीरे-धीरे उसके वर्तमान का सुख छीन रही होती है।

यहीं से चिंता का वास्तविक प्रभाव शुरू होता है। शुरुआत हमेशा बहुत छोटी होती है— एक साधारण-सी आशंका, एक हल्का-सा डर, एक संभावना जिसे मन बार-बार दोहराने लगता है। धीरे-धीरे वही संभावना आदत बन जाती है। अब मन हर परिस्थिति में पहले खतरा खोजता है, हर संबंध में टूटन की संभावना देखने लगता है, हर नए अवसर में असफलता का कोई चित्र बनाने लगता है, और हर भविष्य उसके भीतर एक अदृश्य भय पैदा

करने लगता है। धीरे-धीरे व्यक्ति का मन विश्राम करना भूलने लगता है।

वह बाहर से सामान्य दिखाई देता है, लेकिन भीतर उसका मन लगातार सक्रिय रहता है। वह हर समय कुछ न कुछ सोच रहा होता है, हर समय किसी निष्कर्ष तक पहुँचने की कोशिश कर रहा होता है, और हर समय स्वयं को उन दुखों के लिए तैयार कर रहा होता है जो शायद कभी आएँगे भी नहीं। यही चिंता का सबसे गहरा जाल होता है, जो व्यक्ति को वास्तविकता से अधिक उन चीज़ों से डराता है जो अभी हुई ही नहीं हैं। यह वर्तमान के शांत क्षणों को छीनकर उसे भविष्य की अनिश्चितताओं में धकेल देता है, और धीरे-धीरे व्यक्ति वर्तमान में जीना भूलने लगता है।

वह लोगों के बीच बैठा होता है, लेकिन उसका मन कहीं और भटक रहा होता है। वह रात को बिस्तर पर लेटा होता है, लेकिन उसका मन वर्षों आगे की कल्पनाओं में खो चुका होता है। वह किसी की बात सुन रहा होता है, लेकिन भीतर कोई पुराना डर लगातार चल रहा होता है। इसी तरह उसका पूरा जीवन "अभी" से दूर होता जाता है।

यहीं चिंता व्यक्ति को सबसे अधिक अकेला बना देती है। बाहर की दुनिया उसकी चुप्पी तो देखती है, लेकिन भीतर चल रही मानसिक थकान को बहुत कम लोग समझ पाते हैं। लोग अक्सर कह देते हैं— "इतना मत सोचो।" लेकिन जो व्यक्ति चिंता में डूब चुका हो, उसके लिए सोचना अब विकल्प नहीं रहता, आदत बन चुका होता है। और आदतें केवल इच्छा से नहीं टूटतीं, वे धीरे-धीरे समझ से बदलती हैं।

यहीं से चिंतन जन्म लेना शुरू करता है। जब व्यक्ति पहली बार अपने विचारों को बिना डरे देखना शुरू करता है। जब वह यह समझने लगता है कि हर विचार सत्य नहीं होता। जब वह अपने मन की हर आवाज़ पर तुरंत विश्वास करना बंद कर देता है। जब वह यह पहचानने लगता है कि उसका मन कई बार वास्तविकता से अधिक कल्पनाओं में जी रहा होता है। यही चिंतन है।

चिंतन मन को शोर से बाहर लाता है। वह व्यक्ति को उलझाता नहीं, बल्कि भीतर स्पष्टता देता है। वह व्यक्ति को हर भावना में बहने के बजाय उसे समझने की क्षमता देता है। चिंता में व्यक्ति विचारों के पीछे भागता रहता है, जबकि चिंतन में व्यक्ति विचारों को देखना सीखता है। और यही देखना धीरे-धीरे उसके भीतर शांति लाने लगता है।

अब वह हर डर को अंतिम सत्य नहीं मानता। अब वह हर संभावना से भयभीत नहीं होता। अब वह यह समझने लगता है कि जीवन को पूरी तरह नियंत्रित नहीं किया जा सकता। कुछ बातें समय के साथ ही स्पष्ट होती हैं, कुछ उत्तर केवल अनुभव देते हैं, और कुछ भय केवल मन की आदतें होते हैं, वास्तविकता नहीं। यही समझ उसके भीतर धीरे-धीरे स्थिरता पैदा करने लगती है।

अब उसका मन पहले जैसा उग्र नहीं रहता। विचार अब भी आते हैं, लेकिन वे उसे पहले की तरह बहाकर नहीं ले जाते। डर अब भी उठते हैं, लेकिन वे उसके पूरे अस्तित्व पर अधिकार नहीं जमा पाते। क्योंकि अब उसके भीतर एक देखने वाला जन्म ले चुका होता है—

एक ऐसी चेतना जो हर विचार के साथ बहती नहीं, बल्कि उसे शांत होकर देखती है।

और शायद यहीं चिंता से चिंतन की यात्रा शुरू होती है— जब मनुष्य सोचने से भागता नहीं, लेकिन सोच के भीतर खोना भी बंद कर देता है।

धीरे-धीरे यह परिवर्तन उसके भीतर इतनी शांति से घटित होने लगता है कि बाहर की दुनिया उसे तुरंत पहचान भी नहीं पाती। पहले जहाँ उसका मन हर छोटी बात पर घंटों उलझा रहता था, अब वही मन कुछ क्षण रुककर स्वयं को देखने लगा था। पहले जहाँ हर विचार उसे अपने साथ बहाकर ले जाता था, अब वह उन विचारों को आते-जाते हुए केवल देख भर सकता था, बिना उनके भीतर खोए।

यही अंतर चिंता और चिंतन के बीच सबसे गहरा अंतर था। चिंता व्यक्ति को अपने ही भीतर उलझाकर कैद कर देती है, जबकि चिंतन उसे उसी भीतर से धीरे-धीरे मुक्त करने लगता है। चिंता में मन लगातार भागता रहता है, जैसे उसे हर समय किसी अनदेखे खतरे से बचना हो; वहीं चिंतन में मन ठहरना सीखता है, जैसे उसे यह समझ आने लगे कि हर गति में भागना आवश्यक नहीं होता। चिंता भविष्य से डर पैदा करती है, जबकि चिंतन वर्तमान को समझने की क्षमता देता है।

लेकिन इस ठहराव तक पहुँचना सरल नहीं होता। क्योंकि मन वर्षों से भागने का अभ्यस्त हो चुका होता है और वह हर समय कुछ सोचते रहने को ही अपनी सुरक्षा मान लेता है। उसे लगता है कि यदि वह हर संभावना को पहले से समझ लेगा, तो जीवन उसे कभी चोट नहीं पहुँचा पाएगा, लेकिन यही निरंतर मानसिक तैयारी धीरे-धीरे उसकी आंतरिक शांति को थका देती है। वह हर समय सावधान रहता है फिर भी भीतर सुरक्षित महसूस नहीं करता, वह हर परिस्थिति का विश्लेषण करता है फिर भी स्थिरता नहीं पाता, और वह हर भविष्य को पहले से नियंत्रित करना चाहता है फिर भी भय समाप्त नहीं होता।

यहीं व्यक्ति पहली बार समझने लगता है कि समस्या परिस्थितियों में कम और उसके भीतर की निरंतर मानसिक पकड़ में अधिक है। यही पकड़ चिंता को जन्म देती है, क्योंकि मन हर चीज़ को अपने नियंत्रण में रखना चाहता है—रिश्तों को, परिणामों को, भावनाओं को और यहाँ तक कि अनिश्चित भविष्य को भी। लेकिन जीवन का स्वभाव नियंत्रण नहीं, प्रवाह है; और जितना अधिक व्यक्ति इस प्रवाह को रोकने की कोशिश करता है, उतना ही वह भीतर से अस्थिर होने लगता है, क्योंकि जीवन हर क्षण बदल रहा होता है, और मन उसे स्थायी बना देना चाहता है।

यही संघर्ष धीरे-धीरे व्यक्ति को भीतर से थका देता है। उसका शरीर शांत रहता है, लेकिन मन लगातार दौड़ता रहता है, और यही अदृश्य दौड़ उसे भीतर से खोखला करने लगती है। कई बार वह सोना चाहता है लेकिन विचार उसे सोने नहीं देते, कई बार वह वर्तमान में रहना चाहता है लेकिन मन उसे अतीत और भविष्य के बीच खींचता रहता है, और कई बार वह शांत रहना चाहता है लेकिन भीतर कोई अनदेखा भय लगातार सक्रिय रहता है। सबसे कठिन बात यह होती है कि यह संघर्ष बाहर किसी को दिखाई नहीं देता; लोग केवल उसकी चुप्पी देखते

हैं, उसकी भीतर चल रही थकान को नहीं।

यही चिंता की सबसे दर्दनाक अवस्था होती है, जहाँ व्यक्ति धीरे-धीरे स्वयं से भी दूर होने लगता है और जीवन को जीने के बजाय केवल मानसिक रूप से विश्लेषित करने लगता है। वह हर अनुभव के पीछे अर्थ खोजने लगता है, हर भावना को समझने की कोशिश करता है, और इसी प्रयास में अनुभव करने की सहज क्षमता खोने लगता है।

यहीं चिंतन एक नए द्वार की तरह खुलता है, जो उत्तरों की जल्दबाज़ी नहीं करता बल्कि केवल देखने की क्षमता देता है। यह व्यक्ति को अपने मन से लड़ना नहीं सिखाता, बल्कि उसे समझना सिखाता है। धीरे-धीरे वह अपने भीतर उठते विचारों को बिना भय के देखने लगता है और समझने लगता है कि हर चिंता वास्तविक नहीं होती, बहुत-से डर पुराने अनुभवों की परछाइयाँ होते हैं, और बहुत-सी बेचैनियाँ केवल मन की दोहराई हुई आदतें होती हैं।

यही समझ भीतर एक गहरी मुक्ति लाने लगती है। अब वह हर विचार को पकड़ता नहीं, हर डर से तुरंत प्रभावित नहीं होता, और हर अनिश्चितता को संकट की तरह नहीं देखता। क्योंकि अब उसके भीतर धीरे-धीरे विश्वास लौटने लगता है—दुनिया पर नहीं, परिस्थितियों पर नहीं, बल्कि जीवन के प्रवाह पर। यही विश्वास उसके भीतर की कठोरता को धीरे-धीरे पिघलाने लगता है।

अब वह यह स्वीकार करने लगता है कि हर प्रश्न का उत्तर तुरंत मिलना आवश्यक नहीं, हर भय का समाप्त होना जरूरी नहीं, और हर परिस्थिति का पूरी तरह समझ में आ जाना भी संभव नहीं। कुछ चीज़ें केवल समय के साथ खुलती हैं, कुछ घाव केवल मौन में भरते हैं, और कुछ शांति केवल तब आती है जब व्यक्ति भीतर की अनावश्यक पकड़ को छोड़ देता है।

यहीं से उसका मन पहली बार सच में विश्राम महसूस करना शुरू करता है। भीतर का शोर पूरी तरह समाप्त नहीं हुआ होता, लेकिन उसकी पकड़ कम हो चुकी होती है; विचार अब भी आते हैं, लेकिन वे पहले की तरह तूफान नहीं बनते; डर अब भी उठते हैं, लेकिन वे उसके पूरे अस्तित्व को घेर नहीं पाते। क्योंकि अब उसके भीतर एक स्थिर स्थान जन्म ले चुका होता है—एक ऐसा स्थान जहाँ वह स्वयं को बिना भय, बिना भागदौड़ और बिना निरंतर मानसिक संघर्ष के महसूस कर सकता है।

उसके भीतर अब एक अलग प्रकार की स्पष्टता जन्म लेने लगी थी। पहले जहाँ हर विचार उसे अपने साथ बहाकर ले जाता था, अब वहीं वह उन विचारों को एक दूरी से देख पा रहा था। यही दूरी उसके भीतर शांति का पहला आधार बन रही थी।

अब उसे यह समझ आने लगा था कि मन का हर शोर सत्य नहीं होता, हर डर भविष्य नहीं बनता और हर बेचैनी किसी वास्तविक संकट का संकेत नहीं होती। बहुत-सी चिंताएँ केवल मन की आदतें होती हैं, जो वर्षों तक दोहराई जाने के कारण वास्तविक लगने लगती हैं।

पहले उसका मन हर परिस्थिति को जटिल बना देता था। एक छोटी-सी बात घंटों तक भीतर चलती रहती, एक साधारण-सा व्यवहार भी अनगिनत अर्थ लेने लगता, और भविष्य

की कल्पनाएँ इतनी भारी हो जातीं कि वर्तमान का अनुभव ही धुँधला पड़ जाता। यही चिंता की सबसे थकाने वाली अवस्था होती है, जहाँ व्यक्ति बाहर से शांत दिखाई देता है लेकिन भीतर उसका मन लगातार स्वयं से संघर्ष कर रहा होता है। वह हर बात को समझ लेना चाहता है, हर संभावना को पहले से जान लेना चाहता है, हर दर्द से पहले ही बच जाना चाहता है, लेकिन इसी प्रयास में वह जीना भूलने लगता है।

अब उसे यह दिखाई देने लगा था कि उसका अधिकांश भय वास्तविक घटनाओं से नहीं, बल्कि कल्पनाओं से बना हुआ था। वह उन चीज़ों से भी डरता रहा था जो कभी घटी ही नहीं थीं, उन उत्तरों को खोजता रहा था जिनकी अभी आवश्यकता ही नहीं थी, और उन दुखों का बोझ उठाता रहा था जो अभी आए भी नहीं थे। यही समझ उसके भीतर एक गहरी थकान को तोड़ने लगी।

अब वह हर विचार को पकड़कर बैठ नहीं जाता था। यदि कोई भय उठता, तो वह उसे तुरंत सत्य नहीं मानता। यदि मन बेचैन होता, तो वह स्वयं को दोष नहीं देता, क्योंकि अब उसे समझ आने लगा था कि मन को हर समय नियंत्रित करना संभव नहीं, लेकिन उसे समझना संभव है। यही समझ चिंतन की शुरुआत होती है—चिंतन मन को दबाता नहीं, बल्कि उसे देखने की दृष्टि देता है। यह व्यक्ति को अपने भीतर चल रहे संघर्षों से भागने नहीं देता, बल्कि उन्हें स्पष्ट रूप से पहचानना सिखाता है।

अब वह अपनी चुप्पी से डरता नहीं था। पहले वही चुप्पी उसे बेचैन कर देती थी, और उसे लगता था कि यदि वह रुक गया तो भीतर का शोर और बढ़ जाएगा, लेकिन अब उसने रुकना सीख लिया था। अब वह बिना किसी बाहरी सहारे के भी स्वयं के साथ बैठ सकता था—बिना लोगों के शोर के, बिना निरंतर भागती हुई गतिविधियों के।

और तभी उसने महसूस किया कि उसका सबसे बड़ा संघर्ष दुनिया से नहीं, स्वयं के मन से था। मन लगातार उसे भविष्य में धकेलता रहता था, वर्तमान के शांत क्षणों को भी पूरी तरह जीने नहीं देता था, और यदि सब कुछ ठीक भी हो तब भी किसी अनदेखी समस्या की तलाश करता रहता था। यही चिंता का स्वभाव होता है—उसे शांति अस्थायी लगती है, और हर सुख के पीछे कोई दुख छिपा हुआ प्रतीत होता है, इसी कारण वह कभी पूरी तरह विश्राम नहीं कर पाता।

लेकिन अब उसके भीतर कुछ बदल चुका था। अब वह हर सुख के पीछे छिपे हुए दुख को खोजने के बजाय उस क्षण को महसूस करना सीख रहा था, हर अच्छे अनुभव को खो देने के भय में जीने के बजाय उसे स्वीकार करना सीख रहा था, और उसे यह समझ आने लगी थी कि जीवन को केवल सुरक्षित बनाने की कोशिश में व्यक्ति उसे महसूस करना भूल जाता है। यही कारण है कि अत्यधिक चिंता व्यक्ति को जीवित तो रखती है, लेकिन भीतर से थका देती है; वह हर समय मानसिक रूप से तैयार रहता है लेकिन कभी शांत नहीं रह पाता, हर स्थिति का विश्लेषण करता है लेकिन किसी क्षण में पूरी तरह उपस्थित नहीं हो पाता।

और यहीं चिंतन उसे वर्तमान में लौटाना शुरू करता है। अब वह चलते हुए सचमुच चल सकता था, खाते हुए केवल खा सकता था, और किसी के साथ बैठते हुए वास्तव में उपस्थित रह सकता था। यह साधारण लगने वाली बातें थीं, लेकिन उसके लिए यह भीतर की बहुत बड़ी यात्रा थी, क्योंकि जो व्यक्ति वर्षों तक अपने ही विचारों में उलझा रहा हो, उसके लिए वर्तमान में लौटना किसी खोई हुई भूमि पर वापस पहुँचने जैसा होता है।

अब उसके भीतर शोर पूरी तरह समाप्त नहीं हुआ था, लेकिन उसके ऊपर शोर का अधिकार कम हो चुका था—और यही उसकी सबसे बड़ी मुक्ति थी, क्योंकि शांति का अर्थ विचारों का समाप्त हो जाना नहीं होता, बल्कि विचारों के बीच स्वयं को न खोना होता है।

अब उसके भीतर जो परिवर्तन जन्म ले रहा था, वह केवल सोच बदलने का परिवर्तन नहीं था, बल्कि उसके पूरे अस्तित्व के बदलने की शुरुआत थी। पहले जहाँ उसका मन हर समय किसी अनदेखे भय से घिरा रहता था, अब वहीं उसके भीतर एक ऐसी जागरूकता जन्म लेने लगी थी जो भय को आते हुए भी देख सकती थी और उसके भीतर डूबती नहीं थी। यही जागरूकता चिंतन की वास्तविक शक्ति होती है, क्योंकि यह व्यक्ति को उसके विचारों का बंदी नहीं रहने देती, बल्कि उनके प्रति साक्षी बना देती है। चिंता जहाँ मन को लगातार भागते रहने पर मजबूर करती है, वहीं चिंतन उसे स्वयं को समझने और भीतर ठहरने की दिशा देता है, और इसी फर्क में जीवन की पूरी दिशा बदल जाती है।

अब उसे यह स्पष्ट दिखाई देने लगा था कि उसके जीवन की बहुत-सी पीड़ाएँ वास्तविक घटनाओं से नहीं, बल्कि उन घटनाओं को लेकर मन में बने भय से जन्मी थीं, क्योंकि वह किसी दुख के आने से पहले ही उसके बोझ तले दबने लगता था, किसी असफलता के होने से पहले ही भीतर हार मान लेता था, और किसी संबंध के टूटने से पहले ही उसकी कल्पना में टूट जाता था। यही निरंतर मानसिक भय उसे भीतर से कमजोर करता गया था, क्योंकि उसका मन हर समय सुरक्षा, निश्चितता, स्थायित्व और नियंत्रण की तलाश में लगा रहता था, जबकि जीवन का स्वभाव ही अनिश्चितता है, और यही सत्य धीरे-धीरे उसके भीतर उतरने लगा था।

अब वह यह समझने लगा था कि अनिश्चितता जीवन का दोष नहीं, उसका स्वभाव है। हर रास्ता पहले से स्पष्ट नहीं होता, हर संबंध हमेशा एक जैसा नहीं रहता, और हर प्रयास सफलता तक नहीं पहुँचता। लेकिन इसका अर्थ यह नहीं कि जीवन भय से भरा हुआ है, बल्कि यह कि जीवन स्थिर नहीं, प्रवाहमान है, और इसी प्रवाह को स्वीकार करना ही भीतर की शांति की शुरुआत है। यह समझ उसके भीतर एक गहरी स्थिरता लाने लगी थी, जहाँ पहले वह हर परिवर्तन से घबरा जाता था, अब वह उसे जीवन का स्वाभाविक हिस्सा मानने लगा था। पहले जहाँ हर कठिन परिस्थिति उसे विनाश जैसी लगती थी, अब वही परिस्थिति उसे अनुभव और सीख की तरह दिखने लगी थी, और पहले जहाँ हर असफलता उसके आत्मविश्वास को तोड़ देती थी, अब वह समझने लगा था कि गिरना अंत नहीं, बल्कि समझने की प्रक्रिया का हिस्सा है।

यही चिंतन का प्रभाव था, जो व्यक्ति को कठोर नहीं बनाता बल्कि भीतर से स्थिर कर देता है, ताकि वह परिस्थितियों के बीच भी स्वयं से टूटे नहीं। अब उसका मन हर समय उत्तर नहीं खोजता था, न ही हर प्रश्न को तुरंत हल करने की बेचैनी उसमें बची थी, क्योंकि अब वह यह स्वीकार कर सकता था कि कुछ बातें समय के साथ ही स्पष्ट होंगी, और यही स्वीकार उसके भीतर की घबराहट को धीरे-धीरे कम करने लगा था। चिंता हमेशा तत्काल निश्चितता चाहती है, जबकि जीवन कई बार मौन, प्रतीक्षा और अधूरेपन के माध्यम से ही समझ देता है।

अब वह यह महसूस करने लगा था कि जैसे-जैसे उसका मन शांत होता जा रहा है, वैसे-वैसे वह जीवन को अधिक स्पष्टता से देख पा रहा है। जहाँ पहले उसकी दृष्टि भय से ढकी होती थी और वह हर परिस्थिति को अपने डर के रंग से देखता था, अब वहीं उसके भीतर देखने की एक नई क्षमता जन्म ले रही थी। अब वह हर दुख को स्थायी नहीं मानता था, हर भय को अंतिम सत्य नहीं समझता था, और हर विचार के पीछे भागता नहीं था, क्योंकि अब उसके भीतर एक स्थिर केंद्र बन चुका था जो उसे जीवन की उथल-पुथल के बीच भी टूटने नहीं देता था, उसे स्वयं से जोड़े रखता था और उसे यह समझने की शक्ति देता था कि शांति बाहर की परिस्थितियों में नहीं, बल्कि भीतर की स्थिरता में जन्म लेती है।

अब उसे यह भी समझ आने लगा था कि मन की थकान केवल अधिक सोचने से नहीं आती, बल्कि हर विचार को सच मान लेने से आती है, क्योंकि जब व्यक्ति अपने मन की हर आवाज़ के साथ बहने लगता है तो वह धीरे-धीरे स्वयं से दूर होने लगता है। लेकिन अब वह लौट रहा था—अपने भीतर, अपने वर्तमान में और अपने वास्तविक अस्तित्व के निकट, और शायद मनुष्य की सबसे लंबी यात्रा भी यही होती है कि वह दुनिया को समझते-समझते अंततः स्वयं को समझ ले।

अब उसके भीतर जो शांति जन्म ले रही थी, वह किसी बाहरी उपलब्धि से नहीं आई थी। वह लंबे समय तक अपने ही मन के अंधेरों से गुजरने के बाद आई थी। उसने भय को बहुत निकट से देखा था। उसने उन रातों को महसूस किया था जहाँ शरीर थक चुका होता था, लेकिन मन रुकने का नाम नहीं लेता था। उसने उन क्षणों को जिया था जहाँ बाहर सब सामान्य दिखाई देता था, लेकिन भीतर विचारों का तूफान सब कुछ तोड़ता रहता था। यही अनुभव उसे भीतर से बदल रहे थे।

पहले वह अपने विचारों से डरता था। उसे लगता था कि यदि उसने रुककर स्वयं को देखा, तो शायद वह और अधिक टूट जाएगा। उसे अपनी चुप्पी भारी लगती थी और अकेले बैठना कठिन लगता था, क्योंकि जैसे ही बाहरी शोर कम होता, भीतर का शोर सुनाई देने लगता था। लेकिन अब स्थिति बदल रही थी। अब वह अपने भीतर उठते हुए विचारों से भागता नहीं था, न ही हर बेचैनी को दबाने की कोशिश करता था, बल्कि वह यह समझने लगा था कि भीतर का संघर्ष कोई दुश्मन नहीं, बल्कि एक संकेत है—इस बात का संकेत कि उसके भीतर बहुत कुछ ऐसा है जिसे उसने वर्षों तक समझने के बजाय केवल दबाया है।

धीरे-धीरे उसे यह स्पष्ट होने लगा था कि मन जितना दबाया जाता है, उतना ही उलझता जाता है। वह शांत नहीं होता, केवल भीतर जमा होता रहता है, और एक समय के बाद वही दबे हुए भय चिंता बनकर पूरे जीवन पर फैलने लगते हैं। यही कारण था कि अब वह स्वयं को सुनना सीख रहा था। पहले वह केवल दुनिया की आवाज़ें सुनता था—लोग क्या कह रहे हैं, समाज क्या सोचता है, भविष्य क्या माँगता है, दूसरों की अपेक्षाएँ क्या हैं—लेकिन उसने कभी यह नहीं पूछा था कि उसका अपना मन वास्तव में क्या महसूस कर रहा है, और यही दूरी उसे भीतर से थकाती रही थी।

उसे अब यह दिखाई देने लगा था कि उसकी बहुत-सी बेचैनियों का कारण भविष्य नहीं, बल्कि स्वयं से दूरी थी। वह अपने ही मन को वर्षों तक अनदेखा करता रहा था, अपनी थकान को समझने के बजाय उसे छिपाता रहा था, और अपनी उदासी को स्वीकार करने के बजाय उससे भागता रहा था। लेकिन जो भावनाएँ स्वीकार नहीं की जातीं, वे समाप्त नहीं होतीं; वे भीतर रहकर धीरे-धीरे मन को भारी बनाती रहती हैं। यही समझ अब उसे भीतर से अधिक ईमानदार बना रही थी। अब यदि वह थका होता, तो स्वयं से यह स्वीकार कर सकता था; यदि भीतर भय होता, तो वह उसे छिपाने के बजाय समझने की कोशिश करता; और यदि मन टूटता, तो वह स्वयं को कठोर बनने के लिए मजबूर नहीं करता, क्योंकि अब उसे यह समझ आने लगी थी कि वास्तविक शक्ति भावनाओं को दबाने में नहीं, बल्कि उन्हें समझने में होती है।

यही चिंतन का सार था—वह व्यक्ति को पत्थर नहीं बनाता, बल्कि उसे जागरूक बनाता है; वह उसे दर्द से मुक्त नहीं करता, लेकिन दर्द के भीतर डूबने से बचा लेता है। अब वह यह महसूस करने लगा था कि जीवन को हर समय समझना आवश्यक नहीं, क्योंकि कुछ बातें केवल महसूस की जाती हैं, कुछ अनुभव केवल जीए जाते हैं, और कुछ उत्तर समय के साथ अपने आप प्रकट होते हैं। पहले उसका मन हर चीज़ को तुरंत पकड़ लेना चाहता था, हर परिस्थिति पर नियंत्रण चाहता था और हर अनिश्चितता से भयभीत रहता था, लेकिन अब वह छोड़ना सीख रहा था—और उसे समझ आने लगा था कि छोड़ना हारना नहीं होता, बल्कि कई बार छोड़ना ही भीतर की सबसे बड़ी मुक्ति बन जाता है।

अब वह हर विचार को पकड़कर नहीं बैठता था, हर डर को बढ़ाता नहीं था और हर संभावना को विनाश में नहीं बदलता था, और यही कारण था कि उसके भीतर पहली बार वास्तविक विश्राम जन्म लेने लगा था। अब मौन उसे काटता नहीं था, अकेलापन उसे डराता नहीं था, और चुप्पी उसे भीतर से तोड़ती नहीं थी, क्योंकि अब वह स्वयं से भाग नहीं रहा था। और शायद मनुष्य की सबसे बड़ी शांति भी यहीं छिपी होती है—जब वह स्वयं के साथ बिना भय के रह सके, जब उसे हर समय बाहरी सहारे की आवश्यकता न पड़े, और जब वह अपने ही मन के भीतर एक ऐसा स्थान खोज ले जहाँ दुनिया का शोर पहुँच न सके। यही वह स्थान था जहाँ चिंता धीरे-धीरे कमजोर होने लगी थी और चिंतन उसके भीतर एक शांत प्रकाश की तरह फैलता जा रहा था।

समय के साथ उसे यह समझ पूरी तरह स्पष्ट होने लगी थी कि चिंता और चिंतन दोनों मन की ही अवस्थाएँ हैं, लेकिन दोनों व्यक्ति को बिल्कुल अलग दिशाओं में ले जाती हैं। एक दिशा भीतर अंधेरा बढ़ाती है, जबकि दूसरी दिशा भीतर प्रकाश जगाती है।

चिंता व्यक्ति को लगातार भविष्य में धकेलती रहती है। वह उसे उन दुखों से डराती है जो अभी आए भी नहीं होते, और मन को इतना थका देती है कि वर्तमान का सौंदर्य भी महसूस नहीं हो पाता।

जबकि चिंतन व्यक्ति को वर्तमान में लौटाता है। वह उसे देखने की दृष्टि देता है, और उसे अपने भय से भागने के बजाय उन्हें समझना सिखाता है। यही अंतर उसके भीतर अब स्थिर होने लगा था।

पहले उसका मन हर समय उत्तर खोजता रहता था, हर प्रश्न का समाधान तुरंत चाहिए होता था, और हर अनिश्चितता उसे भीतर तक अस्थिर कर देती थी। लेकिन अब उसने स्वीकार करना सीख लिया था कि जीवन हमेशा स्पष्ट नहीं होगा। कुछ रास्ते धुँधले रहेंगे, कुछ प्रश्न अधूरे रहेंगे, कुछ डर समय-समय पर लौटते रहेंगे, और फिर भी जीवन चलता रहेगा। यही स्वीकार उसके भीतर सबसे गहरी शांति लेकर आया।

अब उसे हर समय मानसिक रूप से लड़ने की आवश्यकता महसूस नहीं होती थी। वह हर परिस्थिति को नियंत्रित करने की कोशिश नहीं करता था, क्योंकि वह समझ चुका था कि जीवन को पूरी तरह पकड़कर नहीं रखा जा सकता। कुछ चीज़ें केवल जी जाती हैं, कुछ अनुभव केवल महसूस किए जाते हैं, और कुछ सत्य केवल मौन में समझ आते हैं।

अब उसका मन पहले जैसा बेचैन नहीं रहता था। विचार आते थे, लेकिन वे तूफान नहीं बनते थे। भय उठते थे, लेकिन वे उसके अस्तित्व पर अधिकार नहीं जमा पाते थे, क्योंकि अब उसके भीतर एक ऐसा स्थान बन चुका था जहाँ वह स्वयं को सुरक्षित महसूस कर सकता था। यही उसकी सबसे बड़ी उपलब्धि थी।

न दुनिया बदल गई थी, न जीवन अचानक सरल हो गया था, न परिस्थितियाँ पूरी तरह शांत हुई थीं, लेकिन उसके भीतर देखने का तरीका बदल गया था। और जब देखने का तरीका बदलता है, तब वही जीवन जो पहले बोझ लगता था, धीरे-धीरे समझ में बदलने लगता है।

अब वह जान चुका था कि शांति बाहर खोजने की वस्तु नहीं है, बल्कि भीतर पैदा होने वाली अवस्था है। वह तब जन्म लेती है जब मनुष्य अपने विचारों से लड़ना बंद कर देता है और उन्हें समझना शुरू करता है। यही चिंतन का अंतिम उपहार था—वह व्यक्ति को संसार से दूर नहीं ले जाता, बल्कि स्वयं के अधिक निकट ले आता है; वह भय को मिटाता नहीं, लेकिन भय के ऊपर जागरूकता को खड़ा कर देता है; और वह जीवन को आसान नहीं बनाता, लेकिन व्यक्ति को इतना स्थिर बना देता है कि जीवन की कठिनाइयाँ भी उसे पूरी तरह तोड़ नहीं पातीं।

और शायद अंततः यही भीतर की परिपक्वता होती है—जब मनुष्य अपने ही मन के शोर में खोना बंद कर दे और उसी मन के भीतर शांति का एक दीप जला सके।

11

स्वयं का निर्माण

मनुष्य के जीवन की सबसे लंबी और सबसे कठिन यात्रा बाहर की दुनिया को जीतने की नहीं होती, बल्कि स्वयं को बनाने की होती है। बाहर की उपलब्धियाँ समय के साथ बदल जाती हैं। लोग बदल जाते हैं, परिस्थितियाँ बदल जाती हैं, और सम्मान, पहचान, संबंध तथा सफलता जैसी चीज़ें भी धीरे-धीरे अपना स्वरूप बदलती रहती हैं। लेकिन यदि व्यक्ति स्वयं के भीतर मजबूत नहीं बन पाया, तो बाहर की कोई भी उपलब्धि उसे स्थायी शांति नहीं दे सकती। यही सत्य अब उसके भीतर धीरे-धीरे स्पष्ट होने लगा था।

वह समझने लगा था कि जीवन केवल परिस्थितियों से नहीं टूटता। मनुष्य तब टूटता है जब उसके भीतर कोई आधार नहीं बचता, जब उसका पूरा अस्तित्व दूसरों की स्वीकृति पर टिक जाता है, और जब उसकी शांति बाहरी परिस्थितियों की कैदी बन जाती है। यही कारण था कि अब उसके भीतर एक नई आवश्यकता जन्म ले रही थी— स्वयं का निर्माण।

अब वह केवल जीवन को समझना नहीं चाहता था, बल्कि स्वयं को गढ़ना चाहता था। वह ऐसा व्यक्तित्व बनाना चाहता था जो परिस्थितियों से हिले, लेकिन बिखरे नहीं; ऐसा मन जो संवेदनशील हो, लेकिन कमजोर न हो; और ऐसी चेतना जो अकेलेपन से डरे नहीं, बल्कि उसी में स्वयं को पहचान सके। यहीं से उसकी वास्तविक यात्रा शुरू होने लगी।

पहले वह दुनिया को बदलना चाहता था, लेकिन अब वह स्वयं को बदलने लगा था। पहले वह लोगों से समझे जाने की अपेक्षा करता था, लेकिन अब वह स्वयं को समझने लगा था। पहले वह हर टूटन से बचना चाहता था, लेकिन अब वह टूटकर भी स्वयं को सँभालना सीख रहा था। यही निर्माण का पहला चरण था।

स्वयं का निर्माण बाहर से नहीं होता। वह भीतर की चुप्पियों में जन्म लेता है। वह उन रातों में आकार लेता है जहाँ व्यक्ति अपने ही विचारों के साथ अकेला बैठा होता है। वह उन असफलताओं में मजबूत होता है जहाँ दुनिया साथ छोड़ देती है, लेकिन व्यक्ति स्वयं का साथ नहीं छोड़ता। यही कारण है कि गहराई हमेशा संघर्ष से जन्म लेती है। जिस व्यक्ति ने कभी भीतर से टूटना महसूस नहीं किया, वह स्वयं को पूरी तरह जान भी नहीं सकता। दर्द

व्यक्ति को केवल कमजोर नहीं करता, कई बार वही उसे उसके वास्तविक स्वरूप से मिलाता है।

अब उसे यह समझ आने लगा था कि जीवन का उद्देश्य केवल सुख इकट्ठा करना नहीं है। यदि व्यक्ति केवल आराम खोजता रहे, तो उसका मन धीरे-धीरे निर्भर हो जाता है। लेकिन संघर्ष मनुष्य को भीतर से तराशता है। वह उसके धैर्य को गहरा करता है, उसकी दृष्टि को विस्तृत करता है, और उसे अपनी सीमाओं से परिचित कराता है। और यही सीमाओं को पहचानना विकास की शुरुआत होती है।

अब वह अपनी कमजोरियों से भागता नहीं था। यदि उसके भीतर भय था, तो वह उसे स्वीकार कर सकता था। यदि भीतर असुरक्षा थी, तो वह उसे छिपाने के बजाय समझने की कोशिश करता था। यदि मन टूटता था, तो वह स्वयं को दोष देने के बजाय स्वयं को सँभालना सीख रहा था। यही वास्तविक शक्ति थी। क्योंकि मजबूत व्यक्ति वह नहीं होता जो कभी टूटता नहीं, बल्कि वह होता है जो टूटने के बाद भी स्वयं को फिर से बना सके।

यही निर्माण उसे भीतर से बदल रहा था। अब उसका ध्यान केवल इस बात पर नहीं था कि दुनिया उसके बारे में क्या सोचती है। अब वह यह देखने लगा था कि वह स्वयं अपने बारे में क्या सोचता है। पहले वह बाहरी प्रशंसा से खुश हो जाता था और आलोचना से टूट जाता था, लेकिन अब वह समझने लगा था कि यदि आत्मसम्मान भीतर से पैदा न हो, तो बाहरी सम्मान कभी पर्याप्त नहीं होता।

यही कारण था कि अब वह स्वयं के साथ समय बिताने लगा था। वह अपनी चुप्पियों को सुनता था, अपने विचारों को समझता था, और अपने भीतर की कमजोरियों तथा शक्तियों दोनों को पहचानने लगा था। इसी पहचान से उसके भीतर एक नया आत्मविश्वास जन्म लेने लगा।

यह आत्मविश्वास दिखावे से पैदा नहीं हुआ था। यह उन संघर्षों से पैदा हुआ था जिन्हें उसने अकेले सहा था। यह उन रातों से पैदा हुआ था जहाँ उसने स्वयं को टूटने से बचाया था। यह उन क्षणों से पैदा हुआ था जहाँ पूरी दुनिया धुँधली लग रही थी, लेकिन फिर भी उसने आगे बढ़ना नहीं छोड़ा था। यही आत्मनिर्माण की अग्नि थी।

वह व्यक्ति को बाहर से नहीं, भीतर से मजबूत बनाती है। वह उसे अहंकारी नहीं बनाती, बल्कि स्थिर बनाती है। वह उसे दूसरों से ऊपर उठना नहीं सिखाती, बल्कि स्वयं के भीतर उठना सिखाती है। अब उसे समझ आने लगा था कि अकेलापन अभिशाप नहीं था। वही अकेलापन उसके भीतर यह निर्माण कर रहा था। यदि वह हर समय लोगों के शोर में उलझा रहता, तो शायद कभी स्वयं को सुन ही नहीं पाता।

यही एकांत अब उसके लिए भागने की जगह नहीं, निर्माण की भूमि बन चुका था। यहीं वह स्वयं को धीरे-धीरे गढ़ रहा था— अपने विचारों को, अपने धैर्य को, अपने चरित्र को और अपने अस्तित्व को। और शायद मनुष्य का सबसे महान कार्य भी यही होता है— दुनिया को प्रभावित करने से पहले स्वयं को इतना गहरा बना लेना कि परिस्थितियाँ उसे बदल सकें,

लेकिन तोड़ न सकें।

अब उसके भीतर निर्माण की यह प्रक्रिया केवल विचारों तक सीमित नहीं रही थी। यह धीरे-धीरे उसके व्यवहार में उतरने लगी थी। उसकी दृष्टि बदल रही थी, उसके निर्णय बदल रहे थे, और सबसे अधिक स्वयं के प्रति उसका संबंध बदल रहा था। पहले वह स्वयं को केवल अपनी सफलताओं से मापता था। यदि कुछ अच्छा हो जाए, तो वह स्वयं को योग्य मानता, और यदि असफलता मिल जाए, तो भीतर से टूट जाता। लेकिन अब वह समझने लगा था कि मनुष्य का मूल्य केवल उसकी उपलब्धियों से तय नहीं होता। क्योंकि जीवन में ऐसे समय भी आते हैं जहाँ व्यक्ति पूरी ईमानदारी से प्रयास करता है, फिर भी परिणाम उसके पक्ष में नहीं आते।

यहीं आत्मनिर्माण का वास्तविक अर्थ सामने आता है। यह केवल जीतना नहीं सिखाता, बल्कि हारकर भी स्वयं का सम्मान बनाए रखना सिखाता है। अब वह हर असफलता को अपने अस्तित्व का प्रमाण नहीं मानता था। वह यह समझने लगा था कि गिरना जीवन का हिस्सा है। हर ठोकर व्यक्ति को रोकने नहीं आती, कुछ ठोकरें दिशा बदलने आती हैं। यही सोच उसके भीतर धैर्य को जन्म दे रही थी।

पहले उसका मन तुरंत परिणाम चाहता था। उसे हर प्रयास का उत्तर जल्दी चाहिए होता था। उसे लगता था कि यदि सब कुछ तुरंत ठीक नहीं हुआ, तो शायद वह असफल हो गया है। लेकिन अब वह प्रतीक्षा करना सीख रहा था। उसे समझ आने लगा था कि गहरी चीज़ें समय लेती हैं। एक वृक्ष रातोंरात विशाल नहीं बनता, एक नदी एक दिन में अपना मार्ग नहीं बनाती, और एक मनुष्य भी कुछ संघर्षों के बाद तुरंत परिपक्व नहीं हो जाता। निर्माण समय माँगता है, मौन माँगता है, धैर्य माँगता है, और सबसे अधिक स्वयं के प्रति ईमानदारी माँगता है।

यही ईमानदारी अब उसके भीतर जन्म ले रही थी। अब वह स्वयं से झूठ बोलना कम कर रहा था। यदि भीतर कमजोरी होती, तो वह उसे स्वीकार करता। यदि भीतर ईर्ष्या, भय या असुरक्षा उठती, तो वह उन्हें दबाने के बजाय समझने की कोशिश करता। क्योंकि अब वह जान चुका था कि दबाई गई भावनाएँ समाप्त नहीं होतीं। वे भीतर रहकर व्यक्ति के चरित्र को धीरे-धीरे कमजोर करती रहती हैं। लेकिन जो व्यक्ति स्वयं को सच में देख लेता है, वही वास्तव में बदलना शुरू करता है।

यही कारण था कि अब वह बाहरी दिखावे से दूर होने लगा था। उसे हर समय स्वयं को सिद्ध करने की आवश्यकता महसूस नहीं होती थी। उसे हर व्यक्ति से स्वीकृति चाहिए, ऐसा भी नहीं रह गया था। वह समझने लगा था कि यदि व्यक्ति स्वयं की दृष्टि में गिर जाए, तो दुनिया की सारी प्रशंसा भी भीतर खाली लगती है। और यदि व्यक्ति स्वयं की दृष्टि में स्थिर हो जाए, तो बाहरी आलोचना भी उसे पूरी तरह नहीं तोड़ पाती। यही आत्मसम्मान का जन्म था। यह अहंकार नहीं था, बल्कि भीतर की स्थिरता थी।

अब वह स्वयं की तुलना हर किसी से नहीं करता था। पहले दूसरों की सफलता उसे बेचैन कर देती थी। उसे लगता था कि शायद वह पीछे छूट रहा है। लेकिन अब वह यह समझने

लगा था कि हर व्यक्ति की यात्रा अलग होती है। हर आत्मा का संघर्ष अलग होता है, और हर मनुष्य अपने भीतर एक अलग युद्ध लड़ रहा होता है। यही समझ उसके भीतर करुणा भी पैदा कर रही थी।

अब वह लोगों को केवल उनके व्यवहार से नहीं आँकता था। वह समझने लगा था कि बहुत-से कठोर लोग भीतर से टूटे हुए होते हैं, बहुत-से क्रोधित लोग भीतर से असुरक्षित होते हैं, और बहुत-से शांत दिखने वाले लोग भीतर गहरे संघर्षों से गुजर रहे होते हैं। यही समझ उसे अधिक मानवीय बना रही थी। आत्मनिर्माण केवल स्वयं को मजबूत बनाना नहीं होता, वह व्यक्ति को संवेदनशील भी बनाता है। लेकिन यह संवेदनशीलता अब कमजोरी नहीं थी, बल्कि जागरूकता थी।

अब वह दूसरों के दर्द को महसूस कर सकता था, बिना स्वयं उसमें डूबे। अब वह लोगों से जुड़ सकता था, बिना स्वयं को खोए। अब वह अकेले रह सकता था, बिना भीतर से खाली हुए। यही परिवर्तन सबसे गहरा था। क्योंकि अब उसका अस्तित्व बाहरी सहारों पर पूरी तरह निर्भर नहीं रहा था। उसने अपने भीतर एक ऐसा आधार बनाना शुरू कर दिया था जहाँ वह परिस्थितियों के बदलने पर भी स्वयं को संभाल सके।

और शायद यही स्वयं का निर्माण होता है—जब व्यक्ति दुनिया से लड़ने से पहले स्वयं के भीतर स्थिर होना सीख जाए।

अब उसके भीतर जो निर्माण चल रहा था, वह किसी बाहरी शिक्षा से नहीं बन रहा था। यह जीवन के अनुभवों से बन रहा था। हर टूटन उसे कुछ सिखा रही थी, हर असफलता उसके भीतर कुछ नया गढ़ रही थी, और हर अकेली रात उसके व्यक्तित्व में एक नई परत जोड़ रही थी। यही कारण था कि अब वह अपने संघर्षों से नफरत नहीं करता था।

पहले उसे लगता था कि जीवन केवल उसी के साथ कठोरता कर रहा है। उसे लगता था कि शायद बाकी लोग उससे अधिक सहज जीवन जी रहे हैं। उसे यह भी महसूस होता था कि केवल उसी के भीतर इतना शोर, इतनी बेचैनी और इतना संघर्ष है। लेकिन समय के साथ उसने समझा कि हर व्यक्ति अपने भीतर कोई न कोई अदृश्य युद्ध लड़ रहा होता है। किसी की लड़ाई बाहर दिखाई देती है, किसी की भीतर छिपी रहती है। किसी के घाव शब्दों में दिख जाते हैं, और किसी के मौन में छिपे रहते हैं। शायद इसी कारण मनुष्य को दूसरों के प्रति कठोर होने से पहले यह याद रखना चाहिए कि हर चेहरा अपने भीतर कोई न कोई थकान लेकर चल रहा है।

यह समझ उसे भीतर से और शांत बना रही थी। अब वह हर बात पर प्रतिक्रिया नहीं देता था। हर अपमान को अपने अहंकार का प्रश्न नहीं बनाता था, और हर असहमति को युद्ध की तरह नहीं देखता था। क्योंकि अब उसके भीतर स्थिरता बढ़ रही थी।

पहले उसकी ऊर्जा बहुत-सी अनावश्यक बातों में नष्ट हो जाती थी— लोग क्या सोचते हैं, कौन आगे निकल गया, किसने क्या कहा, किसने महत्व दिया और किसने नहीं। यही बातें उसके मन को लगातार थकाती रहती थीं। लेकिन अब उसका ध्यान बाहर की हलचल

से हटकर भीतर के निर्माण पर आने लगा था।

उसे महसूस होने लगा था कि यदि मनुष्य अपना पूरा जीवन केवल दूसरों की स्वीकृति में जीता रहे, तो वह कभी अपने वास्तविक स्वरूप तक पहुँच ही नहीं सकता। दुनिया हर दिन बदलती है, लोगों की राय हर क्षण बदलती है। आज जो व्यक्ति प्रशंसा करता है, वही कल आलोचना भी कर सकता है। यदि व्यक्ति अपनी पहचान इन बदलती हुई चीज़ों पर बना ले, तो उसका मन कभी स्थिर नहीं हो सकता। यही कारण था कि अब वह स्वयं के भीतर आधार खोज़ रहा था।

वह अपने चरित्र को देख रहा था, अपनी आदतों को पहचान रहा था, और अपने भीतर छिपी कमजोरियों का सामना कर रहा था। यही सबसे कठिन कार्य होता है। दूसरों को समझना आसान है, लेकिन स्वयं को देखना कठिन है। क्योंकि जब मनुष्य स्वयं को सच में देखने लगता है, तब उसे अपने भीतर बहुत कुछ ऐसा दिखाई देता है जिससे वह वर्षों तक बचता रहा था– अहंकार, भय, असुरक्षा, स्वीकृति की भूख, तुलना और दिखावा। यही सब भीतर चुपचाप उसके व्यक्तित्व को नियंत्रित करते रहते हैं।

लेकिन अब वह भाग नहीं रहा था। अब वह स्वयं के सामने खड़ा हो सकता था। अपनी कमियों को स्वीकार कर सकता था, अपनी गलतियों को देख सकता था। और यही स्वीकार उसके भीतर वास्तविक परिवर्तन ला रहा था। क्योंकि परिवर्तन कभी दिखावे से नहीं आता, वह तब आता है जब व्यक्ति अपने भीतर के अंधेरे को देखने का साहस कर सके। यही साहस अब उसके भीतर जन्म ले रहा था।

अब वह केवल अच्छा दिखना नहीं चाहता था, बल्कि भीतर से अच्छा बनना चाहता था। अब वह केवल सफल होना नहीं चाहता था, बल्कि स्थिर होना चाहता था। अब वह केवल लोगों की नज़रों में ऊँचा उठना नहीं चाहता था, बल्कि स्वयं की नज़रों में गिरना बंद करना चाहता था। यही आत्मनिर्माण की वास्तविक दिशा थी। यह व्यक्ति को दूसरों से बड़ा नहीं बनाती, बल्कि उसे स्वयं से सच्चा बना देती है।

अब वह यह समझने लगा था कि चरित्र किसी एक बड़े निर्णय से नहीं बनता। वह रोज़ की छोटी आदतों से बनता है, रोज़ के विचारों से बनता है, और रोज़ की ईमानदारी से बनता है। जब व्यक्ति अकेले में भी वैसा ही रहे जैसा वह दुनिया के सामने दिखता है, तभी उसका निर्माण वास्तविक होता है। यही कारण था कि अब वह अपने भीतर अनुशासन लाने लगा था।

वह अपने समय को देखता था, अपने शब्दों को देखता था, और अपने व्यवहार को देखता था। क्योंकि अब उसे समझ आने लगा था कि जीवन बाहर की बड़ी घटनाओं से कम और भीतर की छोटी आदतों से अधिक बनता है। एक विचार धीरे-धीरे स्वभाव बन जाता है, एक स्वभाव धीरे-धीरे चरित्र बन जाता है, और चरित्र अंततः पूरे जीवन की दिशा तय करता है।

यही कारण था कि अब वह अपने भीतर उठने वाली हर भावना को गंभीरता से देखने लगा था। यदि भीतर क्रोध उठता, तो वह उसका कारण समझता। यदि ईर्ष्या उठती, तो वह उसे

छिपाने के बजाय पहचानता। यदि भय उठता, तो वह उससे भागने के बजाय उसे समझने की कोशिश करता। क्योंकि अब वह जान चुका था कि जिन भावनाओं को समझा नहीं जाता, वे मनुष्य को भीतर से नियंत्रित करने लगती हैं।

यही जागरूकता उसे धीरे-धीरे परिपक्व बना रही थी। अब उसकी शांति परिस्थितियों पर पूरी तरह निर्भर नहीं रही थी। अब उसका आत्मविश्वास केवल सफलता से पैदा नहीं होता था। अब उसका अस्तित्व लोगों की उपस्थिति से ही पूर्ण नहीं होता था। उसने अपने भीतर एक ऐसा आधार बनाना शुरू कर दिया था जो अकेलेपन में भी खड़ा रह सके।

और शायद यही मनुष्य की सबसे बड़ी उपलब्धि होती है— जब वह स्वयं के भीतर इतना गहरा हो जाए कि दुनिया की हलचल उसे छू तो सके, लेकिन पूरी तरह हिला न सके।

अब उसे यह स्पष्ट दिखाई देने लगा था कि स्वयं का निर्माण किसी एक निर्णय, किसी एक प्रेरणा या किसी एक दिन की जागरूकता से नहीं होता। यह एक धीमी प्रक्रिया है, जो जीवन के हर छोटे अनुभव, हर आदत, हर प्रतिक्रिया और हर विचार के माध्यम से भीतर आकार लेती रहती है। मनुष्य जैसा बार-बार सोचता है, धीरे-धीरे वैसा बनने लगता है। जिन भावनाओं को वह लगातार अपने भीतर स्थान देता है, वही उसके स्वभाव का हिस्सा बन जाती हैं। और जिन विचारों को वह वर्षों तक सत्य मानकर जीता है, वही अंततः उसके व्यक्तित्व की दिशा तय करने लगते हैं। यही कारण था कि अब वह अपने भीतर उठने वाली हर भावना और हर विचार को पहले से अधिक ध्यान से देखने लगा था।

पहले उसका मन परिस्थितियों के अनुसार बदल जाता था। यदि कोई उसकी प्रशंसा कर दे, तो भीतर एक उत्साह भर जाता। यदि कोई आलोचना कर दे, तो उसका आत्मविश्वास हिल जाता। यदि क्रोध उठता, तो वही उसकी भाषा और व्यवहार को नियंत्रित करने लगता। यदि उदासी आती, तो वह स्वयं को पूरी तरह असहाय महसूस करने लगता। लेकिन अब उसके भीतर धीरे-धीरे एक नई दृष्टि जन्म ले रही थी। वह समझने लगा था कि भावनाएँ स्थायी नहीं होतीं। वे आती हैं और चली जाती हैं। यदि व्यक्ति हर बदलती हुई भावना के साथ बहता रहे, तो उसका जीवन कभी स्थिर नहीं हो सकता। यही समझ उसके भीतर संतुलन पैदा कर रही थी।

अब वह अपने मन का दास बनकर नहीं जीना चाहता था। वह अपने मन को समझना चाहता था। वह यह पहचानने लगा था कि कौन-से विचार उसे भीतर से मजबूत बना रहे हैं और कौन-से विचार धीरे-धीरे उसकी शांति को नष्ट कर रहे हैं। यही आत्मजागरूकता उसके निर्माण की सबसे महत्वपूर्ण नींव बनती जा रही थी। क्योंकि बिना जागरूकता के मनुष्य पूरा जीवन अपनी आदतों के अनुसार जीता रहता है। उसे लगता है कि वही उसका स्वभाव है, जबकि वास्तव में वह केवल वर्षों से दोहराई जा रही प्रतिक्रियाओं का परिणाम होता है।

यही कारण था कि अब वह स्वयं को बदलने की जल्दबाज़ी में नहीं था। वह समझ चुका था कि वास्तविक परिवर्तन धीरे-धीरे भीतर उतरता है। केवल ऊपर से व्यवहार बदल लेने से व्यक्ति कुछ समय बाद फिर वहीं लौट जाता है जहाँ से चला था। लेकिन जब दृष्टि बदलती

है, तब परिवर्तन स्थायी होने लगता है। और यही परिवर्तन अब उसके भीतर आकार ले रहा था। अब यदि कोई उसे समझ न पाए, तो वह तुरंत टूटता नहीं था। यदि कोई साथ छोड़ दे, तो वह स्वयं को व्यर्थ नहीं मानता था। यदि जीवन उसकी इच्छा के अनुसार न चले, तो भी वह भीतर से पूरी तरह बिखरता नहीं था। क्योंकि अब उसका आधार बाहर नहीं, भीतर बनने लगा था।

यही आत्मनिर्माण की सबसे गहरी अवस्था होती है। जब व्यक्ति दुनिया से भागता नहीं, लेकिन दुनिया पर पूरी तरह निर्भर भी नहीं रहता। जब वह लोगों से प्रेम कर सकता है, लेकिन अपनी पहचान खोकर नहीं। जब वह सफलता चाहता है, लेकिन असफलता को अपने मूल्य का अंतिम प्रमाण नहीं मानता। यही संतुलन मनुष्य को भीतर से मजबूत बनाता है। अब उसे समझ आने लगा था कि आत्मनिर्माण केवल मानसिक प्रक्रिया नहीं है, बल्कि जीवन जीने का तरीका है। यह हर दिन स्वयं को थोड़ा और स्पष्ट देखने की साधना है। हर दिन अपने भीतर की अशांति को समझने का प्रयास है। हर दिन अपने चरित्र को थोड़ा और ईमानदार बनाने की यात्रा है।

और यह यात्रा आसान नहीं होती। क्योंकि स्वयं को बदलना दुनिया को बदलने से कहीं अधिक कठिन होता है। दुनिया की गलतियाँ तुरंत दिखाई देती हैं, अपनी नहीं। दूसरों की कमियाँ समझना सरल होता है, लेकिन स्वयं के भीतर उतरना कठिन होता है। यही कारण है कि बहुत-से लोग पूरा जीवन दूसरों को सुधारने में लगा देते हैं, लेकिन स्वयं को कभी सच में देख ही नहीं पाते। लेकिन अब वह भीतर उतर चुका था। उसने अपने मन के अंधेरों को भी देखा था। अपने भीतर की असुरक्षाओं को भी पहचाना था। अपने टूटे हुए हिस्सों को भी महसूस किया था। और शायद यही कारण था कि अब उसका निर्माण वास्तविक हो रहा था।

क्योंकि जो व्यक्ति अपने भीतर के अंधकार को देखने का साहस कर लेता है, वही अपने भीतर प्रकाश भी जगा सकता है। अब वह बाहरी चमक से जल्दी प्रभावित नहीं होता था। उसे समझ आने लगा था कि दिखावा और वास्तविकता अलग-अलग चीज़ें हैं। बहुत-से लोग बाहर से मजबूत दिखाई देते हैं, लेकिन भीतर से टूटे होते हैं। बहुत-से लोग बाहर से शांत दिखते हैं, लेकिन भीतर निरंतर संघर्ष में जी रहे होते हैं। यही समझ उसे और विनम्र बना रही थी। अब वह लोगों को केवल उनके शब्दों से नहीं, उनके चरित्र से देखने लगा था। क्योंकि समय के साथ उसने जान लिया था कि शब्द बदल सकते हैं, लेकिन चरित्र अंततः सामने आ ही जाता है।

और इसलिए अब उसका ध्यान केवल इस बात पर नहीं था कि लोग उसे क्या समझते हैं। उसका ध्यान इस पर था कि वह वास्तव में क्या बन रहा है। यही प्रश्न अब उसके जीवन का केंद्र बन चुका था। क्योंकि अंत में मनुष्य वही बनता है जिसे वह भीतर बार-बार जीता है। यदि भीतर भय भरा हो, तो जीवन धीरे-धीरे सिकुड़ने लगता है। यदि भीतर जागरूकता जन्म ले, तो जीवन गहराने लगता है। और अब उसके भीतर वही गहराई जन्म ले रही थी— ऐसी गहराई जो अकेलेपन से डरती नहीं, संघर्षों से टूटती नहीं और समय के बदलने पर स्वयं

को खोती नहीं।

अब उसके भीतर जो गहराई जन्म ले रही थी, वह शब्दों से अधिक उसके मौन में दिखाई देने लगी थी। पहले उसका मन लगातार स्वयं को साबित करने की बेचैनी में लगा रहता था। उसे लगता था कि लोगों की स्वीकृति ही उसके मूल्य का प्रमाण है। यदि कोई उसकी प्रशंसा करे, तो वह भीतर से प्रसन्न हो जाता, और यदि कोई उसे अनदेखा कर दे, तो उसका आत्मविश्वास डगमगा जाता। लेकिन समय के साथ उसके भीतर एक अलग प्रकार की स्थिरता जन्म लेने लगी थी। अब उसे हर व्यक्ति को अपनी अच्छाई दिखाने की आवश्यकता महसूस नहीं होती थी। उसे हर समय स्वीकार किए जाने की भूख भी पहले जैसी नहीं रही थी। क्योंकि वह समझने लगा था कि जो व्यक्ति स्वयं को जान लेता है, वह दुनिया की हर राय से प्रभावित नहीं होता।

पहले उसका आत्मविश्वास लोगों के व्यवहार पर निर्भर था। यदि लोग उसे महत्व दें, तो वह स्वयं को योग्य महसूस करता, और यदि लोग दूरी बना लें, तो भीतर एक खालीपन भर जाता। लेकिन अब वह यह समझ चुका था कि यदि आत्मसम्मान बाहर से लिया जाए, तो वह कभी स्थिर नहीं रह सकता। लोग बदलते हैं, उनकी प्राथमिकताएँ बदलती हैं, उनका व्यवहार बदलता है, और यदि व्यक्ति अपनी शांति को इन्हीं बदलती हुई चीज़ों से बाँध दे, तो उसका मन कभी स्थिर नहीं हो सकता। यही कारण था कि अब वह धीरे-धीरे अपने भीतर लौट रहा था। वह अपने अस्तित्व का आधार स्वयं के भीतर बना रहा था। वह अपने चरित्र को परिस्थितियों से ऊपर उठाना सीख रहा था। उसे समझ आने लगा था कि वास्तविक मजबूती अपनी आवाज़ ऊँची करने में नहीं, बल्कि भीतर स्थिर बने रहने में होती है।

अब यदि कोई उसे समझ न पाए, तो वह तुरंत टूटता नहीं था। यदि कोई उसकी अच्छाई को महत्व न दे, तो वह स्वयं को बदलने नहीं लगता था। यदि कोई उसका साथ छोड़ दे, तो वह अपने मूल्य पर संदेह नहीं करता था। क्योंकि अब उसका मूल्य दूसरों की स्वीकृति से नहीं, बल्कि स्वयं की जागरूकता से तय होने लगा था। यही आत्मनिर्माण की सबसे कठिन अवस्थाओं में से एक होती है। यह वह समय होता है जब व्यक्ति धीरे-धीरे भीड़ की मानसिकता से बाहर निकलने लगता है। वह हर समय तुलना करना बंद कर देता है। वह यह समझने लगता है कि हर व्यक्ति की यात्रा अलग है और स्वयं को दूसरों की गति से मापना केवल भीतर अशांति पैदा करता है।

पहले वह भी इसी जाल में उलझा रहता था। दूसरों की उपलब्धियाँ देखकर बेचैन हो जाता था। किसी और की सफलता उसे अपनी कमी का प्रमाण लगने लगती थी। उसे लगता था कि शायद वह पीछे छूट रहा है। लेकिन अब उसकी दृष्टि बदल रही थी। वह समझने लगा था कि जीवन कोई ऐसी दौड़ नहीं है जिसमें सभी को एक ही समय पर एक ही स्थान तक पहुँचना हो। कुछ लोग जल्दी सीखते हैं, कुछ देर से समझते हैं। कुछ संघर्षों से गुजरकर गहरे बनते हैं, और कुछ बाहरी सफलताओं के बावजूद भीतर से खाली रह जाते हैं। यही कारण था कि अब वह केवल उपलब्धियों को देखकर किसी को सफल नहीं मानता था।

उसके लिए सफलता का अर्थ बदल चुका था। अब सफलता केवल धन, प्रसिद्धि या बाहरी सम्मान नहीं थी। सफलता का अर्थ था— भीतर स्थिर रह पाना, अपनी आत्मा से दूर न होना, कठिन परिस्थितियों में भी अपने चरित्र को बचाए रखना और अकेलेपन में भी स्वयं को टूटने न देना। यही वास्तविक निर्माण था। यही वह शक्ति थी जो धीरे-धीरे उसके भीतर आकार ले रही थी।

अब उसका मन पहले जैसा कमजोर नहीं पड़ता था। दुख आते थे, लेकिन वे उसे समाप्त नहीं कर देते थे। भय उठते थे, लेकिन वे उसकी दिशा तय नहीं करते थे। लोग बदलते थे, लेकिन व

ह स्वयं को खोता नहीं था। क्योंकि अब उसके भीतर एक ऐसा आधार बन चुका था जिसे केवल बाहरी परिस्थितियाँ हिला नहीं सकती थीं। यही आधार मनुष्य को भीतर से मजबूत बनाता है। यही वह मौन शक्ति होती है जो व्यक्ति को तब भी संभाले रखती है जब बाहर का सहारा टूटने लगे।

अब उसे यह भी समझ आने लगा था कि जीवन में सबसे बड़ा सहारा हमेशा बाहर नहीं मिलता। कई बार सबसे सच्चा सहारा वही होता है जो भीतर चुपचाप खड़ा रहता है— स्वयं का साहस। यही साहस उसे हर टूटन के बाद उठाता था। यही साहस उसे निराशा के समय आगे बढ़ने देता था। यही साहस उसे याद दिलाता था कि अंधेरे स्थायी नहीं होते। परिस्थितियाँ चाहे जितनी कठिन हों, भीतर का प्रकाश यदि बचा रहे, तो रास्ता फिर भी बन सकता है।

और शायद मनुष्य की सबसे बड़ी शक्ति भी यही होती है— बार-बार टूटने के बाद भी अपने भीतर प्रकाश को जीवित रखना। अब वह जीवन से भागना नहीं चाहता था। वह उसे पूरी जागरूकता के साथ जीना चाहता था। उसके संघर्षों को भी, उसकी कठिनाइयों को भी, उसके मौन को भी। क्योंकि अब वह समझ चुका था कि जीवन केवल सुखों से नहीं बनता। मनुष्य की गहराई उसके संघर्षों से बनती है। उसका चरित्र उसकी कठिनाइयों से बनता है। और उसका वास्तविक स्वरूप तब सामने आता है जब दुनिया का शोर शांत हो जाता है और वह स्वयं के सामने अकेला खड़ा होता है।

यहीं एकांत अपना सबसे गहरा अर्थ प्रकट करता है। वह व्यक्ति को दुनिया से काटने नहीं आता, बल्कि स्वयं से मिलाने आता है। वह उसे यह दिखाने आता है कि उसके भीतर कितना अंधकार है और कितना प्रकाश अभी जन्म लेना बाकी है। वह उसे यह समझाने आता है कि बाहरी उपलब्धियाँ जीवन का केवल एक हिस्सा हैं, लेकिन भीतर की जागरूकता जीवन का आधार है। और शायद स्वयं का निर्माण भी यही है— अपने भीतर छिपे उस प्रकाश को पहचान लेना जो परिस्थितियों से दब तो सकता है, लेकिन कभी पूरी तरह बुझ नहीं सकता। यही प्रकाश मनुष्य को बार-बार अपने पास लौटाता है, और अंततः उसी के सहारे वह स्वयं का सबसे सच्चा स्वरूप गढ़ता है।

अब उसके भीतर जो परिवर्तन चल रहा था, वह केवल विचारों या समझ का परिवर्तन नहीं था। वह उन अनुभवों की आग में बना हुआ परिवर्तन था, जिनसे गुजरते हुए उसने अपने भीतर की कई परतों को टूटते और बदलते देखा था। यह परिवर्तन किसी पुस्तक, किसी सलाह या किसी प्रेरक वाक्य से नहीं आया था। यह उस दर्द से जन्मा था जिसे उसने लंबे समय तक अपने भीतर अकेले ढोया था। ऐसा दर्द, जिसे वह कई बार शब्दों में व्यक्त भी नहीं कर पाया। क्योंकि कुछ घाव ऐसे होते हैं जो भाषा में नहीं उतरते। वे केवल व्यक्ति की आँखों की थकान में दिखाई देते हैं, उसके मौन में सुनाई देते हैं, और उसके भीतर फैली हुई उस चुप्पी में महसूस होते हैं जिसे बाहर की दुनिया अक्सर समझ ही नहीं पाती।

लंबे समय तक वह भी इसी प्रकार भीतर टूटता रहा था। बाहर से जीवन चलता रहा। वह मुस्कुराता रहा, लोगों के बीच बैठता रहा, अपनी जिम्मेदारियाँ निभाता रहा और सामान्य दिखाई देता रहा। लेकिन उसकी हर मुस्कान के पीछे एक ऐसी थकान छिपी थी जिसे बहुत कम लोग देख सकते थे। रातें उसके लिए विश्राम का समय नहीं थीं। वे उसके भीतर चल रहे संघर्षों की साक्षी थीं। जब दुनिया सो जाती थी, तब उसका मन जागता रहता था। वह अपने ही विचारों से लड़ता, अपने ही प्रश्नों में उलझता और अपने ही भीतर उठती हुई बेचैनियों को शांत करने की कोशिश करता रहता था। कई बार उसे केवल इतना चाहिए होता था कि कोई उसके भीतर झाँककर पूछे कि वह वास्तव में कैसा है। कई बार उसे केवल एक ऐसी उपस्थिति चाहिए होती थी जहाँ वह कुछ देर के लिए मजबूत होने का अभिनय छोड़ सके। लेकिन जीवन हमेशा ऐसी जगहें नहीं देता। कुछ रास्ते ऐसे होते हैं जिन्हें मनुष्य को अकेले ही तय करना पड़ता है।

धीरे-धीरे उसने यह भी समझा कि कुछ आँसू ऐसे होते हैं जिन्हें व्यक्ति स्वयं ही पोंछना सीख जाता है। कुछ दर्द ऐसे होते हैं जिन्हें वह दूसरों से कह नहीं पाता और कुछ लड़ाइयाँ ऐसी होती हैं जिन्हें कोई दूसरा उसके लिए लड़ भी नहीं सकता। यही अनुभव उसके भीतर एक गहरी चुप्पी छोड़ गए थे। पहले वह लोगों से बहुत अपेक्षाएँ रखता था। उसे लगता था कि जो उसके अपने हैं, वे उसके मौन को समझ लेंगे। वे उसकी थकान को महसूस कर लेंगे। वे उसकी आँखों के पीछे छिपे हुए संघर्ष को पढ़ लेंगे। लेकिन समय ने उसे एक कठिन सत्य सिखाया। हर व्यक्ति आपकी गहराई तक नहीं पहुँच सकता। हर रिश्ता आपकी आत्मा को नहीं समझ सकता। और हर साथ जीवन भर का साथ नहीं होता।

यह सत्य पहले उसे तोड़ता रहा। उसे लगता था कि शायद उसकी अपेक्षाएँ गलत थीं या शायद वह स्वयं ही समझे जाने योग्य नहीं था। लेकिन समय के साथ उसने जाना कि यह जीवन का स्वभाव है। लोग अपनी सीमाओं के भीतर ही प्रेम कर पाते हैं। हर किसी के भीतर उतनी गहराई नहीं होती कि वह किसी दूसरे के मौन को भी समझ सके। और जब उसने यह स्वीकार किया, तब उसके भीतर एक नया परिवर्तन शुरू हुआ। अब वह लोगों से प्रेम तो करता था, लेकिन स्वयं को खोकर नहीं। अब वह संबंधों को महत्व देता था, लेकिन अपनी पहचान की कीमत पर नहीं। अब यदि कोई दूर चला जाता, तो उसे दुख होता था, लेकिन वह

अपने मूल्य पर संदेह नहीं करता था।

यही कारण था कि अब उसका ध्यान बाहर के सहारों से हटकर भीतर के निर्माण पर आने लगा था। वह अपने भीतर एक ऐसा आधार बनाना चाहता था जो समय, परिस्थितियों और लोगों के बदलने पर भी बना रहे। ऐसा साहस जो अंधेरे दिनों में भी साथ न छोड़े। ऐसी शांति जो किसी की उपस्थिति पर निर्भर न हो। लेकिन वह समझ चुका था कि यह निर्माण आसान नहीं होता। स्वयं को बनाना किसी पत्थर को तराशने जैसा नहीं, बल्कि अपनी आत्मा को तपाने जैसा होता है। हर अनुभव कुछ तोड़ता भी है और कुछ नया बनाता भी है। हर धोखा मासूमियत का एक हिस्सा छीन लेता है, लेकिन समझ की एक नई परत जोड़ देता है। हर अकेलापन व्यक्ति को अपने भीतर की आवाज़ थोड़ी और स्पष्ट सुनना सिखा देता है।

अब उसका मौन पहले जैसा खाली नहीं था। उस मौन में अनुभवों की परतें थीं। उसमें संघर्षों की स्मृतियाँ थीं। उसमें अधूरे सपनों की धूल थी। उसमें टूटे हुए विश्वासों के निशान थे। लेकिन उन सबके बीच अब भी एक छोटा-सा प्रकाश बचा हुआ था जो पूरी तरह बुझना नहीं चाहता था। शायद वही प्रकाश मनुष्य को हर कठिन समय में जीवित रखता है। जब सब कुछ बिखरता हुआ प्रतीत होता है, तब भी भीतर कहीं एक संभावना बची रहती है कि यह दर्द व्यर्थ नहीं जाएगा। कि एक दिन यही पीड़ा किसी गहरी समझ में बदल जाएगी। कि एक दिन यही अकेलापन आत्म-पहचान का मार्ग बन जाएगा।

अब वह स्वयं से भाग नहीं रहा था। पहले वह अपने दर्द को दबाने के लिए लोगों के बीच रहता था। वह शोर में अपने भीतर की आवाज़ को खो देना चाहता था। लेकिन अब वह अकेले रहकर भी स्वयं से डरता नहीं था। उसने अपने भीतर बैठना सीख लिया था। उसने अपने घावों को देखने का साहस विकसित कर लिया था। और शायद यही वह क्षण था जहाँ उसकी वास्तविक शक्ति जन्म ले रही थी। क्योंकि मनुष्य की सबसे बड़ी ताकत बाहर नहीं, भीतर पैदा होती है। जब पूरी दुनिया समझना बंद कर दे और फिर भी व्यक्ति स्वयं को समझ सके, तब वह पूरी तरह नहीं टूटता।

यही समझ उसे भीतर से नया बना रही थी। अब छोटी-छोटी बातें उसे पहले की तरह घायल नहीं कर पाती थीं। अब हर अस्वीकार उसे अपनी कीमत पर संदेह करने के लिए मजबूर नहीं करता था। क्योंकि उसने दर्द को उसकी गहराई में जाकर देखा था। वह उन रातों से गुजर चुका था जहाँ उसे लगता था कि शायद शांति अब कभी लौटकर नहीं आएगी। लेकिन समय ने उसे एक और सत्य सिखाया था— मनुष्य अपनी कल्पना से कहीं अधिक सहन कर सकता है। वह टूटता है, रोता है, बिखरता है, हार मान लेने की इच्छा भी करता है, लेकिन फिर भी किसी अदृश्य शक्ति के सहारे एक दिन उठ खड़ा होता है।

शायद यही जीवन का सबसे सुंदर और सबसे पीड़ादायक सत्य है। मनुष्य पूरी तरह टूट जाने के बाद भी फिर से जीना सीख सकता है। वह अपने भीतर बचे हुए छोटे-से प्रकाश को बचाकर रख सकता है। और शायद स्वयं का निर्माण भी वहीं से शुरू होता है, जहाँ व्यक्ति पहली बार यह निर्णय लेता है कि उसका दर्द उसकी कहानी का हिस्सा तो होगा, लेकिन

उसकी अंतिम पहचान नहीं बनेगा। वहीं से वह अपने घावों का कैदी नहीं, बल्कि अपने जीवन का निर्माता बनना शुरू करता है।

समय के साथ उसे यह बात पूरी स्पष्टता से समझ आने लगी थी कि स्वयं का निर्माण किसी उपलब्धि, किसी पहचान या किसी बाहरी सफलता का नाम नहीं है। यह भीतर की उस लंबी यात्रा का नाम है जिसमें मनुष्य अपने टूटे हुए हिस्सों से भागना बंद करता है। वह अपने घावों को छिपाने के बजाय उन्हें देखना सीखता है। वह अपने अतीत को मिटाने की कोशिश नहीं करता, बल्कि उसे समझने का प्रयास करता है। और फिर धीरे-धीरे उन्हीं अनुभवों, उन्हीं संघर्षों और उन्हीं टूटनों से अपने लिए एक नया आधार तैयार करता है। यही कारण था कि अब वह अपने बीते हुए समय से डरता नहीं था। वह उससे लड़ता भी नहीं था। उसने उसे अपने जीवन की कहानी का एक हिस्सा मान लिया था।

उसे आज भी उन लोगों की याद आती थी जो कभी उसके बहुत निकट थे और फिर किसी मोड़ पर दूर हो गए। उसे वे शब्द भी याद थे जिन्होंने उसके भीतर गहरी चोट छोड़ी थी। उसे वे रातें भी याद थीं जब उसे लगता था कि वह अपने ही विचारों के भार तले दब जाएगा। लेकिन अब उन स्मृतियों का स्वरूप बदल चुका था। पहले वे केवल दर्द लेकर आती थीं, अब वे समझ भी लेकर आती थीं। अब वह उन घटनाओं को केवल हानि के रूप में नहीं देखता था। वह यह समझने लगा था कि जीवन में हर व्यक्ति स्थायी होने के लिए नहीं आता। कुछ लोग केवल एक निश्चित दूरी तक साथ चलने के लिए आते हैं। कुछ संबंध हमें प्रेम का अनुभव कराते हैं, कुछ हमें खोने का अर्थ सिखाते हैं, और कुछ हमें हमारे अपने भीतर छिपे हुए उन हिस्सों तक पहुँचा देते हैं जिनसे हम वर्षों तक अनजान रहते हैं।

यही समझ धीरे-धीरे उसके भीतर जमा हुई कड़वाहट को शांत करने लगी थी। अब वह अपने घावों को अभिशाप की तरह नहीं देखता था। उसे महसूस होने लगा था कि यदि वह कभी भीतर से न टूटा होता, तो शायद स्वयं को इतनी गहराई से जान भी नहीं पाता। दर्द ने उससे बहुत कुछ लिया था, लेकिन उसने उसे कुछ दिया भी था। उसने उसकी दृष्टि को गहरा किया था। उसने उसे लोगों, संबंधों और स्वयं के प्रति अधिक जागरूक बनाया था। उसने उसे यह समझ दी थी कि जीवन की सबसे महत्वपूर्ण सीखें अक्सर उन्हीं रास्तों पर मिलती हैं जहाँ व्यक्ति जाना नहीं चाहता।

अब वह जान चुका था कि जीवन में सबसे बड़ा सहारा हमेशा कोई दूसरा व्यक्ति नहीं होता। लोग साथ दे सकते हैं, प्रेरणा दे सकते हैं, प्रेम दे सकते हैं, लेकिन अंततः कुछ क्षण ऐसे आते हैं जहाँ मनुष्य को अपने ही भीतर खड़ा होना पड़ता है। वहीं उसे अपने भीतर छिपे उस साहस का परिचय मिलता है जो हर अंधेरे में उसके साथ रहता है। वही साहस उसे तब संभालता है जब उम्मीद कम हो जाती है। वही उसे आगे बढ़ने की शक्ति देता है जब रास्ते स्पष्ट नहीं होते। वही उसे टूटने से बचाता है जब भीतर बहुत अधिक शोर और भ्रम होता है।

धीरे-धीरे उसी साहस ने उसके भीतर एक नए मनुष्य को जन्म देना शुरू कर दिया था। ऐसा मनुष्य जो अकेलेपन को केवल अभाव के रूप में नहीं देखता था। ऐसा मनुष्य जो लोगों

के बदल जाने पर स्वयं को नहीं खोता था। ऐसा मनुष्य जो कठिन परिस्थितियों में भी पूरी तरह बिखर नहीं जाता था। क्योंकि अब उसने अपने भीतर एक ऐसा आधार बना लिया था जिसे बाहरी दुनिया पूरी तरह छीन नहीं सकती थी। परिस्थितियाँ उसे चुनौती दे सकती थीं, लोग उसे छोड़ सकते थे, समय उसके जीवन की दिशा बदल सकता था, लेकिन उसके भीतर जो केंद्र बन चुका था, वह पहले से अधिक स्थिर था।

यही स्वयं का वास्तविक निर्माण था। यह दुनिया से दूर भाग जाने की प्रक्रिया नहीं थी। यह अपने भीतर इतना गहरा उतर जाने की प्रक्रिया थी कि दुनिया की हलचल भी भीतर की शांति को पूरी तरह न तोड़ सके। यह संवेदनहीन बनना नहीं था, बल्कि संवेदनशील रहते हुए भी संतुलित रहना था। यह लोगों से दूरी बनाना नहीं था, बल्कि लोगों के बीच रहते हुए भी स्वयं से जुड़े रहना था।

अब उसका एकांत खाली नहीं था। उसमें समझ थी, स्वीकार था, अनुभव था और एक गहरा मौन था। लेकिन वह मौन बोझिल नहीं था। उसमें एक नई चेतना जन्म ले रही थी। एक ऐसा अस्तित्व जो धीरे-धीरे स्वयं को पहचान रहा था। अब उसे महसूस होने लगा था कि शायद जीवन का उद्देश्य केवल सफल होना नहीं, बल्कि जागरूक होना भी है। केवल आगे बढ़ना नहीं, बल्कि भीतर लौटना भी है। केवल दुनिया को जानना नहीं, बल्कि स्वयं को समझना भी है।

शायद अंततः जीवन मनुष्य को इसी बिंदु तक लाना चाहता है— उस स्थान तक जहाँ वह दुनिया में रहकर भी स्वयं से दूर न हो। जहाँ वह प्रेम कर सके, लेकिन अपनी पहचान खोए बिना। जहाँ वह संबंधों को महत्व दे सके, लेकिन अपनी शांति को उनके भरोसे न छोड़े। जहाँ वह टूटे भी, रोए भी, बिखरे भी, लेकिन फिर भी अपने भीतर का प्रकाश बचाए रखे। क्योंकि अंततः मनुष्य की सबसे बड़ी विजय बाहरी परिस्थितियों पर नहीं होती, बल्कि अपने भीतर के अंधेरों पर होती है।

और शायद वही क्षण उसकी वास्तविक जीत का क्षण था। वह क्षण जब उसने जीवन को नियंत्रित करने की कोशिश छोड़ दी और स्वयं को समझना शुरू किया। वह क्षण जब उसने अपने घावों को छिपाना बंद किया और उनसे सीखना शुरू किया। वह क्षण जब उसने यह स्वीकार कर लिया कि दर्द उसकी कहानी का हिस्सा है, लेकिन उसका भाग्य नहीं। और उसी स्वीकार में उसके भीतर एक ऐसी शांति जन्म लेने लगी थी, जिसे कोई बाहरी परिस्थिति पूरी तरह छीन नहीं सकती थी।

12

भावनाओं पर नियंत्रण

मनुष्य का सबसे बड़ा संघर्ष अक्सर बाहर की दुनिया से नहीं, बल्कि अपने ही भीतर से होता है। जीवन में आने वाली परिस्थितियाँ, लोग, अवसर और चुनौतियाँ जितनी जटिल दिखाई देती हैं, उससे कहीं अधिक जटिल वह संसार होता है जो मनुष्य अपने भीतर लेकर चलता है। उसके विचार, इच्छाएँ, आशंकाएँ, स्मृतियाँ और भावनाएँ लगातार एक-दूसरे से संवाद करती रहती हैं। कभी आशा और निराशा आमने-सामने खड़ी होती हैं, कभी भय और साहस एक-दूसरे को चुनौती देते हैं, और कभी हृदय किसी ऐसी दिशा में खिंचता है जिसे बुद्धि स्वीकार नहीं कर पाती। यही आंतरिक संघर्ष मनुष्य के जीवन का सबसे लंबा और सबसे गहरा युद्ध बन जाता है।

इस युद्ध के केंद्र में भावनाएँ होती हैं। यही भावनाएँ जीवन को अर्थ देती हैं, संबंधों को गहराई देती हैं और अनुभवों को स्मरणीय बनाती हैं। प्रेम हमें किसी के निकट लाता है, करुणा हमें मानवीय बनाती है, अपनापन हमें सुरक्षा का अनुभव कराता है। लेकिन यही भावनाएँ जब असंतुलित हो जाती हैं, तब वही प्रेम आसक्ति बन सकता है, वही अपनापन निर्भरता में बदल सकता है और वही संवेदनशीलता भीतर गहरी पीड़ा का कारण बन सकती है। इसलिए समस्या भावनाओं में नहीं होती; समस्या तब उत्पन्न होती है जब मनुष्य उन्हें समझे बिना उनके अधीन जीवन जीने लगता है।

समय के साथ उसे यह समझ आने लगी थी कि उसके जीवन की अनेक पीड़ाएँ घटनाओं से नहीं, बल्कि उन घटनाओं के प्रति उसकी भावनात्मक प्रतिक्रियाओं से पैदा हुई थीं। पहले यदि कोई प्रेम और अपनत्व दिखाता, तो वह पूरी तरह उस संबंध में डूब जाता। यदि कोई दूरी बना लेता, तो उसके भीतर बेचैनी भर जाती। यदि कोई कठोर शब्द कह देता, तो वह दिनों तक उसी बात को मन में दोहराता रहता। उसकी शांति उसके अपने भीतर नहीं थी; वह दूसरों के व्यवहार से बंधी हुई थी। लोग अच्छा व्यवहार करें तो वह प्रसन्न रहता, लोग बदल जाएँ तो उसका मन अंधकार से भर जाता। धीरे-धीरे उसे महसूस हुआ कि यह केवल संवेदनशीलता नहीं थी, बल्कि एक प्रकार की आंतरिक निर्भरता थी, जिसने उसकी भावनाओं

की डोर दूसरों के हाथों में सौंप दी थी।

यहीं से उसके भीतर एक नई जागरूकता का जन्म हुआ। उसने पहली बार यह देखना शुरू किया कि भावनाएँ स्वयं में न तो अच्छी होती हैं और न बुरी। वे केवल संकेत होती हैं। वे हमें हमारे भीतर चल रही प्रक्रियाओं की सूचना देती हैं। क्रोध यह बताता है कि कहीं कोई आंतरिक प्रतिरोध है। भय किसी असुरक्षा की ओर संकेत करता है। उदासी किसी खोई हुई चीज़ का शोक हो सकती है। लेकिन जब मनुष्य इन संकेतों को समझने के बजाय सीधे उनके प्रभाव में जीने लगता है, तब भावनाएँ उसके निर्णयों और उसके पूरे जीवन की दिशा को नियंत्रित करने लगती हैं।

अब वह हर भावना के साथ तुरंत बह जाने के बजाय उसे देखना सीख रहा था। यदि क्रोध उठता, तो वह यह जानने का प्रयास करता कि उसके पीछे कौन-सी चोट या अपेक्षा छिपी हुई है। यदि उदासी आती, तो वह उसे दबाने या उससे भागने के बजाय उसे महसूस करता और समझने की कोशिश करता। यदि किसी संबंध के प्रति अत्यधिक मोह जन्म लेता, तो वह स्वयं से पूछता कि कहीं वह अपनी शांति किसी और के हाथों में तो नहीं सौंप रहा। यह परिवर्तन छोटा नहीं था। यही वह बिंदु था जहाँ भावनाएँ उसके जीवन की स्वामिनी बनने के बजाय उसके अनुभवों की शिक्षक बनने लगी थीं।

उसे धीरे-धीरे यह भी समझ आने लगा था कि भावनाओं पर नियंत्रण का अर्थ उन्हें दबा देना नहीं है। बहुत-से लोग भावनात्मक मजबूती को कठोरता समझ लेते हैं। वे सोचते हैं कि दर्द महसूस न करना, आँसू रोक लेना या किसी के प्रति लगाव न रखना ही शक्ति है। लेकिन वास्तविक शक्ति इससे बिल्कुल अलग होती है। वास्तविक शक्ति भावनाओं को पूरी ईमानदारी से महसूस करने में है, बिना उनके द्वारा नियंत्रित हुए। जो व्यक्ति अपनी भावनाओं को दबाता है, वह भीतर से कठोर और असंवेदनशील हो सकता है। लेकिन जो व्यक्ति उन्हें समझ लेता है, वह भीतर से स्थिर और परिपक्व हो जाता है।

इसी समझ के साथ उसके संबंधों का स्वरूप भी बदलने लगा था। अब वह प्रेम करता था, लेकिन स्वयं को खोकर नहीं। वह लोगों से जुड़ता था, लेकिन अपनी पहचान को दाँव पर लगाकर नहीं। वह किसी को महत्व देता था, लेकिन अपनी शांति की कीमत पर नहीं। उसे महसूस होने लगा था कि किसी के निकट होना और स्वयं को मिटा देना दो अलग बातें हैं। किसी के साथ चलना और अपनी आत्मा का केंद्र किसी और को सौंप देना दो अलग बातें हैं। प्रेम तब सुंदर रहता है जब उसमें निकटता हो, लेकिन साथ ही आत्मसम्मान और आंतरिक स्वतंत्रता भी बनी रहे।

यहीं भावनात्मक परिपक्वता का वास्तविक अर्थ प्रकट होता है। यह व्यक्ति को भावनाशून्य नहीं बनाती, बल्कि भावनाओं के प्रति जागरूक बनाती है। वह अब भी प्रेम करता है, दुखी होता है, कभी-कभी डरता भी है और कई बार अकेलापन भी महसूस करता है। अंतर केवल इतना है कि अब वह इन भावनाओं को अपनी अंतिम पहचान नहीं बनने देता। वह जानता है कि भावनाएँ आती हैं और चली जाती हैं, लेकिन उसके भीतर एक ऐसा केंद्र भी

है जो इन सबके बीच स्थिर रह सकता है।

शायद यही आंतरिक परिपक्वता का सबसे सुंदर रूप है। जब मनुष्य अपने भीतर उठने वाली हर भावना को सम्मान देता है, लेकिन उसका दास नहीं बनता। जब वह दर्द को महसूस करता है, लेकिन उसमें डूबता नहीं। जब वह प्रेम करता है, लेकिन स्वयं को खोता नहीं। और जब वह जीवन की हर लहर को स्वीकार करते हुए भी अपने भीतर एक ऐसा शांत तट बना लेता है जहाँ उसकी चेतना सुरक्षित रह सके। वहीं से वास्तविक स्वतंत्रता जन्म लेती है, और वहीं से मनुष्य पहली बार अपने भावनात्मक संसार का स्वामी बनना शुरू करता है।

अब उसके भीतर भावनाओं को समझने की जो क्षमता विकसित हो रही थी, वह केवल अनुभवों का परिणाम नहीं थी; वह उन अनुभवों पर किए गए गहरे चिंतन का परिणाम थी। पहले वह अपनी भावनाओं और अपने अस्तित्व के बीच कोई अंतर नहीं कर पाता था। जो वह महसूस करता था, वही उसे अपना सत्य प्रतीत होता था। यदि भीतर उदासी होती, तो उसे लगता कि उसका पूरा जीवन अंधकारमय है। यदि क्रोध उठता, तो वही उसके निर्णयों, उसके शब्दों और उसके संबंधों की दिशा तय करने लगता। यदि कोई प्रिय व्यक्ति उससे दूर हो जाता, तो उसे ऐसा महसूस होता मानो उसके भीतर कुछ स्थायी रूप से टूट गया हो। उस समय वह यह नहीं समझ पाता था कि भावनाएँ अनुभव हैं, पहचान नहीं; वे मन के आकाश में आने वाले बादलों की तरह हैं, स्वयं आकाश नहीं।

समय ने उसे धीरे-धीरे यह सिखाया कि कोई भी भावना स्थायी नहीं होती। हर भावना का अपना एक जीवनकाल होता है। वह जन्म लेती है, कुछ समय तक भीतर सक्रिय रहती है और फिर बदल जाती है। लेकिन मनुष्य का दुःख अक्सर भावनाओं से नहीं, बल्कि उनसे चिपके रहने की आदत से पैदा होता है। वह पुराने शब्दों को वर्षों तक अपने भीतर दोहराता रहता है। वह अपमानों को स्मृति में सुरक्षित रखता है, मानो उन्हें भूल जाना स्वयं के साथ अन्याय होगा। वह उन लोगों को भी मन में पकड़े रखता है जो बहुत पहले उसके जीवन से जा चुके होते हैं। यही पकड़ धीरे-धीरे मन को भारी बनाती है और व्यक्ति को वर्तमान से दूर ले जाती है।

अब उसे यह दिखाई देने लगा था कि जीवन में कुछ चीज़ों को बचाए रखने से अधिक महत्वपूर्ण उन्हें सम्मानपूर्वक विदा करना होता है। हर रिश्ता जीवनभर साथ नहीं चलता, हर व्यक्ति हमारी गहराइयों को समझने की क्षमता नहीं रखता और हर भावना को अनंत काल तक जीवित रखना भी आवश्यक नहीं होता। कुछ अनुभव केवल अपना पाठ पढ़ाने आते हैं और फिर समय की धारा में विलीन हो जाते हैं। जब व्यक्ति उन्हें जाने देना सीख लेता है, तभी उसके भीतर नई ऊर्जा और नई शांति के लिए स्थान बनता है। यही स्वीकार उसके भीतर धीरे-धीरे एक ऐसी सहजता ला रहा था जो पहले कभी मौजूद नहीं थी।

पहले जब कोई उससे दूर चला जाता था, तो वह उस घटना को अपने मूल्य से जोड़ लेता था। उसे लगता था कि यदि कोई साथ छोड़ गया, तो शायद उसमें ही कोई कमी रही होगी। वह स्वयं को दोष देता, अपने अस्तित्व पर प्रश्न उठाता और लंबे समय तक उसी पीड़ा में

उलझा रहता। लेकिन अब उसकी दृष्टि बदल चुकी थी। वह समझने लगा था कि हर बिछड़ाव असफलता का प्रमाण नहीं होता। कुछ लोग केवल एक निश्चित दूरी तक साथ चलने के लिए आते हैं। कुछ संबंध जीवन को मधुर स्मृतियाँ देते हैं, जबकि कुछ संबंध हमें अपनी सीमाएँ, अपनी अपेक्षाएँ और अपनी निर्भरताएँ दिखाकर आगे बढ़ जाते हैं। हर विदाई में हानि ही नहीं होती; कई बार उसमें एक गहरी शिक्षा भी छिपी होती है।

यही समझ उसके भीतर भावनात्मक परिपक्वता का आधार बन रही थी। अब वह केवल यह नहीं देखता था कि वह क्या महसूस कर रहा है, बल्कि यह भी देखने लगा था कि वह ऐसा क्यों महसूस कर रहा है। यदि क्रोध उठता, तो वह उसके पीछे छिपी हुई पीड़ा को खोजने की कोशिश करता। यदि ईर्ष्या जन्म लेती, तो वह स्वयं से ईमानदारी से पूछता कि उसके भीतर कौन-सी अधूरी आवश्यकता या असुरक्षा सक्रिय हो गई है। यदि किसी के प्रति अत्यधिक मोह पैदा होता, तो वह यह समझने का प्रयास करता कि कहीं वह अपने भीतर के खालीपन को किसी और की उपस्थिति से भरने की कोशिश तो नहीं कर रहा। यह प्रश्न उसे असहज अवश्य करते थे, लेकिन यही प्रश्न उसे स्वयं के अधिक निकट भी ले जा रहे थे।

धीरे-धीरे उसका संबंध अपनी भावनाओं से बदलने लगा। पहले भावनाएँ उसे दिशा देती थीं, अब उसकी जागरूकता भावनाओं को दिशा देने लगी थी। इसका अर्थ यह नहीं था कि वह कम संवेदनशील हो गया था। बल्कि वह पहले से अधिक गहराई से महसूस कर सकता था। अंतर केवल इतना था कि अब वह हर भावना के साथ बह नहीं जाता था। वह उसे महसूस करता, समझता और फिर यह तय करता कि उसके अनुसार चलना है या नहीं। यही वह बिंदु था जहाँ भावनात्मक स्वतंत्रता जन्म लेती है।

उसे यह भी समझ आने लगा था कि बहुत-से लोग भावनात्मक नियंत्रण को भावनाओं से दूरी बना लेने के रूप में समझते हैं। वे अपने दर्द से बचने के लिए अपने चारों ओर दीवारें खड़ी कर लेते हैं। वे प्रेम करने से डरने लगते हैं, विश्वास करने से बचने लगते हैं और धीरे-धीरे स्वयं को भावनात्मक रूप से बंद कर लेते हैं। लेकिन अब वह जान चुका था कि यह शक्ति नहीं, भय का एक परिष्कृत रूप है। वास्तविक संतुलन तब आता है जब व्यक्ति प्रेम कर सके, लेकिन उसमें खोए नहीं; जब वह किसी को महत्व दे सके, लेकिन अपने मूल्य को उस व्यक्ति पर निर्भर न करे; जब वह किसी के जाने का दुःख महसूस करे, लेकिन उसी दुःख में अपनी पूरी पहचान न खो दे।

यही संतुलन अब उसके भीतर आकार ले रहा था। वह लोगों से जुड़ता था, लेकिन अपनी आंतरिक शांति को सुरक्षित रखते हुए। वह संबंधों को महत्व देता था, लेकिन उन्हें अपने अस्तित्व का एकमात्र आधार नहीं बनाता था। उसे महसूस होने लगा था कि जब व्यक्ति स्वयं का सहारा बनना सीख लेता है, तब उसका प्रेम अधिक निर्मल हो जाता है। उसमें पकड़ कम होती है और सम्मान अधिक। उसमें भय कम होता है और स्वीकार अधिक। उसमें अधिकार की इच्छा कम होती है और दूसरे की स्वतंत्रता के प्रति संवेदनशीलता अधिक।

अब उसे यह भी दिखाई देने लगा था कि कई बार हमारी तीव्र भावनाएँ बाहरी घटनाओं से नहीं, बल्कि भीतर की थकान और अधूरेपन से पैदा होती हैं। जब व्यक्ति स्वयं को स्वीकार नहीं कर पाता, तब दूसरों की अस्वीकृति असहनीय लगने लगती है। जब भीतर खालीपन हो, तब छोटी-सी उपेक्षा भी गहरी चोट बन जाती है। इसलिए उसने अपना ध्यान केवल दुनिया को बदलने पर नहीं, बल्कि अपने भीतर संतुलन बनाने पर केंद्रित करना शुरू कर दिया था। वह अपने आत्मसम्मान को मजबूत कर रहा था, अपने मन को शांत करना सीख रहा था और अपने भीतर ऐसे आधार निर्मित कर रहा था जहाँ उसकी स्थिरता किसी बाहरी सहारे पर निर्भर न रहे।

शायद भावनाओं पर सबसे गहरा अधिकार भी यहीं से शुरू होता है। जब व्यक्ति दुनिया को नियंत्रित करने की कोशिश छोड़कर स्वयं को समझना शुरू करता है। क्योंकि दुनिया बदलती रहेगी, लोग आएँगे और जाएँगे, संबंध बनेंगे और टूटेंगे, अपेक्षाएँ जन्म लेंगी और समाप्त होंगी। लेकिन यदि व्यक्ति अपने भीतर जागरूकता का दीपक जला सके, तो कोई भी भावना उसे पूरी तरह अंधा नहीं कर सकती। तब भावनाएँ उसके जीवन की स्वामिनी नहीं रहतीं; वे उसकी यात्रा की सहयात्री बन जाती हैं। और शायद यही वह अवस्था है जहाँ मनुष्य पहली बार भीतर से स्वतंत्र होना शुरू करता है।

अब उसके भीतर भावनाओं को देखने की एक नई दृष्टि विकसित होने लगी थी। पहले वह अपने भीतर उठने वाली हर भावना को ही अपना सत्य मान लेता था। यदि दुख आता, तो उसे लगता कि उसका पूरा जीवन दुखमय हो गया है। यदि क्रोध जागता, तो वही उसके विचारों, शब्दों और निर्णयों का स्वामी बन बैठता। यदि कोई उससे दूर चला जाता, तो उसे ऐसा अनुभव होता मानो उसके अस्तित्व का कोई महत्वपूर्ण हिस्सा उससे छिन गया हो। उस समय वह यह नहीं समझ पाता था कि भावनाएँ जीवन का अनुभव हैं, जीवन की पहचान नहीं। वे मन के आकाश में आने वाले बादलों की तरह हैं— कुछ देर ठहरती हैं, अपना प्रभाव छोड़ती हैं और फिर आगे बढ़ जाती हैं।

समय के साथ उसके भीतर यह समझ स्पष्ट होने लगी कि भावनाएँ स्थायी नहीं होतीं। वे आती हैं, मन को स्पर्श करती हैं और फिर बदल जाती हैं। दुख सदा नहीं रहता, भय सदा नहीं रहता, क्रोध भी सदा नहीं रहता। जो स्थायी है, वह केवल वह जागरूकता है जो इन सबको आते-जाते देख रही होती है। समस्या भावनाओं में नहीं होती; समस्या उस पकड़ में होती है जिससे मनुष्य उन्हें पकड़े रहता है। वह पुराने अनुभवों को बार-बार दोहराता है, पुरानी पीड़ाओं को जीवित रखता है और अनजाने में उन्हें अपनी पहचान का हिस्सा बना लेता है।

वर्षों तक वह भी इसी पकड़ में बँधा रहा। वह पुराने शब्दों को अपने भीतर सँजोए रहा, पुराने अपमानों को ढोता रहा, पुरानी स्मृतियों के इर्द-गिर्द भटकता रहा और सबसे अधिक उन लोगों को पकड़े रहा जो बहुत पहले उसके जीवन से जा चुके थे। समय आगे बढ़ता रहा, लेकिन उसका मन अतीत की कुछ बंद गलियों में अटका रहा। इसी कारण वह कभी पूरी तरह हल्का नहीं हो पाया। वर्तमान उसके सामने उपस्थित था, पर उसका ध्यान अब भी उन चीज़ों

पर टिका था जो समाप्त हो चुकी थीं।

धीरे-धीरे उसे यह समझ आने लगी कि जीवन में कुछ चीज़ों को बचाकर रखने से अधिक आवश्यक उन्हें सम्मानपूर्वक विदा करना होता है। हर संबंध जीवनभर साथ नहीं चलता। हर व्यक्ति हमारी गहराई को समझने की क्षमता नहीं रखता। हर कहानी का अंत हमारी इच्छा के अनुरूप नहीं होता। कुछ लोग केवल एक अध्याय बनकर आते हैं, कुछ एक सीख बनकर और कुछ केवल यह सिखाने के लिए कि स्वयं को खोकर किया गया प्रेम अंततः पीड़ा का कारण बन जाता है। इस स्वीकार ने उसके भीतर एक नई शांति को जन्म देना शुरू किया।

पहले जब कोई उससे दूर होता था, तो वह स्वयं को दोष देने लगता था। उसे लगता था कि शायद उसमें ही कोई कमी है। वह अपने मूल्य पर प्रश्न उठाता, अपने अस्तित्व को दूसरों की उपस्थिति से मापता और उनकी स्वीकृति में अपनी पहचान खोजने लगता। लेकिन अब उसकी दृष्टि बदल रही थी। वह समझने लगा था कि हर बिछड़ाव असफलता नहीं होता और हर दूरी किसी दोष का प्रमाण नहीं होती। कुछ लोग केवल उतनी ही दूरी तक साथ चलने के लिए बने होते हैं जितनी दूरी तक उनकी आवश्यकता होती है।

इस नई समझ के साथ उसने अपनी भावनाओं के पीछे छिपे कारणों को भी देखना शुरू किया। यदि भीतर क्रोध उठता, तो वह केवल बाहरी परिस्थिति को दोष नहीं देता, बल्कि यह जानने की कोशिश करता कि कहीं उसके भीतर कोई पुराना घाव तो नहीं है जो प्रतिक्रिया कर रहा है। यदि ईर्ष्या जन्म लेती, तो वह उससे मुँह नहीं मोड़ता, बल्कि यह समझने का प्रयास करता कि उसके भीतर कौन-सी कमी स्वयं को अभिव्यक्त करना चाहती है। यदि मोह बढ़ता, तो वह स्वयं से पूछता कि कहीं वह अपने भीतर के खालीपन को किसी और के सहारे भरने की कोशिश तो नहीं कर रहा।

यही जागरूकता उसके भीतर एक गहरा परिवर्तन ला रही थी। पहले वह भावनाओं के अनुसार जीता था; अब वह भावनाओं को समझकर जीने लगा था। पहले दुख उसे परिभाषित कर देता था, अब वह दुख को देख सकता था। पहले भय उसकी दिशा तय करता था, अब वह भय के साथ भी आगे बढ़ सकता था। यही अंतर धीरे-धीरे उसके भीतर स्थिरता का आधार बनता जा रहा था।

अब वह यह भी समझ चुका था कि भावनात्मक परिपक्वता का अर्थ भावनाहीन हो जाना नहीं है। बहुत-से लोग अपने दर्द से बचने के लिए अपने भीतर दीवारें खड़ी कर लेते हैं। वे प्रेम से दूरी बना लेते हैं, विश्वास करना छोड़ देते हैं और स्वयं को इस भ्रम में सुरक्षित मान लेते हैं कि अब कोई उन्हें चोट नहीं पहुँचा सकेगा। लेकिन वह जान चुका था कि यह सुरक्षा नहीं, भय का एक और रूप है। सच्ची परिपक्वता तब जन्म लेती है जब व्यक्ति भावनाओं को पूरी गहराई से महसूस कर सके, लेकिन उन्हीं में डूबकर स्वयं को न खोए।

यही संतुलन अब उसके भीतर आकार लेने लगा था। वह प्रेम कर सकता था, लेकिन स्वयं को खोकर नहीं। वह लोगों से जुड़ सकता था, लेकिन अपनी शांति गिरवी रखकर नहीं। वह संबंधों को पकड़ने के बजाय उन्हें जीना सीख रहा था। उसके प्रेम में अब भय कम था और

स्वीकार अधिक। अपेक्षा कम थी और समझ अधिक। यही कारण था कि उसका मन पहले की तुलना में कहीं अधिक शांत रहने लगा था।

उसे यह भी समझ आने लगा था कि बहुत-सी भावनाएँ वास्तव में थके हुए मन की प्रतिक्रियाएँ होती हैं। जब व्यक्ति भीतर से रिक्त होता है, तब छोटी-सी उपेक्षा भी उसे गहरी चोट पहुँचा देती है। जब वह स्वयं को स्वीकार नहीं कर पाता, तब दूसरों की अस्वीकृति असहनीय लगने लगती है। इसलिए अब उसका ध्यान बाहर की दुनिया को बदलने से अधिक अपने भीतर संतुलन बनाने पर था। वह अपने आत्मसम्मान को मजबूत कर रहा था, अपने मन को शांत करना सीख रहा था और अपने भीतर ऐसे स्थान निर्मित कर रहा था जहाँ वह बिना किसी बाहरी सहारे के भी स्थिर रह सके।

शायद भावनाओं पर सबसे गहरा अधिकार भी वहीं जन्म लेता है— जब मनुष्य दुनिया से पहले स्वयं के भीतर संतुलन स्थापित कर ले। क्योंकि बाहर की दुनिया हमेशा बदलती रहेगी। लोग आएँगे और जाएँगे। संबंध बनेंगे और समाप्त होंगे। अपेक्षाएँ जन्म लेंगी और टूटेंगी। लेकिन यदि व्यक्ति अपने भीतर जागरूक रह सके, तो कोई भी भावना उसे पूरी तरह अपने अधिकार में नहीं ले सकती। तब वह दुख को महसूस करेगा, लेकिन दुख नहीं बन जाएगा। वह प्रेम करेगा, लेकिन स्वयं को खोएगा नहीं। वह टूटेगा भी, पर हर बार अपने भीतर लौटने का मार्ग जानता होगा। और यही जागरूकता उसके भीतर धीरे-धीरे एक ऐसे प्रकाश की तरह फैलने लगी थी जो अंधकार को समाप्त नहीं करता, बल्कि उसके बीच भी देखने की क्षमता प्रदान करता है।

उसके भीतर एक और गहरी समझ जन्म लेने लगी थी। वह धीरे-धीरे यह महसूस करने लगा था कि भावनाएँ केवल बाहरी घटनाओं की प्रतिक्रिया नहीं होतीं; वे अक्सर उन अदृश्य परतों से जन्म लेती हैं जो वर्षों से उसके भीतर जमा होती रही थीं। अधूरी इच्छाएँ, अनकहे दर्द, उपेक्षित भावनाएँ और अनजाने खालीपन— ये सब मन की गहराइयों में चुपचाप अपना स्थान बना लेते हैं। फिर जीवन की कोई छोटी-सी घटना आती है और व्यक्ति को लगता है कि उसका दुख उसी क्षण पैदा हुआ है, जबकि वास्तव में वह केवल उस तूफान को जगा रही होती है जो बहुत पहले से उसके भीतर मौजूद था।

यही कारण था कि अब उसने अपनी प्रतिक्रियाओं को नए दृष्टिकोण से देखना शुरू कर दिया था। पहले यदि कोई उसे अनदेखा कर देता, तो उसका मन तुरंत बेचैन हो उठता। किसी उत्तर के देर से मिलने पर उसके भीतर असुरक्षा जाग जाती। किसी प्रिय व्यक्ति की दूरी उसे भीतर तक विचलित कर देती। उस समय उसे लगता था कि उसकी पीड़ा का कारण सामने वाला व्यक्ति है। लेकिन अब वह समझने लगा था कि हर बार कारण बाहर नहीं होता। कई बार भीतर बैठा अकेलापन छोटी-सी दूरी को भी अस्वीकृति समझ लेता है। कई बार पुराने घाव वर्तमान की साधारण घटनाओं को भी असाधारण बना देते हैं। वर्तमान केवल एक बहाना बनता है; वास्तविक पीड़ा अक्सर अतीत की किसी अनसुनी कहानी से आती है।

यह समझ उसके भीतर एक नई गहराई पैदा कर रही थी। वह अब स्वयं से भाग नहीं रहा था। वर्षों तक जिन कमजोरियों को उसने छिपाने की कोशिश की थी, अब वह उन्हें देखने का साहस जुटा रहा था। स्वीकृति की भूख, छूट जाने का भय, अपनापन खो देने की घबराहट, किसी के बिना अधूरा रह जाने का डर— ये सब उसके भीतर मौजूद थे और लंबे समय तक उसकी भावनाओं को अनजाने में नियंत्रित करते रहे थे। पहले वह इन भावनाओं को दबाने की कोशिश करता था, लेकिन अब वह उन्हें समझने लगा था। उसे महसूस होने लगा था कि किसी भावना को दबा देने से वह समाप्त नहीं होती; वह केवल और गहराई में चली जाती है और अवसर मिलते ही फिर से उभर आती है।

धीरे-धीरे उसे यह भी समझ आने लगा था कि भावनात्मक स्वतंत्रता का जन्म बाहरी परिस्थितियों को बदलने से नहीं, बल्कि अपनी भावनाओं की जड़ों को पहचानने से होता है। जब तक व्यक्ति यह नहीं समझता कि उसके भीतर कौन-सा भय, कौन-सी कमी या कौन-सी अधूरी आवश्यकता काम कर रही है, तब तक वह केवल परिस्थितियाँ बदलता रहता है। वह नए लोगों से जुड़ता है, नए संबंध बनाता है, नए अनुभव खोजता है, लेकिन भीतर वही असुरक्षा उसके साथ चलती रहती है। यही कारण है कि बहुत-से लोग लोगों से घिरे होने के बाद भी भीतर अकेले रहते हैं। समस्या संबंधों की कमी नहीं होती; समस्या स्वयं से दूरी की होती है।

अब वह यह समझने लगा था कि भावनात्मक संतुलन का अर्थ केवल बाहर से शांत दिखाई देना नहीं है। वास्तविक संतुलन तब जन्म लेता है जब व्यक्ति अपने भीतर के तूफानों को पहचान ले और फिर भी स्वयं को उनके हवाले न कर दे। पहले उसका मन हर भावना को तुरंत व्यक्त करना चाहता था। क्रोध आता तो शब्द कठोर हो जाते। दुख आता तो वह स्वयं को दुनिया से काट लेता। मोह बढ़ता तो वह अपनी सीमाएँ भूलने लगता। लेकिन अब उसके भीतर एक नया ठहराव जन्म लेने लगा था। वह प्रतिक्रिया देने से पहले स्वयं को देखने लगा था। उसे समझ आने लगा था कि हर भावना के अनुसार कार्य करना आवश्यक नहीं होता। कुछ भावनाएँ केवल क्षणिक होती हैं। वे आती हैं, अपना प्रभाव छोड़ती हैं और फिर चली जाती हैं। यदि उसी क्षण कोई निर्णय ले लिया जाए, तो वही निर्णय बाद में पछतावे का कारण बन सकता है।

इसी कारण उसने मौन को अपना शिक्षक बना लिया था। जब भीतर बहुत शोर उठता, तो वह तुरंत प्रतिक्रिया नहीं देता था। वह रुकता था। स्वयं को देखता था। अपने मन को शांत होने का अवसर देता था। और जब भावनाओं की तीव्रता थोड़ी कम होती, तब उसे अधिक स्पष्ट दिखाई देने लगता था कि कौन-सी अनुभूति वास्तविक है और कौन-सी केवल क्षणिक अशांति। यही जागरूकता धीरे-धीरे उसके भीतर विवेक को जन्म दे रही थी।

अब उसे यह भी समझ आने लगा था कि हर भावना को समान महत्व देना आवश्यक नहीं होता। कुछ विचार केवल थकान से जन्म लेते हैं। कुछ दुख केवल अकेलेपन की छाया होते हैं। कुछ भय केवल कल्पना के बने हुए संसार से आते हैं। यदि व्यक्ति हर भावना को

अंतिम सत्य मान ले, तो उसका जीवन लगातार अस्थिर बना रहता है। लेकिन यदि वह उन्हें देखना सीख जाए, तो वही भावनाएँ आत्मज्ञान का माध्यम बन सकती हैं।

धीरे-धीरे वह अपने भीतर एक ऐसा केंद्र निर्मित कर रहा था जो भावनाओं को महसूस तो कर सके, लेकिन उनमें बहकर स्वयं को न खो दे। यही भीतर की परिपक्वता थी। यही वह अवस्था थी जहाँ भावनाएँ शत्रु नहीं रह जातीं, बल्कि शिक्षक बन जाती हैं। वे व्यक्ति को उसके भीतर की सच्चाइयों से परिचित कराती हैं और यह दिखाती हैं कि उसे अभी कहाँ विकसित होना है।

इस परिवर्तन का प्रभाव उसके प्रेम पर भी दिखाई देने लगा था। पहले वह प्रेम में स्वयं को पूरी तरह भुला देता था। उसे लगता था कि किसी को खो देना जीवन का अंत है। वह लोगों को पकड़कर रखना चाहता था और उनके बदल जाने की संभावना से भयभीत रहता था। लेकिन अब उसकी समझ बदल रही थी। वह जान चुका था कि प्रेम पकड़ नहीं होता। जहाँ भय अधिक होता है, वहाँ अक्सर मोह छिपा होता है। और जहाँ स्वतंत्रता होती है, वहीं प्रेम अपनी सबसे सुंदर अभिव्यक्ति पाता है।

यही कारण था कि अब वह लोगों से जुड़ता था, लेकिन अपनी आत्मा की शांति खोकर नहीं। वह अपनापन देता था, लेकिन स्वयं को मिटाकर नहीं। वह संबंधों को निभाता था, लेकिन अपने अस्तित्व को भुलाकर नहीं। क्योंकि अब उसे समझ आने लगा था कि यदि व्यक्ति स्वयं के भीतर स्थिर न हो, तो कोई भी संबंध उसे स्थायी शांति नहीं दे सकता।

शायद यही एकांत का सबसे बड़ा उपहार था। उसने उसे अकेला रहना नहीं सिखाया था; उसने उसे स्वयं के साथ रहना सिखाया था। और जब मनुष्य स्वयं के साथ सहज हो जाता है, तब उसकी भावनाएँ उसे नियंत्रित नहीं करतीं। तब वह प्रेम करता है, लेकिन टूटता नहीं। वह दुख महसूस करता है, लेकिन उसमें डूबता नहीं। वह लोगों से जुड़ता है, लेकिन स्वयं को खोता नहीं। यही भावनात्मक परिपक्वता का सार है— भावनाहीन होना नहीं, बल्कि भावनाओं के बीच भी जागरूक बने रहना।

उसे यह भी समझ आने लगा था कि भावनाओं पर नियंत्रण केवल दुख के क्षणों में आवश्यक नहीं होता, बल्कि सुख के समय भी उतना ही आवश्यक होता है। अक्सर मनुष्य दुख से उतना नहीं टूटता जितना आसक्ति से टूटता है। वह किसी व्यक्ति, किसी संबंध, किसी उम्मीद या किसी कल्पना से इस हद तक जुड़ जाता है कि धीरे-धीरे उसकी उपस्थिति उसकी खुशी का आधार बन जाती है। फिर एक समय ऐसा आता है जब वह उस व्यक्ति या परिस्थिति के बिना स्वयं को अधूरा महसूस करने लगता है। यहीं से भावनात्मक निर्भरता जन्म लेती है, और उसी के साथ जन्म लेता है भय।

यह भय कई रूपों में सामने आता है। खो देने का भय, दूर हो जाने का भय, बदल जाने का भय, भुला दिए जाने का भय। धीरे-धीरे व्यक्ति का मन उस चीज़ को बचाए रखने में इतना व्यस्त हो जाता है जिससे वह जुड़ा हुआ है कि वह वर्तमान का आनंद लेना ही भूल जाता है। जहाँ भय अधिक हो, वहाँ शांति लंबे समय तक टिक नहीं सकती। भय हमेशा भविष्य में

जीता है, जबकि शांति केवल वर्तमान में जन्म लेती है।

पहले उसके भीतर भी यही भय बहुत गहरा था। यदि कोई उसके जीवन में प्रवेश करता, तो वह अनजाने में उसे खोने से डरने लगता। यदि कोई उसे अपनापन देता, तो वह उसी के इर्द-गिर्द अपनी भावनात्मक दुनिया बना लेता। और यदि वही व्यक्ति धीरे-धीरे दूर होने लगता, तो उसका मन भीतर तक हिल जाता। उसे लगता जैसे उससे केवल कोई व्यक्ति नहीं, बल्कि उसकी अपनी खुशी भी दूर जा रही है। उस समय वह यह नहीं समझ पाता था कि उसकी पीड़ा का कारण बिछड़ना नहीं, बल्कि उस बिछड़ने के साथ अपनी पहचान और शांति को भी खो देना था।

धीरे-धीरे उसे यह समझ आने लगी कि उसने अपने सुख का केंद्र कभी अपने भीतर बनाया ही नहीं था। वह उसे हमेशा बाहर खोजता रहा था— लोगों में, संबंधों में, स्वीकृति में, अपनत्व में। इसलिए जब भी इनमें से कोई चीज़ डगमगाती, उसका मन भी डगमगा जाता। अब वह देख पा रहा था कि जो व्यक्ति भीतर से रिक्त हो, वह किसी भी संबंध में स्थिर नहीं रह सकता। वह हर समय आश्वासन चाहता है, हर समय निकटता चाहता है, हर समय यह सुनना चाहता है कि उसे छोड़ा नहीं जाएगा। और यही भय संबंधों को धीरे-धीरे भारी बना देता है।

यहीं से उसके भीतर एक नया परिवर्तन शुरू हुआ। उसने समझना शुरू किया कि प्रेम और निर्भरता एक ही चीज़ नहीं हैं। प्रेम किसी को पकड़कर रखने की इच्छा नहीं है; प्रेम किसी के होने की स्वतंत्र स्वीकृति है। जहाँ स्वामित्व अधिक हो, वहाँ भय छिपा होता है। जहाँ स्वतंत्रता हो, वहीं प्रेम अपनी सबसे सुंदर अभिव्यक्ति पाता है। सच्चा प्रेम आत्मा को शांत करता है, उसे असुरक्षित नहीं बनाता। वह व्यक्ति को पूर्णता का अनुभव देता है, अपूर्णता का नहीं।

अब यदि कोई उसके जीवन में आता, तो वह उसे पकड़कर रखने की कोशिश नहीं करता था। वह अपनापन देता था, लेकिन स्वामित्व नहीं। वह साथ निभाता था, लेकिन स्वयं को मिटाकर नहीं। वह संबंधों को महत्व देता था, लेकिन अपनी शांति की कीमत पर नहीं। क्योंकि अब वह जान चुका था कि जो संबंध भय और पकड़ पर टिके हों, वे अंततः प्रेम से अधिक थकान पैदा करते हैं।

इस समझ ने उसकी भावनाओं को कम नहीं किया था; बल्कि उन्हें अधिक परिपक्व बना दिया था। पहले वह भावुक था, अब वह जागरूक होने लगा था। पहले वह हर भावना में पूरी तरह डूब जाता था, अब वह उन्हें समझकर जीना सीख रहा था। पहले उसका मन तुरंत प्रतिक्रिया देता था, अब उसके भीतर धैर्य जन्म लेने लगा था। यदि कोई कठोर शब्द कह देता, तो वह तुरंत टूटता नहीं था। यदि कोई दूरी बना लेता, तो वह तुरंत स्वयं को दोषी नहीं ठहराता था। यदि जीवन उसकी इच्छाओं के अनुसार नहीं चलता, तब भी वह भीतर से पूरी तरह बिखर नहीं जाता था। क्योंकि अब उसके भीतर एक ऐसा स्थान बन चुका था जहाँ वह स्वयं को संभाल सकता था।

यही भावनात्मक स्वतंत्रता थी। यह लोगों से दूर हो जाना नहीं था, बल्कि स्वयं के भीतर इतना स्थिर हो जाना था कि दूसरों के व्यवहार से उसका पूरा अस्तित्व न हिल जाए। यह उदासीनता नहीं थी, बल्कि संतुलन था। वह लोगों से जुड़ सकता था, उन्हें प्रेम कर सकता था, उनकी परवाह कर सकता था— लेकिन अपनी पहचान खोए बिना।

अब उसे मौन से भी भय नहीं लगता था। पहले चुप्पी उसे बेचैन कर देती थी। उसे लगता था कि यदि आसपास कोई न हो, यदि कोई बात करने वाला न हो, तो शायद उसका मन उसे भीतर से खा जाएगा। इसलिए वह अक्सर शोर में शरण खोजता था। लेकिन अब वही मौन उसका सहारा बनने लगा था। वह अकेले बैठ सकता था। अपने विचारों को देख सकता था। अपने भीतर उठती भावनाओं को बिना भागे महसूस कर सकता था। उसे समझ आने लगा था कि हर बेचैनी से भागना आवश्यक नहीं होता। कुछ भावनाएँ केवल इसलिए बनी रहती हैं क्योंकि व्यक्ति उन्हें महसूस करने से बचता रहता है।

यही एकांत की सबसे बड़ी शक्ति थी। वह व्यक्ति को भावनाओं से मुक्त नहीं करता, बल्कि उन्हें समझने की क्षमता देता है। कुछ दर्द केवल महसूस किए जाने के बाद ही शांत होते हैं। कुछ घाव केवल स्वीकार किए जाने के बाद ही भरते हैं। कुछ प्रश्न केवल समय और मौन के साथ ही अपने उत्तर देते हैं। अब वह अपने भीतर उठती हर बेचैनी को तुरंत मिटाने की कोशिश नहीं करता था। यदि भीतर उदासी होती, तो वह उसके साथ बैठता। यदि भय उठता, तो वह उसके पीछे छिपे कारण को समझने का प्रयास करता। यदि अकेलापन महसूस होता, तो वह स्वयं से पूछता कि क्या उसे वास्तव में किसी और की आवश्यकता है, या वह स्वयं से ही दूर हो गया है।

यही प्रश्न उसे भीतर की सच्चाइयों तक ले जाने लगे थे। उसे समझ आने लगा था कि बहुत-सी भावनात्मक पीड़ाएँ दूसरों की वजह से नहीं, बल्कि स्वयं से टूटे हुए संबंध की वजह से जन्म लेती हैं। जब व्यक्ति स्वयं को स्वीकार नहीं कर पाता, तब वह हर समय बाहर स्वीकृति खोजता रहता है। जब वह स्वयं से प्रेम नहीं कर पाता, तब वह दूसरों के प्रेम पर निर्भर हो जाता है। और यही निर्भरता धीरे-धीरे भय, असुरक्षा और बेचैनी का रूप ले लेती है।

लेकिन अब वह लौट रहा था— स्वयं की ओर। अपने भीतर की ओर। उस स्थान की ओर जहाँ शांति किसी दूसरे व्यक्ति की उपस्थिति पर निर्भर नहीं होती। जहाँ प्रेम का अर्थ पकड़ नहीं, बल्कि सहभागिता होता है। जहाँ अपनापन भय से नहीं, स्वतंत्रता से जन्म लेता है। और शायद भावनाओं पर सबसे गहरा अधिकार भी यहीं जन्म लेता है— जब व्यक्ति प्रेम करे, महसूस करे, रोए, जुड़े भी, लेकिन फिर भी अपने भीतर स्वयं को खोने न दे। तब भावनाएँ उसे बहाकर नहीं ले जातीं; वे उसके जीवन को गहराई देती हैं। और यही गहराई धीरे-धीरे उसके भीतर एक ऐसी स्थिरता का निर्माण कर रही थी, जो परिस्थितियों से प्रभावित तो होती थी, लेकिन उनसे टूटती नहीं थी।

समय के साथ उसके भीतर यह समझ धीरे-धीरे स्थिर होने लगी थी कि भावनाएँ जीवन पर बोझ नहीं हैं, बल्कि वही तत्व हैं जो जीवन को उसकी वास्तविक गहराई और

संवेदनशीलता देते हैं। समस्या कभी भावनाओं में नहीं थी, बल्कि उस अचेतन जीवन-शैली में थी जिसमें वह लंबे समय तक जीता रहा था। वह हर भावना को अंतिम सत्य मान लेता था— हर दुख को स्थायी वास्तविकता, हर बिछड़ाव को अस्तित्व का अंत और हर खालीपन को अपनी पहचान का प्रमाण।

लेकिन अब उसकी दृष्टि बदल चुकी थी। अब वह यह समझने लगा था कि मनुष्य की वास्तविक शक्ति भावनाओं को मिटाने या दबाने में नहीं, बल्कि उन्हें स्पष्टता के साथ देखने और समझने में निहित होती है। क्रोध को केवल क्रिया नहीं बनने देना, भय को केवल निर्णय नहीं बनने देना, मोह को केवल बंधन नहीं बनने देना, और अकेलेपन को केवल टूटन नहीं समझना— यही भीतर की परिपक्वता का वास्तविक मार्ग था।

अब यदि दुख आता, तो वह उससे भागता नहीं था। यदि आँखें भर आतीं, तो वह स्वयं को कमजोर मानकर अस्वीकार नहीं करता था। यदि कोई संबंध बदल जाता, तो वह पूरे जीवन को अर्थहीन नहीं मान लेता था। क्योंकि अब उसने जीवन को पकड़कर रखने की कोशिश छोड़ दी थी। वह उसे समझकर, उसके साथ बहते हुए जीना सीख रहा था, बिना उसके भीतर डूबे हुए।

यही परिवर्तन उसके भीतर सबसे गहरा था। पहले उसकी भावनाएँ उसे संचालित करती थीं, अब उसकी जागरूकता भावनाओं के बीच एक स्थिर केंद्र की तरह काम करने लगी थी। पहले वह हर टूटन के साथ बिखर जाता था, अब वह टूटकर भी स्वयं को फिर से समेटने की क्षमता विकसित कर चुका था। पहले वह दूसरों के व्यवहार से अपना मूल्य तय करता था, अब उसका आधार धीरे-धीरे भीतर निर्मित होने लगा था, जहाँ बाहरी परिस्थितियाँ केवल अनुभव थीं, पर पहचान नहीं।

यही उसकी भीतर की स्वतंत्रता थी। अब उसका प्रेम भी बदल चुका था। उसमें पकड़ कम थी और स्वीकार अधिक। उसमें भय कम था और समझ अधिक। उसमें स्वामित्व की इच्छा कम थी और संबंध की गहराई अधिक थी। क्योंकि अब वह यह भली-भाँति समझ चुका था कि प्रेम करना और निर्भर हो जाना एक ही बात नहीं हैं; एक व्यक्ति को जोड़ता है और दूसरा धीरे-धीरे भीतर से खोखला कर देता है।

यह समझ उसके भीतर एक शांत स्थिरता की तरह उतर रही थी। अब मौन उसे भारी नहीं लगता था। अकेलापन उसे भयभीत नहीं करता था। चुप्पी अब उसके लिए खालीपन नहीं, बल्कि आत्मसंवाद का एक गहरा स्थान बन चुकी थी, जहाँ वह स्वयं को बिना किसी शोर के सुन सकता था।

वहीं बैठकर वह अपनी भावनाओं को देखता था, उन्हें नाम देता था, उन्हें समझता था, और फिर उन्हें अपने भीतर हावी होने देने के बजाय उनके प्रवाह को स्वीकार कर लेता था। यही भावनाओं पर वास्तविक नियंत्रण था— भावनाओं का निषेध नहीं, बल्कि उनके बीच भी स्वयं को न खोना।

और शायद जीवन अंततः यही सिखाना चाहता है कि भीतर उठने वाले तूफानों को रोका नहीं जा सकता, पर उनके बीच अपनी स्थिरता को बचाया जा सकता है। प्रेम किया जा सकता है बिना स्वयं को मिटाए। दुख को महसूस किया जा सकता है बिना उसमें डूबे। और टूटकर भी फिर से स्वयं को एकत्र किया जा सकता है।

अब उसके भीतर ऐसा मौन जन्म ले चुका था जिसमें भावनाएँ आती थीं, गुजरती थीं, और अपनी जगह छोड़ देती थीं, लेकिन उसकी आत्मा को पूरी तरह डुबो नहीं पाती थीं। और यही उसकी सबसे बड़ी आंतरिक उपलब्धि थी— एक ऐसी शांति, जो परिस्थितियों पर नहीं, बल्कि उसकी जागरूकता पर आधारित थी, और जिसे दुनिया की कोई भी हलचल पूरी तरह छीन नहीं सकती थी।

13

उद्देश्य की खोज

मनुष्य का जीवन केवल जन्म लेने, कुछ वर्ष संघर्ष करने और फिर एक दिन समाप्त हो जाने का नाम नहीं है। यदि यह इतना ही होता, तो भीतर यह निरंतर असंतोष, यह बेचैनी और यह अर्थ की खोज कभी जन्म ही नहीं लेती। फिर कोई व्यक्ति अपनी उपलब्धियों के बीच भी खालीपन क्यों महसूस करता है, क्यों भीड़ के बीच बैठकर भी भीतर एक अजीब-सा अकेलापन बना रहता है, और क्यों रात की सबसे शांत घड़ियों में मन बार-बार यह प्रश्न उठाता है कि आखिर यह सब किस दिशा में जा रहा है।

यही प्रश्न अब उसके भीतर भी गहराई से जागने लगा था।

पहले वह जीवन को उसी ढर्रे पर जी रहा था जिस पर अधिकांश लोग जीते हैं—सुबह उठना, जिम्मेदारियाँ निभाना, दूसरों की अपेक्षाएँ पूरी करना, भविष्य की चिंता करना और फिर उसी चक्र में अगले दिन फिर से लौट आना। समय धीरे-धीरे आगे बढ़ता रहा और इस दोहराव में भीतर एक सूक्ष्म-सा खालीपन जमा होने लगा, जिसे वह पहले पहचान ही नहीं पाया था। बाहर से जीवन सामान्य दिखता था, लेकिन भीतर कुछ था जो लगातार असंतुष्ट था, जैसे कोई धीमी आवाज़ बार-बार याद दिला रही हो कि जीवन केवल इतना सीमित नहीं हो सकता।

पहले उसने इस आवाज़ को दबाने की कोशिश की। उसने स्वयं को व्यस्त रखा, कभी संबंधों में, कभी महत्वाकांक्षाओं में, कभी भविष्य की योजनाओं में और कभी लोगों की दुनिया में खोकर। लेकिन हर बार कुछ समय बाद वही प्रश्न लौट आता था, और इस बार पहले से अधिक स्पष्ट होकर। क्या वह सच में वही जीवन जी रहा है जो उसका अपना है, या वह केवल एक तय की हुई दिशा में बहता चला जा रहा है।

धीरे-धीरे यह प्रश्न केवल विचार नहीं रहा, बल्कि उसकी चेतना का हिस्सा बनने लगा। अब वह केवल समय बिताना नहीं चाहता था, बल्कि समझकर जीना चाहता था। उसे महसूस होने लगा था कि बिना दिशा का जीवन उस यात्रा जैसा होता है जिसमें गति तो होती है, लेकिन यह बोध नहीं होता कि जाना कहाँ है और क्यों जाना है।

इसी बिंदु पर उसका ध्यान धीरे-धीरे बाहर से भीतर की ओर मुड़ने लगा। पहले उसकी पूरी दृष्टि बाहर की दुनिया द्वारा नियंत्रित थी—लोग क्या सोचेंगे, समाज क्या स्वीकार करेगा, कौन-सा रास्ता सुरक्षित है, और कहाँ अधिक सफलता मिलेगी। लेकिन अब उसे यह स्पष्ट होने लगा था कि यदि मनुष्य लगातार दूसरों की अपेक्षाओं के अनुसार जीता रहे, तो एक समय के बाद वह स्वयं से ही दूर हो जाता है। धीरे-धीरे वह अपने ही भीतर अजनबी बनने लगता है।

उसे समझ आने लगा था कि उसका वास्तविक दुख केवल असफलताओं का नहीं था। उसका गहरा दुख यह था कि उसने कभी अपनी वास्तविक इच्छा को गंभीरता से सुना ही नहीं। वह इतने लंबे समय तक बाहरी स्वीकृति की दौड़ में रहा कि भीतर की आवाज़ दबती चली गई। शायद यही आधुनिक जीवन की सबसे गहरी विडंबना है कि मनुष्य बाहर से व्यवस्थित और सफल दिखता है, लेकिन भीतर से धीरे-धीरे खाली और दिशाहीन होता जाता है।

अब वह इस खोई हुई दिशा को समझने की कोशिश करने लगा था। वह स्वयं से पूछने लगा था कि कौन-सी चीज़ उसे भीतर से जीवित महसूस कराती है, किस काम में उसका मन स्वाभाविक रूप से शांत हो जाता है, और किन क्षणों में उसे यह लगता है कि वह स्वयं के सबसे करीब है। यह प्रश्न उसके भीतर धीरे-धीरे स्पष्टता की परतें खोलने लगे थे।

अब उसे यह भी समझ आने लगा था कि उद्देश्य केवल बड़ी उपलब्धियों का नाम नहीं होता। उद्देश्य न तो केवल प्रसिद्धि है और न ही सामाजिक मान्यता का कोई अंतिम बिंदु। कई बार उद्देश्य इतना सरल होता है कि व्यक्ति अपने सत्य के साथ ईमानदारी से जी सके, और रात को सोते समय उसे स्वयं से कोई असहमति न हो। यही सरलता उसके भीतर एक गहरी शांति की शुरुआत कर रही थी।

अब वह बिना सोचे-समझे दौड़ना नहीं चाहता था। पहले वह यह जानना चाहता था कि वह वास्तव में किस दिशा में जा रहा है। क्योंकि उसने महसूस किया था कि बिना दिशा की गति अंततः केवल थकान देती है, और समय के साथ वही थकान जीवन के अर्थ को धुंधला कर देती है। अब उसके लिए शांति किसी उपलब्धि का परिणाम नहीं थी, बल्कि सही दिशा में चलने की स्वाभाविक उपज बनती जा रही थी।

इसी समझ के साथ उसका अकेलापन भी बदलने लगा था। एकांत अब उसके लिए खालीपन नहीं था, बल्कि एक ऐसा स्थान बन गया था जहाँ वह स्वयं को बिना शोर के सुन सकता था। वहीं वह अपने भीतर उठते प्रश्नों को देख सकता था और बिना भागे उन्हें समझ सकता था। अब वह बाहरी स्वीकृति की आवश्यकता से धीरे-धीरे मुक्त होने लगा था, क्योंकि उसे यह अनुभव होने लगा था कि यदि व्यक्ति स्वयं की दृष्टि में स्पष्ट हो जाए, तो बाहरी राय अपना स्थायी प्रभाव खो देती है।

अब वह यह समझ चुका था कि उद्देश्य कोई बाहर से थोपा गया ढांचा नहीं है, बल्कि वह आंतरिक संतुलन है जहाँ चलते हुए भीतर कोई विरोध नहीं उठता। जहाँ कठिनाइयाँ होती हैं,

फिर भी मन स्वयं से दूर नहीं जाता। जहाँ संघर्ष होते हैं, फिर भी व्यक्ति अपने भीतर टूटता नहीं।

और अंततः मनुष्य की सबसे गहरी यात्रा शायद यही है कि वह इस विशाल और शोर से भरी दुनिया में अपनी आत्मा की धीमी लेकिन सच्ची आवाज़ को पहचान सके। क्योंकि जिस दिन यह आवाज़ स्पष्ट सुनाई देने लगती है, उसी दिन जीवन केवल जिया नहीं जाता, बल्कि वास्तव में समझा जाने लगता है।

अब उसके भीतर उद्देश्य की यह खोज केवल एक विचार नहीं रह गई थी, बल्कि धीरे-धीरे उसके पूरे जीवन की दिशा को बदलने लगी थी। वह अब पहले की तरह हर दिशा में बिखरकर भागता नहीं था। अब उसमें ठहराव आने लगा था, और वह रुककर यह देखने लगा था कि जिस रास्ते पर वह चल रहा है, क्या वह वास्तव में उसे भीतर से जीवित कर रहा है या केवल धीरे-धीरे थका रहा है।

पहले उसका पूरा जीवन बाहरी मानकों से संचालित होता था। सम्मान, पहचान, लोगों की स्वीकृति और सफल दिखाई देने की चाह—यही सब उसके निर्णयों की अदृश्य डोर थे। लेकिन अब वह इस फर्क को समझने लगा था कि दुनिया की नज़रों में सफल होना और अपनी आत्मा की दृष्टि में शांत होना एक ही बात नहीं हैं। बाहरी सफलता कई बार भीतर के खालीपन को छिपा सकती है, लेकिन उसे समाप्त नहीं कर सकती।

उसने देखा कि बहुत-से लोग ऊँचाइयों तक पहुँचकर भी भीतर से टूटे हुए रहते हैं। उनके पास सब कुछ होता है, लेकिन उनके भीतर एक ऐसी कमी बनी रहती है जिसे कोई उपलब्धि भर नहीं पाती। रात की चुप्पियों में जब दुनिया का शोर शांत हो जाता है, तब वही खालीपन और अधिक स्पष्ट हो जाता है। अब वह समझने लगा था कि उद्देश्य केवल पाने में नहीं है, बल्कि इस बात में है कि जो पाया जा रहा है, वह भीतर के सत्य से जुड़ा है या नहीं।

यही जुड़ाव अब उसकी सबसे गहरी खोज बन चुका था।

अब वह अपने हर कार्य को केवल यांत्रिक आदत की तरह नहीं करता था। वह यह महसूस करने लगा था कि जीवन का हर दिन केवल समय को पार करने के लिए नहीं मिला है, बल्कि हर दिन भीतर कुछ समझने, कुछ बदलने और कुछ जागने का अवसर भी है। यह दृष्टि उसके जीने के तरीके को धीरे-धीरे बदलने लगी थी।

पहले उसका ध्यान केवल परिणामों पर रहता था। सफलता मिले तो संतोष, न मिले तो निराशा। लेकिन अब वह यह समझने लगा था कि उद्देश्य केवल मंज़िल तक पहुँचने में नहीं है, बल्कि उस यात्रा में भी है जो मनुष्य को भीतर से रूपांतरित करती है। अब संघर्ष उसे केवल पीड़ा नहीं लगते थे, बल्कि उनमें छिपे हुए अर्थ दिखाई देने लगे थे। हर असफलता उसे अपने भीतर झाँकने का अवसर देती थी, हर टूटन उसे उसकी सीमाओं का बोध कराती थी, और हर अकेलापन उसे स्वयं के और निकट ले आता था।

धीरे-धीरे उसका दर्द उसके प्रति कठोरता नहीं पैदा कर रहा था, बल्कि उसे अधिक जागरूक बना रहा था। उसे समझ आने लगा था कि यदि जीवन हमेशा सहज होता, तो

वह कभी अपने भीतर नहीं उतर पाता। शायद वह भी बाकी लोगों की तरह केवल बाहरी उपलब्धियों के पीछे भागता रहता और अपने ही अस्तित्व से अनजान रह जाता।

लेकिन अब उसके भीतर प्रश्न जन्म ले चुके थे, और जब प्रश्न जन्म ले लेते हैं, तो जीवन पहले जैसा नहीं रहता।

अब वह यह भी समझने लगा था कि उद्देश्य केवल स्वयं के लिए जीने में नहीं है। यदि जीवन पूरी तरह स्वयं तक सीमित हो जाए, तो वह धीरे-धीरे सूना होने लगता है। मनुष्य के भीतर कहीं न कहीं यह आवश्यकता रहती है कि उसका अस्तित्व किसी बड़े अर्थ से जुड़े, कि उसके होने से किसी और के जीवन में भी थोड़ा प्रकाश पहुँचे। यही विचार उसके भीतर करुणा को जन्म दे रहे थे।

पहले वह केवल अपने दुखों में उलझा रहता था, लेकिन अब वह दूसरों के भीतर छिपे हुए दुखों को भी देखने लगा था। उसे समझ आने लगा था कि हर व्यक्ति किसी न किसी अदृश्य संघर्ष से गुजर रहा है। कोई मुस्कुराहट के पीछे अपना टूटापन छिपाए हुए है, कोई मजबूती के पीछे अपनी थकान को दबाए हुए है, और कोई भीड़ के बीच होते हुए भी भीतर से पूरी तरह अकेला है। यह समझ उसे भीतर से अधिक मानवीय बना रही थी।

अब उसका उद्देश्य केवल स्वयं को सिद्ध करना नहीं रह गया था। वह ऐसा जीवन चाहता था जिसमें उसका अस्तित्व केवल उसके लिए नहीं, बल्कि किसी गहरे अर्थ के लिए हो। ऐसा जीवन जहाँ उसका अनुभव किसी और के लिए समझ बन सके, जहाँ उसकी बातें किसी टूटे हुए मन के लिए सहारा बन सकें, और जहाँ उसका संघर्ष केवल उसके भीतर बंद होकर न रह जाए, बल्कि किसी और की दिशा में रोशनी बन सके।

यही उद्देश्य अब धीरे-धीरे उसके भीतर प्रकाश की तरह फैलने लगा था।

अब वह यह भी समझने लगा था कि उद्देश्य कोई अचानक मिलने वाली स्पष्ट चीज़ नहीं है। यह धीरे-धीरे जीवन के अनुभवों से बनता है। पहले मनुष्य भटकता है, गलत रास्तों पर जाता है, टूटता है, स्वयं को खोता है, और फिर उसी भटकाव के भीतर से धीरे-धीरे अपनी वास्तविक दिशा को पहचानने लगता है। यही प्रक्रिया उसके भीतर भी चल रही थी।

अब वह हर दिन अपने आप को थोड़ा और समझने लगा था। वह यह पहचानने लगा था कि कौन-सी चीज़ें उसे भीतर से कमजोर करती हैं और कौन-सी उसे स्थिर बनाती हैं। कौन-से संबंध केवल शोर हैं और कौन-से अनुभव वास्तव में उसे भीतर से गहराई देते हैं। यह पहचान उसे धीरे-धीरे बाहरी निर्भरताओं से मुक्त करने लगी थी।

अब उसे हर समय भीड़ की आवश्यकता नहीं थी, क्योंकि उसका एकांत अब खाली नहीं था। उस एकांत में अब विचार थे, प्रश्न थे, स्वीकार था, और सबसे अधिक, एक ऐसी शांति थी जो धीरे-धीरे उसकी दिशा बनती जा रही थी।

शायद यही उद्देश्य की सबसे सुंदर यात्रा होती है—जहाँ मनुष्य धीरे-धीरे दुनिया के शोर से बाहर नहीं निकलता, बल्कि अपने भीतर लौटना शुरू कर देता है।

पहले वह उद्देश्य को किसी एक बड़ी उपलब्धि की तरह देखता था, जैसे जीवन का अर्थ कहीं दूर भविष्य में छिपा हुआ हो और उसे पाने के लिए किसी लंबी, थकाऊ दौड़ से गुजरना अनिवार्य हो। उसे लगता था कि एक निश्चित बिंदु पर पहुँचने के बाद सब कुछ स्पष्ट हो जाएगा, भीतर का खालीपन भर जाएगा और जीवन अचानक अर्थपूर्ण हो उठेगा। लेकिन समय के साथ यह भ्रम धीरे-धीरे टूटने लगा और उसे यह समझ आने लगा कि उद्देश्य कोई अंतिम पड़ाव नहीं होता, बल्कि एक निरंतर विकसित होने वाली प्रक्रिया है, जो हर दिन के छोटे-छोटे निर्णयों में चुपचाप आकार लेती रहती है। जिस दिशा में मनुष्य अपनी चेतना को ले जाता है, वही धीरे-धीरे उसका वास्तविक उद्देश्य बन जाती है।

यही कारण था कि अब वह अपने जीवन को अधिक जागरूकता के साथ देखने लगा था। पहले उसका पूरा ध्यान इस पर केंद्रित रहता था कि उसे क्या हासिल करना है, कौन-सी उपलब्धियाँ उसके नाम होनी चाहिए और किन ऊँचाइयों तक उसे पहुँचना है। लेकिन अब उसका दृष्टिकोण बदल रहा था और वह यह सोचने लगा था कि उसे क्या बनना है, उसके भीतर किस प्रकार का व्यक्ति आकार ले रहा है और उसका चरित्र किस दिशा में विकसित हो रहा है।

पहले वह दुनिया की नज़रों में सफल दिखना चाहता था, लोगों की स्वीकृति उसके लिए महत्वपूर्ण थी और बाहरी पहचान उसके आत्म-मूल्य को निर्धारित करती थी। लेकिन अब यह आवश्यकता धीरे-धीरे कम होने लगी थी। अब वह इस ओर बढ़ रहा था कि वह अपनी आत्मा की दृष्टि में सच्चा खड़ा हो सके, चाहे दुनिया उसे किसी भी रूप में देखे। यही परिवर्तन उसके भीतर एक नई गहराई और स्थिरता पैदा कर रहा था।

उसे समझ आने लगा था कि उद्देश्य केवल बाहर कुछ हासिल करने का नाम नहीं है। यदि भीतर शांति न हो, तो उपलब्धियाँ भी अंततः थकान का कारण बन जाती हैं। यदि व्यक्ति अपने ही जीवन से जुड़ाव महसूस न कर पाए, तो सफलता भी एक खाली उपलब्धि की तरह लगने लगती है, जिसमें संतोष का कोई स्थायी भाव नहीं होता।

यही कारण था कि अब वह अपने भीतर की आवाज़ को अधिक गंभीरता से सुनने लगा था। वह यह पहचानने लगा था कि कौन-से कार्य केवल बाहरी दिखावे के लिए किए जा रहे हैं और कौन-से कार्य वास्तव में उसकी चेतना को जीवित करते हैं। वह यह भी समझने लगा था कि कौन-सी परिस्थितियाँ उसे भीतर से कमजोर करती हैं और कौन-सी उसे अधिक स्पष्ट और स्थिर बनाती हैं।

धीरे-धीरे उसे यह अनुभव होने लगा था कि उद्देश्य हमेशा शोर में नहीं मिलता। कई बार वह मौन में जन्म लेता है, उन क्षणों में जब व्यक्ति स्वयं के साथ ईमानदारी से बैठता है और बिना किसी बाहरी प्रभाव के अपने भीतर झाँकता है। उसी मौन में कहीं गहराई से एक दिशा उभरने लगती है, जो न तो थोप दी जाती है और न ही सीखी जाती है, बल्कि स्वयं भीतर से प्रकट होती है।

यही दिशा अब उसके भीतर भी आकार लेने लगी थी। अब वह भीड़ की अंधी दौड़ में पहले की तरह नहीं बहता था। उसे यह समझ आने लगा था कि हर व्यक्ति का मार्ग अलग होता है और किसी दूसरे की सफलता को देखकर यह मान लेना कि वही रास्ता उसके लिए भी सही होगा, एक प्रकार का आत्म-भ्रम है।

पहले तुलना उसके भीतर अस्थिरता पैदा करती थी। दूसरों की गति देखकर उसे लगता था कि वह पीछे रह गया है और जीवन में कुछ खो रहा है। लेकिन अब उसकी दृष्टि बदल चुकी थी। अब वह समझने लगा था कि जीवन कोई प्रतियोगिता नहीं है जहाँ सभी को एक ही समय पर एक ही स्थान तक पहुँचना हो। हर आत्मा की यात्रा अलग होती है, हर व्यक्ति का संघर्ष अलग होता है और हर मनुष्य किसी न किसी अदृश्य प्रश्न का उत्तर खोज रहा होता है।

यह समझ उसके भीतर धैर्य और स्वीकार को जन्म दे रही थी। अब वह जल्दी में नहीं था। उसे हर चीज़ तुरंत प्राप्त करने की बेचैनी नहीं रही थी, क्योंकि वह समझ चुका था कि गहरी और स्थायी चीज़ें समय के साथ ही विकसित होती हैं। जैसे एक वृक्ष को विशाल होने में वर्षों लगते हैं, जैसे एक नदी अपने मार्ग को धीरे-धीरे गढ़ती है, वैसे ही मनुष्य भी स्वयं तक पहुँचने की प्रक्रिया में समय के साथ परिपक्व होता है।

इसी कारण अब वह अपने संघर्षों से उतना नहीं घबराता था। उसे यह महसूस होने लगा था कि हर कठिनाई उसे किसी न किसी रूप में तैयार कर रही है, हर असफलता उसके भीतर कुछ साफ कर रही है और हर अकेलापन उसे स्वयं के और निकट ला रहा है। यह अनुभव उसके भीतर उद्देश्य की समझ को और अधिक स्पष्ट करने लगा था।

अब वह यह समझ चुका था कि जीवन का उद्देश्य केवल सुख इकट्ठा करना नहीं है। यदि ऐसा होता, तो सबसे अधिक सुविधाओं वाले लोग सबसे अधिक शांत होते, लेकिन वास्तविकता अक्सर इसके विपरीत दिखाई देती है। बहुत-से लोग बाहरी रूप से सफल और संपन्न होने के बावजूद भीतर से बेचैन रहते हैं, क्योंकि आत्मा को केवल सुविधाएँ नहीं चाहिए होतीं, उसे अर्थ चाहिए होता है, सत्य चाहिए होता है और ऐसा जीवन चाहिए होता है जिसमें व्यक्ति स्वयं से दूर न हो।

यही सत्य अब उसके भीतर गहराई से उतरने लगा था। अब उसका मन सरल होता जा रहा था। उसे हर समय दूसरों को प्रभावित करने की आवश्यकता महसूस नहीं होती थी और न ही हर बात में स्वयं को सिद्ध करने का दबाव रह गया था। वह धीरे-धीरे दिखावे से दूर हो रहा था और वास्तविकता के अधिक करीब आ रहा था।

अब यदि वह मौन में बैठता, तो वह मौन उसे खाली नहीं लगता था। वहीं बैठकर वह अपने विचारों को देखता था, अपने जीवन को समझता था और धीरे-धीरे यह अनुभव करता था कि उद्देश्य कहीं बाहर खोया नहीं है। वह हमेशा भीतर ही था, बस बाहरी शोर ने उसकी आवाज़ को दबा दिया था।

और अब, जब भीतर का शोर शांत होने लगा था, वही आवाज़ फिर से स्पष्ट होने लगी थी। शायद यही जीवन की सबसे गहरी यात्रा है—दुनिया के बीच रहते हुए भी धीरे-धीरे उस

दिशा को पहचान लेना जहाँ आत्मा स्वयं से दूर नहीं जाती, बल्कि अपने ही भीतर शांति की ओर लौटने लगती है।

उसके भीतर की यह समझ अब केवल विचारों तक सीमित नहीं रही थी, वह धीरे-धीरे उसके पूरे जीवन के व्यवहार में उतरने लगी थी। अब वह हर कार्य को एक यांत्रिक आदत की तरह नहीं करता था, बल्कि हर कदम से पहले यह महसूस करने लगा था कि वह वास्तव में किस दिशा में जा रहा है। पहले उसके लिए जीवन का अर्थ केवल व्यस्त रहना था, दिन भर किसी न किसी काम में उलझे रहना, लोगों के बीच बने रहना और भविष्य की अनगिनत योजनाओं में अपने मन को भटकाए रखना। लेकिन इसी व्यस्तता के बीच जब रात उतरती, तो भीतर एक अजीब-सा खालीपन उसे फिर से घेर लेता, जैसे दिन भर की सारी हलचल उस खालीपन को छुपाने का असफल प्रयास रही हो।

यही खालीपन अब उसके लिए एक साधारण अनुभव नहीं रहा था, बल्कि एक गहरी समझ का द्वार बन चुका था। उसे पहली बार यह साफ़ दिखने लगा था कि बाहर की गतिविधियाँ यदि भीतर की शांति को नहीं छू पातीं, तो समस्या जीवन में नहीं, देखने के तरीके में होती है। वह स्वयं से प्रश्न करने लगा था कि यदि सब कुछ होने के बाद भी भीतर कोई अधूरापन बचा रहता है, तो वह अधूरापन वास्तव में किस चीज़ का संकेत है। क्या वह केवल लोगों की कमी है, या फिर स्वयं से टूटा हुआ कोई संबंध है जिसे उसने वर्षों से अनदेखा किया था।

धीरे-धीरे उसका ध्यान बाहर की दुनिया से हटकर भीतर की दुनिया की ओर मुड़ने लगा था। अब वह अपने विचारों को केवल आने-जाने वाली घटनाएँ नहीं मानता था, बल्कि उन्हें ध्यान से देखने लगा था। वह यह समझने की कोशिश करता था कि कौन-सा विचार उसे भीतर से कमजोर कर रहा है और कौन-सा उसे थोड़ा अधिक स्पष्ट बना रहा है। उसके डर अब छुपे हुए नहीं रह गए थे, वे उसके सामने आने लगे थे, और वह उनसे भागने के बजाय उन्हें समझने का प्रयास कर रहा था। उसकी कमजोरियाँ अब उसके लिए शर्म का कारण नहीं थीं, बल्कि समझने योग्य अनुभव बनती जा रही थीं।

पहले वह जीवन को केवल परिणामों के आधार पर देखता था। यदि कुछ मिल गया तो संतोष, और यदि कुछ छूट गया तो निराशा। लेकिन अब उसके भीतर यह समझ गहराने लगी थी कि जीवन केवल मंज़िलों की कहानी नहीं है, बल्कि उस प्रक्रिया का नाम है जिसमें मनुष्य धीरे-धीरे अपने ही भीतर बदलता है। हर अनुभव, चाहे वह सुखद हो या पीड़ादायक, उसे किसी न किसी रूप में भीतर से नया बना रहा था। टूटन अब केवल टूटन नहीं रही थी, वह एक संकेत बन चुकी थी कि भीतर कुछ पुरानी परतें हट रही हैं।

यही कारण था कि अब वह अपने अतीत से संघर्ष करना कम कर चुका था। जो घटनाएँ पहले उसे बार-बार भीतर से घायल करती थीं, अब वही घटनाएँ उसे समझने लगी थीं। उसे दिखने लगा था कि कुछ लोग उसके जीवन में स्थायी रहने नहीं आए थे, बल्कि उसे स्वयं तक पहुँचाने के लिए आए थे। कुछ बिछड़ाव उसे हराने के लिए नहीं, बल्कि उसे जगाने के

लिए हुए थे। और कुछ दर्द उसे तोड़ने के लिए नहीं, बल्कि उसे भीतर से अधिक सचेत बनाने के लिए थे।

इस स्वीकार ने उसके भीतर एक शांत स्थिरता पैदा करनी शुरू कर दी थी। अब वह हर अनुभव को व्यक्तिगत हार या जीत की तरह नहीं देखता था। उसके लिए हर घटना अब एक संकेत थी, एक दिशा दिखाने वाला अनुभव, जो उसे धीरे-धीरे भीतर की ओर ले जा रहा था। उसने यह समझना शुरू कर दिया था कि संघर्ष केवल थकाने के लिए नहीं होते, वे कई बार व्यक्ति को उसकी सतही समझ से ऊपर उठाने का माध्यम भी बनते हैं।

अब उसका मन धीरे-धीरे बाहरी शोर से दूर होने लगा था। वह अब हर राय, हर तुलना और हर अपेक्षा के बीच स्वयं को खो देने की कोशिश नहीं करता था। उसे यह समझ आने लगा था कि हर व्यक्ति की यात्रा अलग होती है और किसी और की गति को अपनी गति मान लेना केवल भीतर असंतोष पैदा करता है। इस समझ ने उसके भीतर एक अजीब-सा धैर्य भर दिया था, जहाँ वह जल्दबाज़ी में निर्णय लेने के बजाय चीज़ों को थोड़ा ठहरकर देखने लगा था।

अब जब वह अकेले बैठता था, तो वह उस अकेलेपन से भागता नहीं था। वह उसे सुनने लगा था। अपने भीतर उठते विचारों को, अपने मन की परतों को, और उन भावनाओं को जो दिन भर दबकर रह जाती थीं। उस मौन में अब उसे खालीपन नहीं महसूस होता था, बल्कि एक धीमी-सी स्पष्टता उभरने लगी थी, जैसे धीरे-धीरे धुंध छँट रही हो और भीतर का रास्ता दिखाई देने लगा हो।

उसे अब यह समझ आने लगा था कि उद्देश्य कोई दूर खड़ी मंज़िल नहीं है जिसे एक दिन अचानक हासिल कर लिया जाएगा। वह तो उस दिशा का नाम है जिसमें मनुष्य अपने भीतर ईमानदार बना रहता है। जहाँ वह स्वयं से भागता नहीं, बल्कि स्वयं को समझने की कोशिश करता है। और शायद इसी ईमानदारी में वह स्थिरता जन्म लेती है जिसे लोग शांति कहते हैं, लेकिन जो वास्तव में भीतर से स्वयं के साथ सही होने की स्थिति होती है।

समय के साथ उसकी दृष्टि इतनी बदल चुकी थी कि अब वह जीवन को केवल घटनाओं की सतह पर खड़े होकर नहीं देखता था। पहले हर अनुभव उसके लिए एक अलग, असंबद्ध घटना होता था, लेकिन अब वही अनुभव किसी बड़े आंतरिक संकेत की तरह सामने आने लगे थे। उसे महसूस होने लगा था कि जीवन उसे लगातार किसी गहरी समझ की ओर ले जाने की कोशिश कर रहा था, जबकि वह वर्षों तक उसे बाहरी शोर, जिम्मेदारियों और उलझनों में खोकर अनदेखा करता रहा।

उसके जीवन में ऐसे कई मोड़ आए थे जहाँ उसने खुद को दूसरों की अपेक्षाओं में ढाल लिया था। कभी उसे लगा कि स्वीकार्यता ही सबसे बड़ी सुरक्षा है, तो वह दूसरों की राय के अनुसार जीने लगा। कभी तुलना ने उसके भीतर एक ऐसी बेचैनी पैदा कर दी जो उसे लगातार खुद से असंतुष्ट रखती थी। कभी संबंधों का मोह उसे इतना बाँध लेता था कि वह अपने ही भीतर की आवाज़ को दबा देता था। और कभी भविष्य का भय उसे वर्तमान से पूरी तरह काट

देता था, मानो वह आज को जी ही नहीं पा रहा हो।

इन सबके बीच वह अस्तित्व में तो था, लेकिन भीतर कहीं एक हिस्सा लगातार खाली और अनसुना रह जाता था। यह खालीपन धीरे-धीरे उसकी आदत बनता गया था, जिसे वह व्यस्तता से ढकने की कोशिश करता रहा, लेकिन कभी मिटा नहीं पाया।

समय ने उसे यह सिखाना शुरू किया कि उद्देश्य केवल उन चीज़ों में नहीं होता जिन्हें दुनिया उपलब्धि कहती है। उद्देश्य उस मौन में भी छिपा होता है जहाँ मनुष्य अपने भीतर स्थिर रह सके। यदि भीतर लगातार अस्थिरता बनी रहे, तो बाहरी उपलब्धियाँ केवल थोड़ी देर का ध्यान भटका सकती हैं, स्थायी संतोष नहीं दे सकतीं। इसी समझ के साथ उसका ध्यान धीरे-धीरे बाहरी परिणामों से हटकर आंतरिक चेतना की ओर जाने लगा था।

अब वह अपने दिन को अधिक ईमानदारी से देखने लगा था। वह यह समझने की कोशिश करता था कि कौन-सी बातें उसके भीतर थकान छोड़ जाती हैं, कौन-सी आदतें उसकी ऊर्जा को धीरे-धीरे कम कर देती हैं, और कौन-से संबंध उसे भीतर से अधिक स्पष्ट और शांत बनाते हैं। यह आत्मनिरीक्षण पहले उसके जीवन का हिस्सा नहीं था, लेकिन अब यही उसके भीतर एक नई दिशा बना रहा था।

अकेलेपन के प्रति उसकी समझ भी पूरी तरह बदल चुकी थी। पहले वही अकेलापन उसे असहज कर देता था, क्योंकि उसे लगता था कि बिना लोगों की उपस्थिति के उसका अस्तित्व अधूरा है। उसे लगातार यह महसूस कराए जाने की आवश्यकता थी कि वह देखा जा रहा है, सुना जा रहा है, और किसी के लिए महत्वपूर्ण है। लेकिन धीरे-धीरे उसने यह समझना शुरू किया कि जो व्यक्ति स्वयं के साथ टिक नहीं सकता, वह किसी भी बाहरी साथ में भी स्थिर नहीं रह सकता।

बाहरी सहारे हमेशा बदलते रहते हैं, वे आते हैं और चले जाते हैं, लेकिन स्वयं के साथ बना हुआ संबंध ही एकमात्र स्थायी सहारा होता है। यही समझ उसके भीतर एक नई स्थिरता लेकर आई, जहाँ एकांत अब खालीपन नहीं था, बल्कि आत्मसाक्षात्कार का स्थान बन गया था।

मौन में बैठकर वह अब अपने भीतर के शोर को पहचानने लगा था। वह शोर केवल बाहरी नहीं था, बल्कि भीतर जमा हुई अनेक अनकही परतों का मिश्रण था—भय, असुरक्षा, अपेक्षाएँ, छूट जाने का डर और स्वयं को साबित करने की लगातार चलती हुई आवश्यकता। लेकिन अब वह उन सभी को बिना भागे देखने लगा था, जैसे कोई व्यक्ति लंबे समय बाद अपने ही भीतर झाँक रहा हो।

धीरे-धीरे उसे यह भी समझ आने लगा था कि वह जिन संघर्षों से गुज़रा था, वे केवल उसे तोड़ने के लिए नहीं थे। वे उसे उस स्थान तक ले जाने के लिए भी थे जहाँ वह स्वयं को देखने की क्षमता विकसित कर सके। दर्द अब उसके लिए केवल पीड़ा नहीं रह गया था, वह एक माध्यम बन चुका था, जो उसके भीतर की कई झूठी परतों को हटाता जा रहा था।

अब वह अपने जीवन को केवल सफलता और असफलता की दृष्टि से नहीं देखता था। उसके लिए हर अनुभव एक संकेत बन गया था, जो उसे यह दिखा रहा था कि वह कहाँ अपने से दूर जा रहा है और कहाँ थोड़ा करीब आ रहा है। भीड़ में रहते हुए भी अब उसका मन पूरी तरह भीड़ का हिस्सा नहीं रहता था, क्योंकि उसके भीतर एक नई तरह की दूरी और स्पष्टता जन्म ले चुकी थी।

उसकी प्राथमिकताएँ भी धीरे-धीरे बदलने लगी थीं। पहले वह स्वयं को दूसरों की नज़रों में स्थापित करने में अधिक समय लगाता था, लेकिन अब वह यह देखने लगा था कि वह स्वयं के भीतर कितना ईमानदार है। पहले वह दूसरों से आगे निकलने की दौड़ में था, लेकिन अब वह केवल यह सुनिश्चित करना चाहता था कि वह स्वयं से दूर तो नहीं जा रहा।

यह परिवर्तन बाहर से भले बहुत शांत और अदृश्य था, लेकिन भीतर यह उसकी पूरी चेतना को पुनर्गठित कर रहा था।

अब उसे यह भी समझ आने लगा था कि उद्देश्य कोई निश्चित मंज़िल नहीं है जहाँ पहुँचकर यात्रा समाप्त हो जाती है। वह तो एक निरंतर विकसित होने वाली समझ है, जो हर दिन के अनुभवों के साथ थोड़ा और स्पष्ट होती जाती है। जब मनुष्य अपने भय को देखना शुरू करता है, अपनी कमजोरियों को स्वीकार करता है और दुनिया को दोष देने के बजाय स्वयं को समझने लगता है, तभी वह उस दिशा के करीब आता है जिसे वह उद्देश्य कहता है।

अब उसके भीतर यह भावना गहराती जा रही थी कि सबसे बड़ा खोना असफलता नहीं है, बल्कि स्वयं को कभी पहचान ही न पाना है। और इसी पहचान की ओर उसका जीवन धीरे-धीरे मुड़ चुका था, जहाँ बाहर का शोर धीरे-धीरे कम हो रहा था और भीतर की सच्चाई अधिक स्पष्ट होती जा रही थी।

भीतर की यह यात्रा अब उसे धीरे-धीरे उन सत्यों के करीब ले जा रही थी, जिनसे वह लंबे समय तक अनजाने में बचता रहा था। पहले उसका जीवन भागने की एक निरंतर आदत बन चुका था—असुविधाजनक प्रश्नों से बचना, भीतर उठती बेचैनी को काम और व्यस्तताओं की परतों के नीचे दबा देना, और लोगों के बीच रहकर अपने ही भीतर से दूरी बनाए रखना। उसे लगता था कि यदि वह लगातार चलता रहेगा, तो शायद भीतर की आवाज़ अपने आप शांत हो जाएगी, लेकिन हुआ इसका उल्टा था—जितना वह बाहर भागता गया, उतनी ही भीतर की हलचल गहरी होती गई।

अब वह भाग नहीं सकता था, क्योंकि मौन ने उसे किसी न किसी तरह से पकड़ लिया था। रात के घने अंधकार में, जब दुनिया की आवाज़ें धीमी पड़ जातीं, तब वही दबे हुए प्रश्न उसके भीतर फिर से जागने लगते थे। क्या वह सच में अपना जीवन जी रहा है या केवल किसी तय किए हुए ढांचे को निभा रहा है। क्या उसकी यह दौड़ उसकी अपनी इच्छा है या केवल दूसरों को देखकर उठाई गई नकल है। क्या जो संतोष वह बाहर खोज रहा है, वह वास्तव में वहाँ है भी या नहीं। ये प्रश्न उसे बेचैन भी करते थे और धीरे-धीरे भीतर से जगाते भी थे, जैसे कोई

परत-दर-परत उसे उसकी ही सच्चाई की ओर ले जा रहा हो।

उसे समझ आने लगा था कि मनुष्य का सबसे बड़ा संघर्ष बाहर की असफलताओं से नहीं होता, बल्कि अपने ही भीतर झाँकने से होता है। क्योंकि जब व्यक्ति अपने भीतर उतरता है, तो उसे वे हिस्से दिखाई देने लगते हैं जिन्हें वह वर्षों से नज़रअंदाज़ करता आया होता है—अधूरी इच्छाएँ, अनकहे डर, लगातार बनी रहने वाली असुरक्षाएँ और स्वीकृति की वह भूख जो चुपचाप उसके निर्णयों को प्रभावित करती रही थी। वह देख पा रहा था कि उसके कई फैसले उसकी स्वतंत्र सोच से नहीं, बल्कि इन छिपे हुए भय और अपेक्षाओं से निकलते रहे थे।

लेकिन अब पहली बार वह इन सबको भाग्य की तरह स्वीकार नहीं कर रहा था, बल्कि उन्हें स्पष्ट रूप से देखने की कोशिश कर रहा था। यही देखने की क्षमता उसके भीतर एक गहरा परिवर्तन ला रही थी, क्योंकि जब तक मनुष्य अपने भीतर के अंधेरे को पहचानता नहीं, तब तक वह अनजाने में उन्हीं पैटर्न्स को दोहराता रहता है—उसी तरह के दुख, वही तरह की गलतियाँ और वही पुराने भावनात्मक चक्र।

धीरे-धीरे उसे यह स्पष्ट होने लगा था कि उसका उद्देश्य केवल बाहरी उपलब्धियों तक सीमित नहीं हो सकता। यदि भीतर लगातार असंतुलन बना रहे, तो बाहर की सफलता भी अंततः खोखली महसूस होने लगती है। उसका वास्तविक कार्य अब केवल कुछ बन जाना नहीं था, बल्कि अपने भीतर बिखरे हुए हिस्सों को समझना, अपने भय को देखना और अपनी चेतना को इतना ईमानदार बनाना था कि वह स्वयं से ही छल करना बंद कर दे।

इस समझ के साथ उसकी प्राथमिकताएँ बदलने लगी थीं। पहले वह हर समय दूसरों की राय में अपने मूल्य को खोजता था, लेकिन अब वह यह समझने लगा था कि सबसे महत्वपूर्ण दृष्टि वह है जो वह स्वयं अपने प्रति रखता है। पहले वह भीड़ में रहकर अपने अकेलेपन को छुपाने की कोशिश करता था, लेकिन अब वही अकेलापन उसके लिए एक माध्यम बन गया था, जिसके जरिए वह अपने भीतर उतर पा रहा था।

मौन अब उसके लिए भारी नहीं रह गया था। उसमें बैठकर वह अपने भीतर की थकान को पहचानने लगा था—वह थकान जो वर्षों तक दूसरों को खुश करने की कोशिश में जमा होती रही थी। उसे यह भी स्पष्ट दिखने लगा था कि उसने अपने जीवन का कितना समय उन चीज़ों में गंवा दिया था, जिनका उसके वास्तविक स्व से कोई गहरा संबंध नहीं था।

कई स्मृतियाँ अब उसके सामने स्पष्ट होकर खड़ी हो जाती थीं—वे क्षण जब उसने केवल स्वीकार किए जाने के लिए स्वयं को बदला था, जब उसने अपने वास्तविक भावों को दबा दिया था ताकि कोई उससे दूर न चला जाए, और जब उसने उन रिश्तों को बचाने की कोशिश की थी जो भीतर से पहले ही अपनी पकड़ खो चुके थे। अब इन यादों में केवल दर्द नहीं था, बल्कि एक गहरी समझ भी थी, जो धीरे-धीरे उसके भीतर परिपक्वता का रूप ले रही थी।

उसे यह समझ आने लगा था कि जीवन का उद्देश्य हर किसी को अपने साथ बनाए रखना नहीं होता। कुछ लोग वास्तव में जीवन का एक हिस्सा होते हैं, स्थायी उपस्थिति

नहीं। कुछ अनुभव केवल यह सिखाने के लिए आते हैं कि पकड़ और प्रेम एक जैसी चीज़ नहीं हैं। और यदि हर चीज़ को स्थायी बनाए रखने की कोशिश की जाए, तो व्यक्ति अपने ही भीतर कैद हो जाता है।

इसी समझ ने उसे छोड़ना सिखाया—लोगों को भी, अपेक्षाओं को भी, और उन पुराने भावनात्मक भारों को भी जिन्हें वह वर्षों से ढोता आ रहा था। अब वह यह स्वीकार करने लगा था कि परिवर्तन जीवन का स्वभाव है। लोग बदलेंगे, परिस्थितियाँ बदलेंगी, भावनाएँ भी अपना रूप बदलेंगी, लेकिन यदि वह स्वयं को हर परिवर्तन से बाँधता रहेगा, तो भीतर की स्थिरता कभी जन्म नहीं ले सकेगी।

इस स्वीकार ने उसके भीतर एक ऐसी शांति को जन्म देना शुरू कर दिया था, जो पहले कभी अनुभव नहीं हुई थी। अब वह हर चीज़ के उत्तर तुरंत पाने की जल्दी में नहीं था। उसे हर खालीपन को तुरंत भरने की आवश्यकता नहीं थी। वह प्रतीक्षा करना सीख रहा था—स्वयं को देखने के लिए, अपने भीतर उठती हलचलों को समझने के लिए, और अपने अस्तित्व के साथ अधिक ईमानदार होने के लिए।

धीरे-धीरे उसे यह महसूस होने लगा था कि उद्देश्य कोई अचानक मिलने वाली उपलब्धि नहीं है, बल्कि वह एक धीरे-धीरे खुलने वाली स्पष्टता है। जितना मन शांत होता है, उतनी दिशा स्पष्ट दिखाई देने लगती है। जितना व्यक्ति अपने भीतर ईमानदार होता है, उतना ही उसका मार्ग सरल और सच्चा होता जाता है।

अब उसका ध्यान केवल इस बात पर नहीं था कि वह कहाँ पहुँचेगा, बल्कि इस बात पर था कि वह इस यात्रा में स्वयं को खो तो नहीं रहा। और शायद यही सबसे गहरी समझ थी—जब मनुष्य मंज़िल से अधिक अपनी चेतना की रक्षा करने लगे, जब वह दुनिया के शोर के बीच भी अपने भीतर की स्पष्टता को बचाकर रख सके, और जब उसका एकांत उसे तोड़ने के बजाय उसके वास्तविक स्वरूप से मिला दे।

धीरे-धीरे उसके भीतर यह बात पूरी तरह उतरने लगी थी कि उद्देश्य कोई ऐसी मंज़िल नहीं जहाँ पहुँचकर जीवन के सारे प्रश्न अचानक समाप्त हो जाएँ। अब उसे लगने लगा था कि उद्देश्य किसी अंतिम पड़ाव का नाम नहीं है, बल्कि एक निरंतर चलने वाली आंतरिक रोशनी है जो रास्ते के अंधेरों में भी मनुष्य को दिशा देती रहती है। यह वही प्रकाश है जो हर गिरावट के बाद उसे फिर से खड़ा होने का कारण देता है और भीतर से जीवित रखता है, तब भी जब बाहर सब कुछ अस्थिर और उलझा हुआ प्रतीत होता है।

अब वह यह समझने लगा था कि उसका जीवन केवल दूसरों की अपेक्षाएँ पूरी करने के लिए नहीं दिया गया था, न ही केवल भय में जीने के लिए, और न ही केवल भीड़ का हिस्सा बनकर समय को बिना समझे बीत जाने देने के लिए। उसकी आत्मा उससे कुछ और चाहती थी—एक ऐसा जीवन जिसमें सत्य हो, जहाँ भीतर और बाहर के बीच कोई गहरी खाई न हो, और जहाँ उसकी मुस्कान केवल एक सामाजिक अभिव्यक्ति न होकर उसकी वास्तविक शांति का प्रतिबिंब हो।

यही समझ धीरे-धीरे उसकी चेतना को भीतर से बदल रही थी। पहले वह हर उत्तर बाहर खोजता था—कौन सही है, कौन गलत है, कौन अपना है, कौन उसे समझता है। लेकिन अब उसका पूरा ध्यान भीतर की ओर मुड़ चुका था, जहाँ वह स्वयं से प्रश्न करने लगा था कि क्या वह अपने ही जीवन के प्रति ईमानदार है, क्या उसकी दिशा वास्तव में उसकी आत्मा को शांत करती है या केवल उसे लगातार थकाती जा रही है।

इन प्रश्नों ने उसे धीरे-धीरे एक गहरी स्पष्टता की ओर ले जाना शुरू कर दिया था। अब उसे हर समय भीड़ की आवश्यकता महसूस नहीं होती थी, क्योंकि उसका एकांत अब खालीपन नहीं रह गया था। उस एकांत में विचार थे, मौन था और स्वयं से एक निरंतर चलने वाला संवाद था, जिसके भीतर उसे वह दिशा दिखाई देने लगी थी जिसे वह वर्षों तक बाहर खोजता रहा था।

कभी-कभी वह पीछे मुड़कर अपने पुराने स्वरूप को देखता था—वह व्यक्ति जो हर समय स्वीकृति की तलाश में रहता था, जो दूसरों के बदल जाने पर भीतर से टूट जाता था और जो अपनी शांति को भी लोगों की प्रतिक्रियाओं पर निर्भर कर देता था। अब वह वैसा नहीं रहा था। समय ने उसे कठोर नहीं बनाया था, बल्कि जागरूक बना दिया था।

अब वह यह समझ चुका था कि जीवन का उद्देश्य केवल सुखों का संग्रह नहीं है, क्योंकि यदि ऐसा होता तो सबसे अधिक सुविधाओं से घिरे लोग सबसे अधिक शांत भी होते। लेकिन वास्तविकता इसके विपरीत दिखाई देती है, जहाँ शांति वहाँ जन्म लेती है जहाँ मनुष्य स्वयं से भागना बंद कर देता है और अपने भीतर की सच्चाई से सामना करना शुरू करता है।

यही कारण था कि अब उसका मन धीरे-धीरे सरल होने लगा था। उसे हर समय स्वयं को सिद्ध करने की आवश्यकता नहीं लगती थी और न ही हर व्यक्ति की स्वीकृति पहले जितनी महत्वपूर्ण रह गई थी। वह दिखावे की उस थकान से बाहर आने लगा था जिसमें वह लंबे समय तक अनजाने में जीता रहा था। अब वह केवल वास्तविक होना चाहता था, बिना किसी अतिरिक्त आवरण के।

उसे यह भी समझ आने लगा था कि उद्देश्य भीड़ में खोकर नहीं मिलता, बल्कि तब प्रकट होता है जब मनुष्य अपने भीतर के शोर को शांत करने लगता है और स्वयं के साथ बैठना सीखता है। जब वह अपने भय, अपने दुख और अपनी इच्छाओं से भागना बंद करता है, तभी उसके भीतर वह स्पष्टता जन्म लेती है जिसे पहले वह बाहर खोजता था।

यही एकांत अब उसके लिए अंधकार नहीं रह गया था। वही एकांत उसकी दिशा बन चुका था, जहाँ उसने स्वयं को टूटते हुए भी देखा और उसी टूटन में अपने भीतर की वह रोशनी पहचानी जो पूरी तरह बुझी नहीं थी।

अब उसे लगने लगा था कि शायद वही रोशनी उद्देश्य है—वही जो उसे बार-बार गिरकर भी उठने देती है, जो उसे दुनिया की भीड़ में खोने नहीं देती और जो उसे लगातार यह याद दिलाती रहती है कि जीवन केवल बाहर कुछ पाने की दौड़ नहीं है, बल्कि भीतर स्वयं को पहचानने की यात्रा भी है।

और अंततः उसे यह समझ आने लगा था कि मनुष्य की सबसे बड़ी उपलब्धि किसी बाहरी मंज़िल तक पहुँचना नहीं, बल्कि उस क्षण को पहचान लेना है जब वह भटकते हुए धीरे-धीरे अपने ही भीतर लौट आता है।

14

एकान्तास्त्र का जन्म

हर मनुष्य के जीवन में एक ऐसा समय आता है जब वह बाहर की दुनिया से लड़ते-लड़ते थक जाता है। वह लोगों को समझाने की कोशिश करते-करते थक जाता है, हर रिश्ते को बचाने की कोशिश में अपने ही भीतर बिखरने लगता है और हर उम्मीद को पूरा करते-करते धीरे-धीरे इतना भारी हो जाता है कि एक दिन उसका मन स्वयं से ही पूछने लगता है कि वह आखिर किसके लिए जी रहा है। यह प्रश्न कोई अचानक पैदा नहीं होता, यह वर्षों की थकान, अनसुनी भावनाओं और भीतर जमा होती हुई चुप्पियों का परिणाम होता है, जो अंततः चेतना के दरवाज़े पर दस्तक देने लगता है।

उसके भीतर भी यही प्रश्न लंबे समय से जलता रहा था। उसने लोगों को खोया था, अपेक्षाओं के बोझ में टूटना सीखा था, भीड़ के बीच अकेलेपन की चुभन महसूस की थी और रिश्तों के बदलते स्वरूप को धीरे-धीरे अपनी आँखों के सामने टूटते देखा था। इन सब अनुभवों के बीच वह अनजाने में उस व्यक्ति से दूर होता चला गया था जो कभी भीतर से शांत हुआ करता था और जीवन को सरलता से देख पाता था।

लेकिन जीवन की सबसे गहरी यात्राएँ वहीं से शुरू होती हैं जहाँ मनुष्य पूरी तरह थक जाता है। जब बाहर के सारे सहारे कमजोर पड़ने लगते हैं, जब दुनिया के उत्तर पर्याप्त नहीं लगते और जब भीड़ का शोर भीतर की आवाज़ को दबा नहीं पाता, तब व्यक्ति पहली बार अपने भीतर उतरना शुरू करता है। उसी गहराई में उसे अपने भय दिखाई देते हैं, अपनी कमजोरियाँ दिखाई देती हैं, अपनी अधूरी इच्छाएँ और अनकहे दर्द दिखाई देते हैं, और उन्हीं सबके बीच कहीं बहुत गहराई में उसका वास्तविक स्वरूप भी धीरे-धीरे प्रकट होने लगता है।

उसके साथ भी यही होना शुरू हुआ था। एक समय था जब उसका मन लगातार बाहर ही भटकता रहता था, यह खोजते हुए कि कौन उसे समझता है, कौन उसे महत्व देता है, कौन उसके साथ रहेगा और कौन उसे छोड़ देगा। इन प्रश्नों ने उसकी आंतरिक शांति को धीरे-धीरे कमजोर कर दिया था और उसका ध्यान स्वयं से हटाकर हमेशा दूसरों की प्रतिक्रियाओं पर केंद्रित कर दिया था।

लेकिन समय के साथ उसके भीतर एक बदलाव आने लगा था। अब वह दूसरों से अधिक स्वयं को देखने लगा था, हर टूटन के पीछे छिपी हुई सीख को समझने की कोशिश करने लगा था और अपने अकेलेपन से भागने के बजाय उसी के भीतर बैठना सीखने लगा था। यही वह बिंदु था जहाँ से एक नए आंतरिक जन्म की शुरुआत हुई।

उसे यह समझ आने लगा था कि एकांत केवल अकेले रह जाने की स्थिति नहीं है, बल्कि वह स्थान है जहाँ मनुष्य पहली बार अपने वास्तविक स्वरूप से मिलता है। वही स्थान जहाँ बाहरी परतें धीरे-धीरे हटने लगती हैं, जहाँ भीड़ का शोर मंद पड़ने लगता है और जहाँ आत्मा की बहुत धीमी लेकिन सच्ची आवाज़ पहली बार स्पष्ट सुनाई देने लगती है। यही आवाज़ अब उसके भीतर भी धीरे-धीरे गूँजने लगी थी और उसे यह एहसास होने लगा था कि जीवन की सबसे बड़ी शक्ति बाहर नहीं, बल्कि भीतर छिपी होती है।

वह स्वयं भी वर्षों तक बाहर के शोर में ही उलझा रहा था, कभी तुलना में, कभी अपेक्षाओं में, कभी प्रेम के मोह में और कभी असफलताओं के भय में। हर अनुभव ने उसे केवल आगे नहीं बढ़ाया, बल्कि भीतर से थोड़ा-थोड़ा तोड़ा भी और धीरे-धीरे उसी टूटन ने उसकी चेतना को एक नया आकार देना शुरू कर दिया था।

अब वह यह समझ चुका था कि यदि मनुष्य स्वयं के भीतर स्थिर नहीं है, तो कोई भी बाहरी उपलब्धि उसे स्थायी शांति नहीं दे सकती। यदि उसका आधार केवल लोगों पर टिका हो, तो लोगों के बदलते ही वह बिखर जाएगा, और यदि उसका सुख केवल परिस्थितियों पर निर्भर हो, तो परिस्थितियाँ बदलते ही उसका मन फिर से अंधेरे में खो जाएगा। यही समझ उसके भीतर एक नई तरह की आंतरिक शक्ति को जन्म दे रही थी, ऐसी शक्ति जो न कठोरता थी और न ही भावनाओं से दूरी, बल्कि एक जागरूक उपस्थिति थी जो हर स्थिति को देख भी सकती थी और समझ भी सकती थी।

यह ऐसी चेतना थी जो अकेलेपन से डरती नहीं थी, जो भावनाओं में बहकर स्वयं को खोती नहीं थी, जो भीड़ के बीच रहकर भी अपनी आंतरिक आवाज़ को सुन सकती थी और जो टूटने के बाद भी अपने भीतर के प्रकाश को बुझने नहीं देती थी। धीरे-धीरे उसके भीतर एक नए अस्तित्व का जन्म होने लगा था, जहाँ जीवन केवल संघर्ष नहीं रह गया था बल्कि समझ का एक निरंतर विकसित होता हुआ अनुभव बन गया था।

अब उसके भीतर हर अनुभव अर्थ में बदलने लगा था, हर दर्द जागरण का रूप लेने लगा था और हर अकेलापन उसे अपने और निकट ले आने लगा था। यही वह अवस्था थी जिसे वह धीरे-धीरे “एकांतस्त्र” के रूप में समझने लगा था—एक ऐसी आंतरिक स्थिति जहाँ मनुष्य दुनिया से भागता नहीं, लेकिन उसमें खोता भी नहीं, जहाँ वह प्रेम करता है लेकिन स्वयं को मिटाकर नहीं, और जहाँ वह टूटता है लेकिन हर टूटन के बाद पहले से अधिक जागरूक होकर उठता है।

समय के साथ उसे यह भी महसूस होने लगा था कि उसका पूरा जीवन उसे इसी बिंदु तक लाने की एक धीमी लेकिन गहरी तैयारी थी। हर धोखा, हर अकेलापन, हर असफलता और

हर मौन उसके भीतर किसी न किसी तरह इस चेतना को आकार दे रहे थे। अब उसका एकांत अंधकार नहीं रहा था, बल्कि वही उसके भीतर सबसे अधिक प्रकाश का स्रोत बन चुका था।

उसे अब भीड़ में अपनी पहचान खोजने की आवश्यकता नहीं थी, क्योंकि वह धीरे-धीरे स्वयं को अपने ही भीतर महसूस करने लगा था। और शायद यही उस यात्रा का वास्तविक अर्थ था, जहाँ मनुष्य दुनिया की आवाज़ों से ऊपर उठकर पहली बार अपनी आत्मा की धीमी लेकिन सबसे सच्ची आवाज़ को सुन पाता है।

उस रात उसके भीतर कुछ ऐसा शांत हुआ था जो वर्षों से लगातार बेचैन था। ऐसा नहीं था कि जीवन की सारी समस्याएँ अचानक समाप्त हो गई थीं, न ही परिस्थितियाँ किसी जादुई ढंग से बदल गई थीं। रिश्तों की उलझनें अब भी थीं, भविष्य अब भी अनिश्चित था, और दुनिया अब भी वैसी ही थी जैसी पहले थी। लेकिन उसके भीतर एक सूक्ष्म-सा परिवर्तन घट चुका था, और कई बार यही परिवर्तन पूरे जीवन की दिशा बदल देता है, बिना किसी बाहरी घोषणा के।

पहले वह हर कठिनाई को अपने विरुद्ध मानता था। हर टूटन उसे अन्याय लगती थी और हर अकेलापन किसी दंड की तरह भीतर उतर जाता था। जीवन उसके लिए घटनाओं की एक ऐसी श्रृंखला था जिसमें वह लगातार प्रतिक्रिया देता रहता था, बिना यह समझे कि हर अनुभव केवल बाहर की परिस्थिति नहीं, बल्कि भीतर की संरचना को भी बदल रहा है।

लेकिन अब उसकी दृष्टि बदलने लगी थी। उसे धीरे-धीरे यह समझ आने लगा था कि जीवन उसे तोड़ नहीं रहा था, बल्कि उसके भीतर कुछ नया गढ़ रहा था। जैसे लोहे को आग में तपाकर उसका आकार बदला जाता है, वैसे ही अनुभव उसकी चेतना को धीरे-धीरे रूप दे रहे थे। जो दर्द पहले केवल आँसू बनकर बहता था, वही अब समझ में बदलने लगा था, और जो मौन पहले उसे असहज कर देता था, वही अब उसकी सबसे गहरी शक्ति बनता जा रहा था।

उसे महसूस होने लगा था कि मनुष्य का वास्तविक जन्म केवल शरीर से नहीं होता, बल्कि एक दूसरा जन्म भी होता है, जो चेतना का जन्म है। यह वह क्षण होता है जब व्यक्ति पहली बार दुनिया को केवल आँखों से नहीं, बल्कि अनुभव की गहराई से देखना शुरू करता है। जब वह भीड़ के पीछे चलना छोड़ देता है, जब वह दूसरों की स्वीकृति से अधिक अपनी आत्मा की शांति को महत्व देने लगता है, और जब उसका जीवन बाहरी मानदंडों से नहीं, बल्कि आंतरिक सत्य से दिशा लेने लगता है। यही दूसरा जन्म अब उसके भीतर घट रहा था।

उसने पहली बार उस स्थिरता को महसूस किया था जो बाहरी परिस्थितियों पर निर्भर नहीं थी। पहले उसका मन लोगों की उपस्थिति से शांत होता था और उनकी अनुपस्थिति से टूट जाता था, लेकिन अब उसके भीतर आधार बदलने लगा था। अब वह स्वयं के साथ बैठ सकता था, बिना किसी सहारे के, बिना किसी शोर के, और बिना स्वयं से भागे। यही परिवर्तन उसके भीतर सबसे गहरा था।

अब उसका मौन खाली नहीं था। उस मौन में जागरूकता थी, विचार थे और स्वयं को देखने की एक नई क्षमता थी। उसी मौन में उसने पहली बार यह समझा था कि जीवन केवल बाहरी लड़ाइयों को जीतने का नाम नहीं है, बल्कि सबसे बड़ी लड़ाई भीतर चलती है—भय के साथ, असुरक्षा के साथ, मोह के साथ और उस मन के साथ जो लगातार भटकता रहता है।

यही वह युद्ध था जिसे वह वर्षों से अनजाने में लड़ रहा था, बिना उसे स्पष्ट रूप से समझे। अब उसे यह भी महसूस होने लगा था कि एकांतस्त्र कोई परिभाषा नहीं है जिसे शब्दों में पूरी तरह समेटा जा सके। यह एक अनुभव है, एक आंतरिक स्थिति है, जहाँ व्यक्ति स्वयं से भागना बंद कर देता है और अपने भीतर ठहरना सीखता है। जब बाहर सब बदलता रहता है लेकिन भीतर एक केंद्र स्थिर रहता है, वही एकांतस्त्र है। जब लोग दूर चले जाते हैं फिर भी व्यक्ति स्वयं का साथ नहीं छोड़ता, वही एकान्तास्त्र है। और जब भावनाएँ उठती हैं, दर्द आता है, आँसू भी होते हैं, फिर भी चेतना पूरी तरह अंधेरे में नहीं डूबती, वही एकान्तास्त्र है।

यह समझ उसके भीतर धीरे-धीरे स्वभाव बनती जा रही थी। अब उसे हर समय समझे जाने की आवश्यकता पहले जैसी नहीं रही थी, क्योंकि उसने स्वयं को समझना शुरू कर दिया था। उसे हर रिश्ते को पकड़कर रखने की बेचैनी भी कम होने लगी थी, क्योंकि वह यह समझ चुका था कि जो वास्तव में जुड़ा होगा, वह पकड़ के बिना भी बना रहेगा। यह समझ उसे भीतर से हल्का करती जा रही थी।

धीरे-धीरे उसकी दृष्टि दुनिया को लेकर भी बदलने लगी थी। पहले वह लोगों की बातों को अपने अस्तित्व से जोड़ लेता था, किसी की आलोचना उसे भीतर तक हिला देती थी और किसी की उपेक्षा उसे स्वयं पर संदेह करने पर मजबूर कर देती थी। लेकिन अब वह यह समझने लगा था कि लोग अक्सर दूसरों को नहीं, अपनी चेतना के स्तर को व्यक्त करते हैं। हर व्यक्ति अपने भीतर के अनुभव और सीमाओं से ही दुनिया को देखता है, इसलिए हर राय अंतिम सत्य नहीं होती।

इस समझ ने उसे भीतर से स्वतंत्र करना शुरू कर दिया था। अब वह दुनिया में रहते हुए भी उसका दास नहीं बनना चाहता था। वह प्रेम करना चाहता था, लेकिन भय के बिना। वह संबंध निभाना चाहता था, लेकिन स्वयं को खोकर नहीं। वह सफलता भी चाहता था, लेकिन अपनी चेतना की कीमत पर नहीं। यही संतुलन धीरे-धीरे उसके भीतर जन्म ले रहा था।

शायद यही कारण था कि अब उसकी शांति पहले जैसी नहीं थी। यह कोई सतही सुकून नहीं था जो परिस्थितियों के ठीक होने से मिलता है, बल्कि यह वह शांति थी जो संघर्षों से होकर गुजरने के बाद जन्म लेती है। यह टूटन के बाद बची हुई वह रोशनी थी जो अब उसके भीतर धीरे-धीरे स्थायी होती जा रही थी। और उसी रोशनी में एकांतस्त्र अब केवल एक विचार नहीं रह गया था, बल्कि उसका स्वभाव बनता जा रहा था।

समय के साथ उसकी आँखों में एक अलग प्रकार की शांति उतरने लगी थी। यह वह शांति नहीं थी जो आसान जीवन से जन्म लेती है, न ही वह सुकून जो हर चीज़ के अनुकूल हो जाने पर मिल जाता है। यह वह शांति थी जो लंबे संघर्षों, भीतर की अनगिनत टूटनों और

लगातार चलने वाले मौन युद्धों से गुजरने के बाद धीरे-धीरे आकार लेती है। जिसने स्वयं को अंधेरों में संभालना सीख लिया हो, उसकी चेतना में एक ऐसी स्थिरता आ जाती है जिसे बाहरी परिस्थितियाँ आसानी से डगमगा नहीं सकतीं।

अब वही स्थिरता उसके भीतर धीरे-धीरे गहराई से बसने लगी थी। पहले वह हर भावना के साथ बह जाता था और अपने ही भीतर खो जाता था। प्रेम मिलते ही वह स्वयं को उसमें भूलने लगता था, उपेक्षा मिलते ही अपने ही मूल्य पर संदेह करने लगता था, और किसी के दूर चले जाने पर उसका मन दिनों तक उसी स्मृति में उलझा रहता था, जैसे वर्तमान पूरी तरह ठहर गया हो।

लेकिन अब उसके भीतर देखने की क्षमता जाग चुकी थी। उसे यह समझ आने लगा था कि दुख हमेशा किसी घटना से उत्पन्न नहीं होता, बल्कि कई बार उस आंतरिक पकड़ से जन्म लेता है जो व्यक्ति स्वयं ही अपने अनुभवों पर बना लेता है। जितना अधिक वह किसी चीज़ को कसकर पकड़ता है, उतना ही उसके भीतर भय बढ़ता जाता है, और जहाँ भय बढ़ता है वहाँ शांति धीरे-धीरे अपना स्थान छोड़ने लगती है।

यही कारण था कि अब वह छोड़ना सीख रहा था, लेकिन यह छोड़ना किसी त्याग की कठोरता नहीं थी, बल्कि एक आंतरिक समझ थी। वह लोगों को नहीं छोड़ रहा था, बल्कि उन अपेक्षाओं को छोड़ रहा था जो उसे भीतर से बाँधकर रखती थीं। वह उन कल्पनाओं को छोड़ रहा था जो वास्तविकता से अधिक उसके भय का विस्तार थीं, और उन झूठे सहारों को भी धीरे-धीरे जाने दे रहा था जिनके बिना वह स्वयं को अधूरा महसूस करता था।

यह प्रक्रिया सरल नहीं थी। कई बार पुरानी आदतें फिर से लौट आती थीं, पुराने डर फिर से भीतर उठ खड़े होते थे और अकेलापन फिर से उसकी चेतना के दरवाज़े पर दस्तक देता था। लेकिन अब अंतर यह था कि वह इन सब से भागता नहीं था। वह उन्हें देखता था, समझता था और फिर धीरे-धीरे स्वयं को वापस अपने भीतर के केंद्र की ओर ले आता था। यही उसका अभ्यास बन चुका था, एक ऐसी आंतरिक साधना जो बिना किसी बाहरी प्रयास के भीतर चल रही थी।

अब उसका मन पहले की तरह केवल प्रतिक्रियाओं में नहीं जीता था। यदि कोई कठोर शब्द कह देता, तो वह तुरंत भीतर टूटता नहीं था। यदि कोई संबंध बदल जाता, तो वह स्वयं को दोष नहीं देता था। यदि जीवन उसकी इच्छा के अनुसार आगे नहीं बढ़ता, तो भी वह पूरी तरह अंधेरे में नहीं डूबता था, क्योंकि अब उसके भीतर एक ऐसा स्थान बन चुका था जहाँ बाहरी हलचलें पहुँच तो सकती थीं, लेकिन उसे पूरी तरह बिखेर नहीं सकती थीं।

यही उसकी आंतरिक शक्ति थी, जो धीरे-धीरे स्थायी रूप ले रही थी। इसी यात्रा में उसे यह भी स्पष्ट होने लगा था कि अधिकांश लोग अपने ही भीतर के संघर्षों से जूझ रहे होते हैं। कोई अपनी असुरक्षाओं से भाग रहा होता है, कोई अपने खालीपन को छिपा रहा होता है, कोई अपने दर्द को मुस्कान के पीछे दबाए हुए होता है और कोई प्रेम चाहता है लेकिन प्रेम के आने से ही भयभीत हो जाता है।

यह समझ उसे कठोर बनाने के बजाय और अधिक संवेदनशील बना रही थी। अब वह लोगों की गलतियों को केवल उनके व्यवहार के रूप में नहीं देखता था, बल्कि उनके भीतर छिपे भय और अधूरेपन को भी महसूस करने लगा था। उसे समझ आने लगा था कि जो व्यक्ति स्वयं से प्रेम नहीं कर पाता, वह दूसरों को भी पूर्ण रूप से प्रेम नहीं दे पाता, और जो भीतर से टूटा होता है, वह कई बार अनजाने में दूसरों को भी चोट पहुँचा देता है।

इस दृष्टि ने उसके भीतर शिकायतों को धीरे-धीरे शांत करना शुरू कर दिया था। अब वह हर घटना को केवल अपने विरुद्ध घटित हुई कोई व्यक्तिगत बात नहीं मानता था, बल्कि जीवन की एक व्यापक प्रक्रिया के रूप में देखने लगा था। इसी समझ ने उसके भीतर एक गहरी शांति को जन्म दिया था, जो अब उसके शब्दों में, उसके मौन में और उसकी उपस्थिति में धीरे-धीरे झलकने लगी थी।

लोग उसे बाहर से पहले जैसा ही देखते थे, लेकिन उसके भीतर का संसार अब पहले जैसा नहीं रहा था। अब वह भीड़ में रहकर भी भीड़ जैसा नहीं सोचता था। उसे हर समय मान्यता की आवश्यकता नहीं थी और न ही हर स्थान पर स्वीकार किए जाने की बेचैनी। क्योंकि अब वह यह जान चुका था कि यदि व्यक्ति स्वयं की दृष्टि में गिर जाए, तो दुनिया की कोई भी स्वीकृति उसे भीतर से नहीं उठा सकती, और यदि वह स्वयं की आत्मा के सामने स्थिर खड़ा रह सके, तो दुनिया की अस्वीकृति भी उसे पूरी तरह तोड़ नहीं सकती।

यही समझ उसके भीतर एक नई प्रकार की स्वतंत्रता को जन्म दे रही थी। अब उसका जीवन केवल परिस्थितियों की प्रतिक्रिया नहीं था, बल्कि एक जागरूक प्रवाह था जिसमें हर निर्णय के पीछे एक शांत चेतना खड़ी रहती थी। वह अब केवल सुविधा के आधार पर मार्ग नहीं चुनता था, बल्कि यह भी देखता था कि कौन-सा रास्ता उसकी चेतना को और अधिक स्पष्ट करता है और कौन-सा उसे धीरे-धीरे भीतर से खाली कर देता है।

और शायद यही एकान्तास्त्र की सबसे गहरी अभिव्यक्ति थी—दुनिया से दूर जाना नहीं, बल्कि दुनिया के बीच रहते हुए भी अपनी आत्मा को खोने से बचाए रखना।

अब उसके भीतर एक ऐसी स्पष्टता जन्म लेने लगी थी जो पहले कभी नहीं थी। पहले उसका मन लगातार खिंचता और बिखरता रहता था। अतीत की स्मृतियाँ उसे पीछे की ओर खींच ले जातीं, भविष्य की अनिश्चितताएँ उसे आगे की ओर धकेल देतीं, और बीच में वर्तमान लगातार उसकी पकड़ से फिसलता रहता था। लोगों के व्यवहार, उनके शब्द और उनकी उपस्थिति भी उसके भीतर तुरंत प्रतिक्रिया पैदा कर देती थी, जैसे उसका पूरा अस्तित्व बाहरी दुनिया के छोटे-छोटे संकेतों पर निर्भर हो।

लेकिन अब धीरे-धीरे उसके भीतर एक केंद्र बनने लगा था, एक ऐसा स्थिर बिंदु जहाँ लौटकर वह स्वयं को फिर से एकत्र कर सकता था। यह केंद्र किसी विचार या सिद्धांत का परिणाम नहीं था, बल्कि लंबे अनुभवों, टूटनों और आत्मनिरीक्षण की गहराइयों से जन्मा हुआ एक मौन था। यही मौन उसकी सबसे बड़ी शक्ति बनता जा रहा था।

पहले यदि जीवन उसकी इच्छा के विरुद्ध कुछ भी कर देता, तो उसका मन तुरंत अशांत हो जाता था। उसे लगता था कि जीवन तभी सही है जब सब कुछ उसकी अपेक्षाओं के अनुसार चले। लोगों का व्यवहार स्थिर रहे, रिश्ते कभी न बदलें, परिस्थितियाँ हमेशा अनुकूल रहें और भावनाएँ हमेशा उसकी पकड़ में बनी रहें। लेकिन समय ने उसे यह समझा दिया था कि जीवन कोई स्थिर संरचना नहीं है जिसे नियंत्रण में रखा जा सके। यह एक बहती हुई धारा है, और जितना अधिक व्यक्ति इसे पकड़ने की कोशिश करता है, उतना ही वह भीतर से थकता और टूटता जाता है।

यही कारण था कि अब उसका मन धीरे-धीरे स्वीकार करना सीख रहा था। यह स्वीकार करना किसी प्रकार की हार नहीं थी, बल्कि उस आंतरिक संघर्ष का अंत था जिसमें वह वास्तविकता से लड़ता रहा था। अब वह जीवन को वैसा देखने लगा था जैसा वह है, न कि जैसा वह उसे बनाना चाहता था। और इसी दृष्टि ने उसके भीतर एक अजीब-सी हल्कापन पैदा कर दिया था।

अब यदि कोई रिश्ता बदल जाता, तो वह उसे रोकने के लिए स्वयं को मिटाने नहीं लगता था। यदि कोई व्यक्ति दूर हो जाता, तो वह अपने ही अस्तित्व को दोष देने नहीं बैठता था। यदि कोई उसे समझ नहीं पाता, तो वह अपने सत्य पर संदेह नहीं करता था। धीरे-धीरे उसके भीतर यह बोध गहराता जा रहा था कि उसका अस्तित्व दूसरों की समझ या स्वीकृति पर आधारित नहीं है।

यही एकांतस्त्र की सबसे गहरी जड़ थी—अपने भीतर ऐसी स्थिरता विकसित करना जो बाहरी दुनिया की हलचलों से पूरी तरह टूट न जाए, भले ही वह उनसे प्रभावित अवश्य हो।

समय के साथ उसे यह भी स्पष्ट होने लगा था कि उसका सबसे बड़ा संघर्ष कभी दुनिया से था ही नहीं। असली संघर्ष हमेशा उसके अपने मन के भीतर चल रहा था। वही मन जो हर चीज़ की तुलना करता था, हर परिणाम को अपनी कीमत से जोड़ता था, हर अस्वीकृति को व्यक्तिगत अपमान की तरह लेता था और हर अकेलेपन को एक प्रकार की असफलता मान लेता था। लेकिन अब वही मन धीरे-धीरे उसकी समझ का विषय बनने लगा था, उसकी पकड़ से बाहर नहीं, बल्कि उसकी दृष्टि के भीतर।

अब जब भीतर भय उठता, तो वह उससे भागता नहीं था, बल्कि उसके स्रोत को देखने की कोशिश करता था। जब अकेलापन गहराता, तो वह तुरंत बाहरी शोर में खो जाने के बजाय यह समझने लगता था कि कहीं वह स्वयं से ही दूर तो नहीं हो गया है। यह आत्मनिरीक्षण उसे लगातार भीतर की ओर ले जा रहा था, जहाँ वह अपने वास्तविक कारणों और प्रतिक्रियाओं को समझने लगा था।

धीरे-धीरे उसे यह भी समझ आने लगा था कि मनुष्य की सबसे बड़ी थकान बाहरी परिस्थितियों से नहीं आती, बल्कि उस आंतरिक विभाजन से आती है जिसमें वह स्वयं के विरुद्ध जीता रहता है। जब भीतर और बाहर एक नहीं होते, जब व्यक्ति वह नहीं होता जो वह वास्तव में महसूस करता है, तब जीवन धीरे-धीरे एक बोझ बन जाता है। वह भी लंबे

समय तक इसी बोझ को ढोता रहा था, बिना यह समझे कि थकान का स्रोत बाहर नहीं, भीतर था।

लेकिन अब उसका जीवन बदलने लगा था। वह दिखावे की उस परत से बाहर आने लगा था जिसमें वह वर्षों तक स्वयं को ढँके रहा था। उसे हर समय किसी को प्रभावित करने की आवश्यकता महसूस नहीं होती थी। वह अब केवल वास्तविक होना चाहता था, भले ही वह वास्तविकता सरल हो या अपूर्ण।

यही सरलता उसके भीतर एक गहरी शांति का कारण बन रही थी। अब उसका मौन भी बदल चुका था। पहले मौन में बेचैनी होती थी, जैसे भीतर कुछ अधूरा रह गया हो। लेकिन अब उसी मौन में स्पष्टता थी। वह मौन अब खाली नहीं था, बल्कि जागरूकता से भरा हुआ था। वहीं बैठकर वह अपने जीवन को देखता था, अपने निर्णयों को समझता था और अपने भीतर उठने वाले विचारों और भावनाओं को बिना भागे स्वीकार करता था।

धीरे-धीरे उसे यह स्पष्ट होने लगा था कि एकांतस्त्र केवल एक विचार नहीं है, बल्कि एक जीने का ढंग है, एक ऐसी आंतरिक अवस्था जहाँ मनुष्य स्वयं का सहारा बनना सीख लेता है। जहाँ वह दुनिया से पूरी तरह कटता नहीं, लेकिन दुनिया में पूरी तरह खो भी नहीं जाता। जहाँ वह प्रेम करता है, लेकिन स्वयं को मिटाकर नहीं। जहाँ वह संघर्ष करता है, लेकिन हर संघर्ष में स्वयं को खोता नहीं।

अब यदि दुनिया उसकी अपेक्षाओं के अनुसार नहीं भी चलती, तो भी उसके भीतर पूरी तरह अंधकार नहीं भरता था। क्योंकि उसने अपने भीतर एक ऐसा स्थान बना लिया था जो स्थिर था, मौन था और धीरे-धीरे प्रकाश से भरता जा रहा था। यही प्रकाश अब उसके शब्दों में भी झलकने लगा था, उसकी दृष्टि में भी और उसके पूरे अस्तित्व में भी।

और शायद यही किसी भी गहरी यात्रा का अंतिम सत्य होता है—कि मनुष्य बाहर से लगभग वैसा ही दिखता रहता है, लेकिन भीतर उसकी पूरी चेतना धीरे-धीरे बदल जाती है, और वही परिवर्तन उसके पूरे जीवन की दिशा तय कर देता है।

धीरे-धीरे उसकी दृष्टि इतनी बदलने लगी थी कि अब वह लोगों को केवल उनके शब्दों के आधार पर नहीं समझता था। वह उनके शब्दों के पीछे छिपे हुए मौन को भी महसूस करने लगा था। कोई व्यक्ति बाहर से जितना भी आत्मविश्वासी दिखाई देता, उसकी आँखों में कहीं न कहीं एक अनकही थकान झलकती थी। कोई हर समय मुस्कुराता रहता, लेकिन उस मुस्कान के भीतर एक ऐसा अकेलापन छिपा होता जिसे शब्दों में नहीं कहा जा सकता था। कोई अत्यधिक कठोर प्रतीत होता, लेकिन उसके व्यवहार के पीछे अक्सर वर्षों से दबा हुआ कोई अनदेखा दर्द खड़ा होता था।

यही समझ उसके भीतर एक नई तरह की संवेदनशीलता पैदा कर रही थी, ऐसी संवेदनशीलता जो केवल देखती नहीं थी बल्कि महसूस करती थी।

पहले वह लोगों की बातों को सीधे अपने हृदय पर ले लेता था। किसी की उपेक्षा उसे भीतर तक हिला देती थी। किसी का बदल जाना उसे अपने ही मूल्य पर संदेह करने पर

मजबूर कर देता था। किसी का मौन भी उसके भीतर असुरक्षा जगा देता था। लेकिन अब वह यह समझने लगा था कि हर व्यक्ति का व्यवहार केवल सामने वाले व्यक्ति के कारण नहीं होता। अधिकतर लोग अपने ही भीतर के संघर्षों के बीच जी रहे होते हैं, और उन्हीं संघर्षों का प्रतिबिंब उनके व्यवहार में दिखाई देता है।

जो व्यक्ति भीतर से असुरक्षित होता है, वह दूसरों को नियंत्रित करने की कोशिश करता है। जो भीतर से खाली होता है, वह लगातार बाहरी सहारे खोजता रहता है। जो स्वयं से प्रेम नहीं कर पाता, वह दूसरों के प्रेम पर अत्यधिक निर्भर हो जाता है और उसी निर्भरता में खोने लगता है।

यह समझ अब उसे प्रतिक्रियाओं से धीरे-धीरे मुक्त कर रही थी।

अब यदि कोई कठोर व्यवहार करता, तो वह तुरंत उससे टकराने के बजाय उसे देखने लगता था। वह यह समझने की कोशिश करता था कि शायद सामने वाला व्यक्ति भी अपने भीतर किसी ऐसे अंधेरे से गुजर रहा है जिसे वह स्वयं भी पूरी तरह समझ नहीं पा रहा। शायद उसकी कठोरता वास्तव में एक रक्षा-दीवार है, जो उसने अपने दर्द के चारों ओर खड़ी कर रखी है। शायद उसकी दूरी किसी और से नहीं, बल्कि अपने ही भीतर छिपे भय से जन्म लेती है।

यही दृष्टि अब उसके भीतर करुणा को जन्म दे रही थी, ऐसी करुणा जो समझ से उत्पन्न होती है, कमजोरी से नहीं।

इसका अर्थ यह नहीं था कि वह हर व्यवहार को स्वीकार करने लगा था या हर गलत बात के सामने स्वयं को झुका देता था। इसके विपरीत, अब वह पहले से अधिक स्पष्ट हो गया था। वह यह समझ चुका था कि करुणा और आत्मसमर्पण एक ही चीज़ नहीं हैं। किसी को समझना एक बात है और स्वयं को मिटा देना बिल्कुल अलग बात। अब वह दोनों के बीच का अंतर स्पष्ट रूप से देखने लगा था।

यही संतुलन उसकी चेतना में धीरे-धीरे स्थिर होने लगा था।

पहले वह लोगों को बदलने की कोशिश में स्वयं को थका देता था। वह हर टूटे हुए रिश्ते को जोड़ना चाहता था, हर व्यक्ति को समझाना चाहता था, हर दूरी को किसी न किसी तरह समाप्त करना चाहता था। लेकिन अब उसे यह समझ आने लगा था कि हर व्यक्ति परिवर्तन के लिए तैयार नहीं होता। कुछ लोग अपने दर्द को ही अपनी पहचान बना लेते हैं, कुछ लोग बार-बार वही गलतियाँ दोहराते रहते हैं, और कुछ लोग भ्रमों में जीना ही अधिक सुरक्षित महसूस करते हैं।

और यदि कोई हर किसी को बदलने का बोझ अपने ऊपर ले ले, तो धीरे-धीरे वह स्वयं ही भीतर से खाली हो जाता है।

यही कारण था कि अब उसका ध्यान दूसरों को बदलने के प्रयास से हटकर अपनी चेतना को बचाने और स्थिर रखने पर केंद्रित होने लगा था।

धीरे-धीरे उसका मन अधिक सरल होता जा रहा था। उसे हर समय बहस जीतने की आवश्यकता महसूस नहीं होती थी। उसे हर व्यक्ति को अपनी गहराई समझाने की बेचैनी भी कम होने लगी थी। वह यह समझने लगा था कि हर व्यक्ति केवल उतना ही समझ सकता है जितनी उसकी अपनी चेतना की सीमा होती है।

यदि कोई उसे गलत समझ लेता, तो अब वह उस विचार में उलझकर स्वयं को खोता नहीं था। यदि कोई उसकी अच्छाई को नहीं देख पाता, तो भी वह अपने भीतर के सत्य को बदलने नहीं लगता था। अब उसका आधार बाहर से हटकर भीतर बनने लगा था, और यही परिवर्तन उसके पूरे अस्तित्व को धीरे-धीरे बदल रहा था।

यही एकांतस्त्र की वास्तविक शक्ति थी।

यह मनुष्य को कठोर नहीं बनाता, बल्कि उसे भीतर से स्थिर करता है। वह प्रेम करना नहीं छोड़ता, लेकिन प्रेम में स्वयं को खो देना छोड़ देता है। वह लोगों से जुड़ना बंद नहीं करता, लेकिन अपनी शांति की कीमत पर नहीं जुड़ता। वह दुनिया से भागता नहीं, लेकिन दुनिया को अपनी आत्मा पर हावी होने भी नहीं देता।

यही जागरूकता अब उसके भीतर गहराई तक उतर चुकी थी।

धीरे-धीरे उसे यह भी महसूस होने लगा था कि जीवन की सबसे बड़ी शांति तब जन्म लेती है जब व्यक्ति स्वयं से लड़ना बंद कर देता है। जब वह अपने अतीत को उसके पूरे रूप में स्वीकार कर लेता है, अपनी कमजोरियों को छिपाने के बजाय समझने लगता है और अपने अकेलेपन से भागने के बजाय उसके साथ बैठना सीख जाता है, तब भीतर एक नई स्थिरता जन्म लेने लगती है।

यही स्वीकार अब उसके भीतर प्रकाश बनता जा रहा था।

अब यदि वह मौन में बैठता, तो उसे खालीपन नहीं घेरता था। उसी मौन में वह स्वयं को देखने लगा था, अपने मन की गति को समझने लगा था, और अपने भीतर उठती भावनाओं को बिना दबाए, बिना उनसे भागे गुजरते हुए देख पाने लगा था।

और शायद पहली बार उसे यह स्पष्ट रूप से महसूस होने लगा था कि शांति किसी उपलब्धि का परिणाम नहीं होती। शांति वह अवस्था है जहाँ मनुष्य स्वयं से दूर भागना बंद कर देता है और अपने ही भीतर स्थिर हो जाता है।

यही कारण था कि अब उसका एकांत बोझ नहीं रहा था। वही एकांत अब उसकी सबसे गहरी शक्ति और सबसे सच्चा सहारा बन चुका था।

धीरे-धीरे उसके भीतर सब कुछ शांत होने लगा था। बाहर की दुनिया अब भी वैसी ही थी जैसी हमेशा रही थी। लोग अब भी बदलते थे, रिश्ते अब भी स्थायी नहीं थे, और परिस्थितियाँ अब भी उतनी ही अनिश्चित थीं जितनी पहले थीं। लेकिन अब उसके भीतर का मन हर बाहरी हलचल के साथ पहले की तरह बिखरता नहीं था। जैसे भीतर कोई ऐसा केंद्र बन चुका हो जो हर झटके के बाद उसे फिर से संभाल लेता था, बिना शोर किए, बिना संघर्ष के।

क्योंकि उसने अपने भीतर एक ऐसा स्थान खोज लिया था जहाँ लौटकर वह स्वयं को फिर से एकत्र कर सकता था। यह कोई बाहरी सहारा नहीं था, न कोई व्यक्ति, न कोई परिस्थिति, बल्कि उसकी अपनी चेतना की वह स्थिरता थी जो धीरे-धीरे वर्षों के अनुभवों से आकार ले चुकी थी।

पहले वह शांति को बाहर खोजता था। लोगों से अपनापन माँगता था, रिश्तों से स्थिरता की उम्मीद करता था, और परिस्थितियों से सुरक्षा चाहता था। उसे लगता था कि यदि बाहर सब कुछ सही हो जाए तो भीतर भी सब ठीक हो जाएगा। लेकिन अब उसे यह समझ आ चुका था कि जो व्यक्ति भीतर से खाली हो, उसके लिए बाहर की कोई भी चीज़ लंबे समय तक पूर्णता नहीं बन सकती।

यही समझ उसकी पूरी दिशा बदल रही थी।

अब उसकी यात्रा बाहर से अधिक भीतर की हो चुकी थी। वह अब घटनाओं को बदलने की कोशिश से अधिक स्वयं को समझने की कोशिश करने लगा था। वह अपने भय को देखने लगा था, अपनी अपेक्षाओं को पहचानने लगा था, अपने मोह को समझने लगा था और अपने अकेलेपन के साथ ईमानदारी से बैठने लगा था। और जितना वह स्वयं के करीब आता गया, उतना ही उसके भीतर का भार कम होता गया।

अब उसे हर समय समझे जाने की आवश्यकता महसूस नहीं होती थी। हर रिश्ता बचाना उसकी मजबूरी नहीं रहा था। हर व्यक्ति को अपनी सच्चाई साबित करना भी अब उतना आवश्यक नहीं लगता था। धीरे-धीरे उसका जीवन उस दबाव से मुक्त होने लगा था जिसमें वह लगातार स्वयं को दुनिया के सामने सिद्ध करने की कोशिश करता था।

क्योंकि अब उसका आधार बदल चुका था।

पहले उसकी शांति लोगों के व्यवहार पर टिकी थी, लेकिन अब उसकी शांति उसकी अपनी चेतना पर टिकने लगी थी। और यही परिवर्तन सबसे गहरा था, क्योंकि यह बाहरी नहीं बल्कि आंतरिक था।

अब यदि जीवन कठिन भी हो जाए, तब भी उसके भीतर पूरी तरह अंधेरा नहीं भरता था। यदि कोई साथ छोड़ दे, तब भी वह स्वयं का साथ नहीं छोड़ता था। यदि दुनिया उसे गलत समझ भी ले, तब भी वह अपने भीतर के सत्य से दूर नहीं भागता था। भीतर कहीं एक स्थिरता थी जो उसे बार-बार याद दिलाती थी कि सब कुछ बदल सकता है, लेकिन उसका स्वयं से संबंध अब टूटने वाला नहीं है।

यही भीतर की स्थिरता थी।

धीरे-धीरे उसे यह समझ आने लगा था कि मनुष्य की सबसे बड़ी शक्ति उसकी बाहरी उपलब्धियों में नहीं होती, बल्कि इस बात में होती है कि वह अपने भीतर कितना स्पष्ट, कितना जागरूक और कितना शांत है। बाहरी दुनिया चाहे कितनी भी सफल या असफल क्यों न हो, अंततः वही स्थिरता उसके जीवन की दिशा तय करती है जो भीतर स्थापित होती है।

और शायद यही एकांतस्त्र का वास्तविक अर्थ भी था।

यह दुनिया से भाग जाना नहीं था, न ही भावनाओं से दूर हो जाना। यह रिश्तों से कट जाना भी नहीं था। यह केवल इतना था कि मनुष्य इस तरह जीना सीख जाए कि वह दुनिया के बीच रहते हुए भी अपने भीतर खो न जाए। वह प्रेम कर सके, लेकिन स्वयं को मिटाकर नहीं। वह लोगों से जुड़ सके, लेकिन अपनी चेतना को खोकर नहीं। वह टूट सके, लेकिन हर टूटन के बाद और अधिक जागरूक होकर स्वयं को फिर से संभाल सके।

अब उसका एकांत अंधेरा नहीं रहा था। वही एकांत अब उसकी सबसे सच्ची रोशनी बन चुका था, जहाँ वह स्वयं को बिना किसी शोर के देख सकता था, समझ सकता था और धीरे-धीरे स्वीकार कर सकता था।

और शायद मनुष्य की सबसे गहरी यात्रा भी यही होती है—दुनिया को समझते-समझते एक दिन पूरी तरह स्वयं तक लौट आना, जहाँ बाहर कुछ बदलने की आवश्यकता नहीं रहती, क्योंकि भीतर सब कुछ स्पष्ट हो चुका होता है।

15

अब डर नहीं लगता

एक समय था जब उसका पूरा जीवन भय के इर्द-गिर्द घूमता था। लोगों को खो देने का भय, असफल हो जाने का भय, अकेले रह जाने का भय, गलत समझ लिए जाने का भय और भविष्य के अनिश्चित अंधेरे का भय—ये सब मिलकर उसके भीतर एक ऐसा मानसिक ढाँचा बना चुके थे जिसमें वह वर्षों तक स्वयं को जकड़ा हुआ महसूस करता रहा था। वह कई बार अपनी वास्तविक इच्छाओं के अनुसार जीना चाहता था, लेकिन हर बार कोई न कोई डर उसके निर्णयों के बीच खड़ा हो जाता था, जैसे वह उसके जीवन का स्वाभाविक हिस्सा बन चुका हो।

इन डरों ने उसके मन को इस हद तक प्रभावित किया था कि वह धीरे-धीरे अपनी सहजता खोने लगा था। बाहर से वह सामान्य दिखाई देता था, लेकिन भीतर हर समय एक अनजानी बेचैनी चलती रहती थी, जैसे उसका मन कभी पूरी तरह विश्राम करना ही भूल गया हो। हर खुशी के क्षण के भीतर भी उसे किसी आने वाले नुकसान की छाया दिखाई देती थी। यदि कोई व्यक्ति उसके बहुत करीब आ जाता, तो वह उसी क्षण उस संबंध के टूट जाने की कल्पना करने लगता था। यदि जीवन में कुछ अच्छा घटने लगता, तो उसके भीतर तुरंत किसी संभावित दुख की आशंका जन्म ले लेती थी।

धीरे-धीरे यह भय उसके स्वभाव का हिस्सा बनता चला गया था। वह हर चीज़ को खोने के डर से देखने लगा था, और यही दृष्टि उसे भीतर से थका रही थी।

लेकिन समय के साथ उसने एक बहुत गहरी बात को समझना शुरू किया। भय हमेशा बाहरी परिस्थितियों से नहीं जन्म लेता, बल्कि कई बार उस पकड़ से जन्म लेता है जो मनुष्य अपने भीतर चीज़ों के प्रति बना लेता है। जितना अधिक वह किसी संबंध, व्यक्ति या परिस्थिति को स्थायी मानकर उससे चिपकने लगता है, उतना ही अधिक उसके खो जाने का डर भी बढ़ता जाता है। और जहाँ पकड़ होती है, वहीं भय भी धीरे-धीरे अपनी जड़ें मजबूत कर लेता है।

यही कारण था कि अब उसकी दृष्टि बदलने लगी थी। पहले वह हर उस चीज़ को बचाकर रखना चाहता था जो उसे भावनात्मक सहारा देती थी—रिश्ते, उम्मीदें, कल्पनाएँ और लोगों की स्वीकृति। उसे लगता था कि इन्हीं के सहारे उसका जीवन सुरक्षित रह सकता है। लेकिन अब उसे यह समझ आने लगा था कि जीवन में कुछ भी स्थायी नहीं होता। जो आज साथ है, वह कल दूर हो सकता है; जो आज अपना लगता है, वह समय के साथ बदल सकता है; और जो आज निश्चित दिखाई देता है, वह अगले ही क्षण अनिश्चित हो सकता है।

पहले यह विचार उसे और अधिक अस्थिर कर देता था, लेकिन अब यही विचार उसे धीरे-धीरे मुक्त करने लगा था। क्योंकि अब वह यह समझ चुका था कि जीवन को नियंत्रित करना संभव नहीं है, और मनुष्य केवल अपनी चेतना को संभाल सकता है।

यही समझ उसके भीतर साहस का जन्म कर रही थी। अब यदि भविष्य स्पष्ट नहीं होता, तो वह पूरी तरह टूट नहीं जाता था। यदि कोई रिश्ता बदल जाता, तो वह स्वयं के अस्तित्व को समाप्त नहीं मानता था। यदि जीवन उसकी योजनाओं के अनुसार नहीं चलता, तो वह भीतर से पूरी तरह बिखर नहीं जाता था। क्योंकि अब उसका आधार बाहर की परिस्थितियों से हटकर भीतर की जागरूकता पर टिकने लगा था।

धीरे-धीरे उसे यह भी समझ आने लगा था कि भय का सबसे बड़ा कारण अज्ञात नहीं होता, बल्कि अपनी ही क्षमता पर किया गया अविश्वास होता है। मनुष्य अक्सर यह मान लेता है कि यदि जीवन टूट गया, तो वह संभल नहीं पाएगा; यदि लोग छोड़ गए, तो वह जी नहीं पाएगा; और यदि सब कुछ बदल गया, तो वह बिखर जाएगा। लेकिन उसने अपने ही अनुभवों में यह देखा था कि वह टूटकर भी फिर उठा है, अकेलेपन में भी जीवित रहा है, और कठिन समय के बाद भी आगे बढ़ा है।

यही अनुभव उसके भीतर एक नया विश्वास जगा रहे थे। अब उसे यह महसूस होने लगा था कि वह जितना स्वयं को कमजोर मानता था, वास्तव में वह उतना कमजोर कभी था ही नहीं। उसके भीतर हमेशा एक ऐसी शक्ति मौजूद रही थी जो हर गिरावट के बाद उसे फिर से संभाल लेती थी, केवल पहले उसका ध्यान उस शक्ति पर नहीं, बल्कि अपने घावों पर अधिक था।

अब उसकी दृष्टि बदल रही थी।

यदि अब भी भय उठता, तो वह उससे भागता नहीं था। वह उसे देखता था, समझता था और स्वयं से प्रश्न करता था कि क्या यह भय वास्तविक है या केवल उसके मन की रचना है। यही आत्मनिरीक्षण उसे धीरे-धीरे स्पष्टता की ओर ले जा रहा था।

अब वह यह समझ चुका था कि साहस का अर्थ भय का समाप्त हो जाना नहीं है, बल्कि भय के अस्तित्व में भी सत्य और जागरूकता के साथ खड़े रहना है। यही समझ उसके जीवन में एक गहरा परिवर्तन ला रही थी।

अब वह केवल सुरक्षित रहने के लिए नहीं जीना चाहता था। वह वास्तविक होकर जीना चाहता था। वह अपने मन की कैद से बाहर आना चाहता था। वह ऐसा जीवन चाहता था जहाँ

उसके निर्णय भय से नहीं, बल्कि जागरूकता से जन्म लें।

और शायद पहली बार उसे यह स्पष्ट रूप से महसूस होने लगा था कि जो व्यक्ति अपने भीतर के सबसे गहरे भय का सामना कर लेता है, उसके बाद बाहरी दुनिया का कोई भी भय उसे पहले की तरह नियंत्रित नहीं कर सकता।

धीरे-धीरे उसका भय से संबंध पूरी तरह बदलने लगा था। पहले वह डर को एक दुश्मन की तरह देखता था, जैसे उसे किसी भी कीमत पर खत्म करना ही जीवन की जीत हो। लेकिन अब उसे समझ आने लगा था कि डर हमेशा तोड़ने के लिए नहीं आता, कई बार वह दिखाने के लिए आता है कि भीतर अभी कहाँ असुरक्षा बची है, कहाँ पकड़ छूटी नहीं है और कहाँ मन अब भी बाहरी सहारों पर निर्भर है। यह समझ उसे धीरे-धीरे भीतर की ओर ले जाने लगी, जहाँ वह डर से लड़ने के बजाय उसे देखने लगा, समझने लगा और उसके पीछे छिपी अपनी ही मानसिक परतों को पहचानने लगा।

पहले वह डर से बचने के लिए भागता था और यही भागना उसे और अधिक उलझा देता था। यदि किसी रिश्ते में दूरी की आशंका होती, तो वह और अधिक चिपकने लगता था। यदि असफलता का विचार आता, तो वह कोशिश ही टाल देता था। यदि आलोचना का डर उठता, तो वह अपने सत्य को कहने से रुक जाता था। लेकिन समय के साथ उसे यह स्पष्ट होने लगा कि डर से भागना उसे सुरक्षित नहीं बना रहा, बल्कि भीतर से और कमजोर कर रहा है, क्योंकि जितना वह डर को टालता था, उतना ही डर उसके मन में बड़ा होता जाता था और उसके निर्णयों पर अधिकार जमाने लगता था।

यही कारण था कि अब उसने भागना छोड़ दिया था और देखना शुरू कर दिया था। जब भी भीतर कोई भय उठता, वह उसे तुरंत दबाने की कोशिश नहीं करता, बल्कि शांत होकर उसे समझने लगता कि यह डर वास्तव में किस बात का है—खोने का, अस्वीकार किए जाने का, अकेले रह जाने का या स्वयं के टूट जाने के भय का। यही देखने की क्षमता धीरे-धीरे उसके भीतर साहस पैदा करने लगी थी, क्योंकि अब वह अपने ही मन के अंधेरे को बिना घबराए देख पा रहा था।

उसे यह भी समझ आने लगा था कि सबसे अधिक भय उसी व्यक्ति को जकड़ता है जो अपने जीवन को पूरी तरह बाहरी चीज़ों पर टिकाकर जी रहा होता है। यदि सुख केवल लोगों पर निर्भर हो, तो लोग बदलते ही भीतर अस्थिरता बढ़ जाती है। यदि पहचान केवल उपलब्धियों पर टिकी हो, तो असफलता पूरी आत्मा को हिला देती है। यदि शांति केवल परिस्थितियों पर निर्भर हो, तो जीवन की अनिश्चितता हर समय डर का कारण बनी रहती है। वह भी लंबे समय तक इसी निर्भरता में जीता रहा था, इसलिए भय उसके स्वभाव का हिस्सा बन गया था।

लेकिन अब उसका आधार बदलने लगा था। अब वह धीरे-धीरे स्वयं के भीतर खड़ा होना सीख रहा था। यही कारण था कि डर पहले जितना प्रभावी नहीं रह गया था। पहले भविष्य का विचार ही उसे बेचैन कर देता था, लेकिन अब वह समझने लगा था कि भविष्य कभी पूरी

तरह निश्चित नहीं हो सकता और न ही जीवन को पूरी तरह नियंत्रित किया जा सकता है। फर्क केवल इतना है कि कुछ लोग इस अनिश्चितता में डरकर जीते हैं और कुछ जागरूकता के साथ।

धीरे-धीरे वह वर्तमान में लौटने लगा था, जहाँ उसका मन पहले कभी टिकता ही नहीं था। सुबह की हल्की रोशनी, हवा की धीमी गति, अपने ही सांसों की लय और मौन के छोटे-छोटे क्षण अब उसे जीवन से फिर जोड़ने लगे थे। पहले उसका मन हमेशा अतीत और भविष्य के बीच झूलता रहता था, इसलिए वर्तमान उसके लिए लगभग अनुपस्थित सा था, लेकिन अब उसे समझ आने लगा था कि जीवन केवल इसी क्षण में घट रहा है और इसी क्षण में भय की पकड़ सबसे अधिक ढीली पड़ती है।

उसने यह भी समझ लिया था कि साहस का अर्थ कठोर हो जाना नहीं है। कई लोग अपनी भावनाओं को दबाकर स्वयं को मजबूत दिखाने लगते हैं, लेकिन भीतर वे अब भी भय में जी रहे होते हैं। वास्तविक साहस तब जन्म लेता है जब व्यक्ति अपनी कमजोरी को स्वीकार कर सके और फिर भी स्वयं से भागे नहीं। यही समझ उसके भीतर धीरे-धीरे स्थिर होने लगी थी और उसे भीतर से अधिक सच्चा और शांत बना रही थी।

अब यदि उसकी आँखें नम हो जातीं, तो वह स्वयं को कमजोर नहीं मानता था। यदि किसी के जाने से दुख होता, तो वह उस दुख से लड़ता नहीं था। यदि जीवन कठिन लगता, तो वह अपनी ही रोशनी पर संदेह नहीं करता था। क्योंकि उसने स्वयं को कई अंधेरों से गुजरते हुए देखा था और अब उसे यह अनुभव हो चुका था कि वह टूटकर भी पूरी तरह समाप्त नहीं होता।

डर पूरी तरह समाप्त नहीं हुआ था, लेकिन अब वह उसके जीवन का नियंत्रण केंद्र नहीं रहा था। यही सबसे बड़ा परिवर्तन था। अब उसका मन धीरे-धीरे स्वतंत्र होने लगा था। वह ऐसे निर्णय लेने लगा था जो केवल सुरक्षित नहीं, बल्कि उसके भीतर की सच्चाई के अनुरूप होते थे। वह सत्य के साथ खड़ा रहना सीख रहा था, भले ही वह सबके लिए स्वीकार्य न हो, और यहीं से उसके भीतर एक नई तरह की स्थिरता जन्म लेने लगी थी—ऐसी स्थिरता जो भय से मुक्त नहीं, लेकिन भय से संचालित भी नहीं थी।

अब उसके भीतर जो साहस जन्म ले रहा था, वह किसी अचानक आए हुए बदलाव का परिणाम नहीं था, बल्कि वर्षों तक भय के साथ जीने के बाद धीरे-धीरे बनी हुई समझ थी। जिसने डर को बहुत करीब से देखा हो, वही उसके पार जाना सीखता है, और जिसने कभी भीतर से टूटने का अनुभव नहीं किया हो, वह स्थिरता का वास्तविक अर्थ भी पूरी तरह नहीं समझ पाता। यही अनुभव उसकी चेतना में धीरे-धीरे गहराई बनकर उतर रहा था, और उसी गहराई से उसका नया साहस जन्म ले रहा था।

इसलिए उसका साहस अब किसी दिखावे जैसा नहीं था, न ही वह स्वयं को मजबूत साबित करने की कोशिशों पर आधारित था। वह न तो ऊँची बातें करके अपने भीतर के भय को छिपाता था और न ही हर समय कठोर बनकर जीने की कोशिश करता था। वह अपने दर्द

को भी स्वीकार करता था और अपनी कमजोरियों से भी भागता नहीं था। अब उसका साहस शांत था, स्थिर था और भीतर से गहराई में जड़ें जमाए हुए था, जैसे लंबे समय तक बहते पानी के बाद कहीं जाकर कोई शांत झील बन गई हो।

पहले यदि कोई परिस्थिति उसके नियंत्रण से बाहर चली जाती, तो उसका मन तुरंत घबरा जाता था और उसे लगता था कि सब कुछ बिखर जाएगा। लेकिन अब उसने जीवन को इतने रूपों में बदलते हुए देखा था कि उसे यह समझ आने लगा था कि कुछ भी स्थायी नहीं रहता, न दुख, न अकेलापन और न ही भय। हर चीज़ समय के साथ बदलती है, हर भावना गुजर जाती है, और हर अंधेरा किसी न किसी रूप में हल्का होने लगता है। यही समझ उसके भीतर एक गहरा धैर्य पैदा कर रही थी, जो पहले कभी उसके स्वभाव का हिस्सा नहीं था।

पहले वह हर दर्द से तुरंत बाहर निकलने की कोशिश करता था, हर बेचैनी को दबाना चाहता था और हर कठिनाई को जल्दी समाप्त कर देना चाहता था। लेकिन अब उसका दृष्टिकोण बदल चुका था। अब यदि भीतर बेचैनी उठती, तो वह उससे भागता नहीं था, बल्कि उसे महसूस करता था। यदि दुख आता, तो वह उससे लड़ने के बजाय उसे समझने की कोशिश करता था। यदि भय सामने आता, तो वह उससे मुँह नहीं मोड़ता था। यही स्वीकृति उसे धीरे-धीरे भीतर से मजबूत और अधिक स्थिर बना रही थी।

उसे यह भी समझ आने लगा था कि मनुष्य को सबसे अधिक डर अपने टूटने से लगता है, क्योंकि उसे लगता है कि यदि जीवन ने उससे सब कुछ छीन लिया, तो वह समाप्त हो जाएगा। लेकिन उसने स्वयं को टूटकर भी फिर से खड़ा होते हुए देखा था, और उसी अनुभव ने उसके भीतर यह विश्वास जगा दिया था कि मनुष्य उतना कमजोर नहीं होता जितना उसका भय उसे विश्वास दिलाता है। यह अनुभव अब उसके भीतर धीरे-धीरे एक स्थायी आत्म-विश्वास में बदल रहा था।

अब यदि जीवन कठिन हो जाए, तब भी वह पूरी तरह निराश नहीं होता था, क्योंकि उसे यह अनुभव हो चुका था कि अंधेरे स्थायी नहीं होते और हर रात के भीतर कहीं न कहीं सुबह छिपी होती है। सबसे महत्वपूर्ण परिवर्तन यह था कि अब उसका भरोसा बाहर की चीज़ों से हटकर उसकी अपनी चेतना पर टिकने लगा था। पहले वह लोगों, परिस्थितियों और भविष्य की योजनाओं पर निर्भर था, लेकिन अब उसे यह महसूस होने लगा था कि यदि भीतर जागरूकता बनी रहे, तो वह किसी भी स्थिति से फिर उठ सकता है। यही भरोसा उसके भय को धीरे-धीरे कमजोर कर रहा था।

अब वह हर समय सुरक्षा की तलाश में नहीं रहता था, क्योंकि उसे समझ आने लगा था कि अत्यधिक सुरक्षा की चाह मनुष्य को जीवित नहीं रखती, बल्कि उसे सीमित और डरा हुआ बना देती है। जो व्यक्ति हर समय गिरने से बचने की कोशिश करता है, वह धीरे-धीरे चलना भी छोड़ देता है। इसलिए अब वह जोखिम से पूरी तरह भागता नहीं था, बल्कि सत्य के साथ खड़ा रहना सीख रहा था, भले ही उससे कुछ लोग दूर हो जाएँ या रास्ता पूरी तरह आसान न रहे। यही वास्तविक साहस उसके भीतर विकसित हो रहा था।

धीरे-धीरे उसे यह स्पष्ट होने लगा था कि डर को पूरी तरह समाप्त करने का प्रयास ही मूल समस्या नहीं थी, बल्कि उसे समझना आवश्यक था, क्योंकि डर अक्सर वहाँ जन्म लेता है जहाँ मनुष्य स्वयं से कट जाता है। जैसे-जैसे वह स्वयं के निकट आने लगा, वैसे-वैसे भय की पकड़ ढीली पड़ने लगी। अब उसका मन पहले जैसा कैदी नहीं रहा था, बल्कि वर्तमान में जीना सीखने लगा था, बिना हर समय भविष्य की चिंता में डूबे, बिना हर रिश्ते को खोने के भय में जीते हुए और बिना हर निर्णय को असफलता की आशंका से बाँधते हुए।

और शायद यही सबसे बड़ा परिवर्तन होता है, जब मनुष्य यह समझ लेता है कि साहस का अर्थ कभी न डरना नहीं है, बल्कि डर के बावजूद अपनी आत्मा की दिशा में चलते रहना है।

अब उसके भीतर एक ऐसी शांति जन्म लेने लगी थी जो पहले कभी उसके अनुभव का हिस्सा नहीं रही थी। यह वह शांति नहीं थी जो परिस्थितियों के ठीक हो जाने से आती है, न ही वह जो बाहरी स्थिरता के सहारे टिकती है। यह वह शांति थी जो तब जन्म लेती है जब मनुष्य अपने भीतर के भय से भागना बंद कर देता है और पहली बार स्वयं को पूरी ईमानदारी से देखने का साहस करता है। उसी क्षण से उसका भीतर धीरे-धीरे बदलने लगा था, जैसे लंबे समय से बिखरा हुआ कोई संसार अपनी जगह पर लौट रहा हो।

पहले वह अपने डर को छिपाने की कोशिश करता था, दूसरों से भी और स्वयं से भी। वह चाहता था कि वह हमेशा मजबूत दिखाई दे, ऐसा व्यक्ति जो किसी भी परिस्थिति से प्रभावित न हो। लेकिन वास्तविकता इससे बिल्कुल अलग थी। भीतर वह हर छोटी बात से हिल जाता था। किसी की चुप्पी उसे बेचैन कर देती थी, किसी का बदल जाना उसे लंबे समय तक भीतर से तोड़ देता था और किसी असफलता के बाद उसका आत्मविश्वास धीरे-धीरे बिखरने लगता था। बाहर से वह जितना सामान्य दिखाई देता था, भीतर उतना ही अस्थिर रहता था, जैसे किसी शांत सतह के नीचे लगातार हलचल चल रही हो।

लेकिन अब उसके भीतर देखने की क्षमता जाग चुकी थी। अब वह स्वयं से झूठ नहीं बोलता था और न ही अपने भावों को दबाने की कोशिश करता था। यदि दुख होता, तो वह उसे स्वीकार करता था, यदि डर महसूस होता, तो उसे देखने की कोशिश करता था और यदि भीतर कोई टूटन उठती, तो वह उससे भागने के बजाय उसे समझने लगता था। यही ईमानदारी उसके भीतर धीरे-धीरे एक मौन शक्ति बनती जा रही थी, जो उसे भीतर से मुक्त कर रही थी।

उसे यह समझ आने लगा था कि मजबूत होने का अर्थ कभी भी कमजोर महसूस न करना नहीं है। वास्तविक शक्ति तो उसी क्षण जन्म लेती है जब मनुष्य अपनी कमजोरी को देखने और स्वीकार करने का साहस करता है। जो व्यक्ति अपने भीतर के अंधेरे से भागता नहीं, वही धीरे-धीरे प्रकाश की ओर बढ़ने लगता है। यही समझ उसके भीतर एक नई स्पष्टता ला रही थी और उसके भय की पकड़ को धीरे-धीरे ढीला कर रही थी।

अब यदि भविष्य अनिश्चित हो, तो भी उसका मन पहले की तरह पूरी तरह नहीं कांपता था। यदि लोग उसे समझ न पाएँ, तो भी वह अपने मूल्य पर संदेह नहीं करता था और यदि रास्ता कठिन हो, तो भी वह पुराने भय में लौटने से इनकार करने लगा था। उसने धीरे-धीरे यह समझ लिया था कि भय केवल परिस्थितियों का परिणाम नहीं होता, बल्कि उस आंतरिक असुरक्षा का प्रतिबिंब होता है जिसमें मनुष्य स्वयं को कमजोर मानने लगता है।

डर उसे अब केवल रोकने वाली शक्ति नहीं लगता था, बल्कि वह समझने लगा था कि भय धीरे-धीरे मनुष्य की चेतना को छोटा कर देता है। वह उसे उन अनुभवों से दूर कर देता है जिनमें उसका वास्तविक विकास छिपा होता है। भय व्यक्ति को सुरक्षित तो रख सकता है, लेकिन उसे पूर्ण रूप से जीवित नहीं रहने देता। यही कारण था कि अब वह ऐसे जीवन की ओर बढ़ रहा था जहाँ निर्णय डर से नहीं, बल्कि भीतर की स्पष्टता से जन्म लें।

धीरे-धीरे उसे यह भी समझ आने लगा था कि उसका सबसे बड़ा भय अकेले रह जाना नहीं था, बल्कि स्वयं से कट जाना था। क्योंकि जब मनुष्य अपने ही भीतर से दूर हो जाता है, तब दुनिया की कोई भी उपस्थिति उसके भीतर के खालीपन को नहीं भर सकती। अब वह लौट रहा था, अपने भीतर, अपने मौन में और अपनी वास्तविक चेतना की ओर। और जितना वह स्वयं के निकट आता गया, उतना ही भय उससे दूर होता गया।

अब उसे हर समय आश्वासन की आवश्यकता नहीं रह गई थी और न ही हर प्रश्न का तुरंत उत्तर चाहिए होता था। वह अनिश्चितता के साथ जीना सीख रहा था, जो अपने आप में सबसे कठिन सीखों में से एक थी, क्योंकि मन हमेशा स्थिरता और निश्चितता की तलाश में रहता है। लेकिन जीवन किसी स्थिर रूप में नहीं रुकता। यह लगातार बदलता रहता है, और जो व्यक्ति इन परिवर्तनों से लड़ता रहता है, वह भीतर से थकने लगता है।

अब उसका मन धीरे-धीरे बहना सीख रहा था, न कि हार मानकर, बल्कि जीवन को उसकी वास्तविकता में स्वीकार करके। वह हर चीज़ को नियंत्रित करने की कोशिश से बाहर आ रहा था और परिणामों के बोझ को भी धीरे-धीरे छोड़ रहा था। यही स्वीकृति उसे भीतर से हल्का बना रही थी, जैसे वर्षों से बंधा हुआ कोई भार धीरे-धीरे उतर रहा हो।

अब यदि अंधेरा भी सामने आता, तो उसे यह विश्वास होने लगा था कि वह उसमें खो नहीं जाएगा, क्योंकि उसने अपने भीतर एक ऐसी रोशनी को पहचान लिया था जो बाहरी परिस्थितियों पर निर्भर नहीं थी। और शायद यही वह क्षण होता है जब मनुष्य वास्तव में निर्भय होने लगता है, जब उसे यह स्वीकार हो जाता है कि जीवन हमेशा आसान नहीं होगा, लेकिन उसके भीतर जीने की शक्ति अब भी मौजूद है।

डर अब उसके निर्णयों को नियंत्रित नहीं करता था। वह हर कदम केवल सुरक्षित रहने के लिए नहीं उठाता था, बल्कि उसके भीतर पहली बार ऐसा साहस जन्म लेने लगा था जो परिस्थितियों से नहीं, बल्कि उसकी अपनी चेतना की गहराई से पैदा हो रहा था। यह साहस किसी क्षणिक आवेग जैसा नहीं था, बल्कि लंबे समय तक भय के साथ जीने, उसे समझने और उसके भीतर से गुजरने के बाद बनी हुई स्थिर समझ थी, जो अब उसके पूरे अस्तित्व में

धीरे-धीरे बसती जा रही थी।

अब वह जीवन को स्वीकार करके जीना सीख रहा था। पहले वह हर टूटन से डरता था, क्योंकि उसे लगता था कि टूटना अंत है, किसी चीज़ का समाप्त हो जाना है। लेकिन अब उसे समझ आने लगा था कि टूटना अंत नहीं होता, बल्कि कई बार वही शुरुआत होती है जहाँ से मनुष्य स्वयं को नए रूप में फिर से देखना शुरू करता है। उसने स्वयं को टूटकर भी फिर उठते हुए देखा था और उसी अनुभव ने उसके भीतर यह विश्वास जगा दिया था कि मनुष्य अपनी ही कल्पना से अधिक मजबूत होता है।

पहले उसे अकेलापन अंधेरा लगता था, एक ऐसी स्थिति जिसमें वह स्वयं को खोया हुआ महसूस करता था। लेकिन समय के साथ वही अकेलापन उसके लिए एक ऐसा स्थान बन गया जहाँ वह स्वयं से मिलना सीखने लगा था। वह एकांत, जो पहले भय का कारण था, अब उसकी सबसे बड़ी शक्ति बन चुका था, क्योंकि वहीं वह अपने विचारों को बिना किसी शोर के देख सकता था, अपने भीतर की हलचल को समझ सकता था और अपनी चेतना के साथ ईमानदार रह सकता था।

यही परिवर्तन धीरे-धीरे उसकी आत्मा को भीतर से बदल चुका था। अब यदि लोग बदल जाएँ, तो भी वह स्वयं को नहीं खोता था, क्योंकि उसका आधार अब दूसरों के व्यवहार पर नहीं, बल्कि उसकी अपनी समझ पर टिकने लगा था। यदि भविष्य अनिश्चित हो, तो भी उसका मन पूरी तरह नहीं काँपता था, क्योंकि उसे यह अनुभव हो चुका था कि अनिश्चितता जीवन का स्वभाव है, न कि कोई अपवाद। यदि रास्ता कठिन हो, तो भी वह पीछे लौटने की इच्छा नहीं करता था, क्योंकि अब उसके भीतर यह स्पष्टता थी कि हर कठिनाई उसे कहीं न कहीं भीतर से मजबूत बना रही है।

वह धीरे-धीरे स्वयं को भय से बड़ा महसूस करने लगा था, न इस अर्थ में कि वह भय से मुक्त हो चुका था, बल्कि इस अर्थ में कि अब भय उसके जीवन का निर्णयकर्ता नहीं रहा था। उसे यह समझ आ चुका था कि साहस का अर्थ कभी न डरना नहीं होता, बल्कि डर को महसूस करते हुए भी अपनी आत्मा की दिशा में चलते रहना होता है। यह समझ अब उसके भीतर एक स्थायी आधार बन चुकी थी, जो उसे हर परिस्थिति में भीतर से स्थिर रखती थी।

धीरे-धीरे उसका मन शांत होने लगा था। उसे हर समय भविष्य को पकड़ने की जल्दी नहीं थी, न हर रिश्ते को बचाने की बेचैनी और न ही हर व्यक्ति से स्वीकार किए जाने की पुरानी आवश्यकता। अब उसका आधार बाहर की दुनिया से हटकर भीतर की चेतना में स्थापित हो चुका था, जहाँ वह स्वयं के साथ खड़ा रह सकता था, बिना किसी बाहरी सहारे के। यही उसके जीवन का सबसे बड़ा परिवर्तन था, क्योंकि अब उसकी शांति परिस्थितियों पर निर्भर नहीं थी, बल्कि उसकी समझ से जन्म ले रही थी।

अब डर उसे रोकता नहीं था, बल्कि केवल यह दिखाता था कि कहाँ अभी भी उसके भीतर कोई पकड़ बची हुई है, कहाँ अभी भी वह स्वयं से पूरी तरह ईमानदार नहीं हो पाया है। लेकिन अब वह डर से भागता नहीं था। वह उसके सामने खड़ा रहना सीख चुका था, अपने सत्य के

साथ, अपने मौन के साथ और अपने भीतर जाग चुकी उस नई दृष्टि के साथ जो उसे हर अनुभव को अलग ही अर्थ में देखने लगी थी।

और शायद पहली बार उसे यह गहराई से महसूस होने लगा था कि जो व्यक्ति अपने भीतर के भय को समझ लेता है, उसे दुनिया फिर पहले जैसा कैदी नहीं बना पाती। क्योंकि तब जीवन बाहर से नहीं बदलता, बल्कि जीवन को देखने वाला स्वयं बदल जाता है।

धीरे-धीरे उसे यह भी समझ आने लगा था कि जीवन किसी अंतिम उत्तर तक पहुँचने की यात्रा नहीं है, बल्कि एक ऐसी प्रक्रिया है जिसमें प्रश्नों के साथ भी शांति पाई जा सकती है। अब उसे हर चीज़ का पूर्ण समाधान नहीं चाहिए था, क्योंकि उसने यह स्वीकार कर लिया था कि कुछ रहस्य हमेशा जीवन के साथ बने रहेंगे। और शायद मनुष्य की परिपक्वता इसी में है कि वह हर चीज़ को समझने की जिद छोड़ दे और फिर भी जीवन को पूरी गहराई से जीना सीख ले।

अब उसके भीतर यह भाव और गहरा हो चुका था कि एकांत कोई खालीपन नहीं है, बल्कि वह स्थान है जहाँ मनुष्य अपने अस्तित्व की सबसे सच्ची आवाज़ सुन सकता है। वही आवाज़ जो भीड़ में दब जाती है, जो रिश्तों के शोर में खो जाती है, और जो डर के नीचे कहीं बहुत धीरे-धीरे सांस लेती रहती है। अब वह उसी आवाज़ के साथ जीना सीख रहा था।

उसे अब यह भी स्पष्ट होने लगा था कि एकान्तास्त्र किसी युद्ध का अंत नहीं है, बल्कि एक नई दृष्टि की शुरुआत है। ऐसा दृष्टिकोण जहाँ मनुष्य न तो दुनिया से भागता है और न ही दुनिया में पूरी तरह खो जाता है। वह दुनिया के बीच रहते हुए भी अपने भीतर एक ऐसा केंद्र बनाए रखता है जो उसे बार-बार याद दिलाता है कि वह केवल परिस्थितियों का परिणाम नहीं है, बल्कि चेतना का एक जीवित प्रवाह है।

और इसी प्रवाह में उसे पहली बार यह अनुभव हुआ था कि शायद जीवन का सबसे बड़ा सत्य यही है—कि हर मनुष्य अंततः अपने बाहर नहीं, अपने भीतर ही लौटता है। कोई भी यात्रा उसे वास्तव में दूर नहीं ले जाती, बल्कि धीरे-धीरे उसी मौन तक पहुँचाती है जहाँ वह स्वयं से पहली बार बिना किसी डर के मिल पाता है।

और उस क्षण उसे यह स्पष्ट हो गया था कि उसने कुछ खोया नहीं है, बल्कि वह सब कुछ पा लिया है जिसे वह जीवन भर बाहर खोजता रहा था।

www.ingramcontent.com/pod-product-compliance
Lightning Source LLC
LaVergne TN
LVHW090405210926
848480LV00002B/458